LAS 25 LLAVES
DE UN BUEN
LEGADO

PAUL J. MEYER

Buenos Aires - Miami - San José - Santiago

www.editorialpeniel.com

Las 25 llaves de un buen legado
Paul J. Meyer

Publicado por:
Editorial Peniel
Boedo 25
Buenos Aires C1206AAA - Argentina
Tel. (54-11) 4981-6034 / 6178
e-mail: info@peniel.com.ar

www.editorialpeniel.com

"This book was first published in the USA by Moody Publishers with the title of Unlocking your legacy by Paul J. Meyer, copyright 2002 by the Moody Bible Institute of Chicago. Translated by permission".

Traducido al castellano por: Cristina Brito de Palikian
Copyright © 2004 Editorial Peniel

Diseño de cubierta e interior: arte@peniel.com.ar

ISBN Nº 987-557-045-1

Edición Nº I Año 2004

Printed in Colombia.
Impreso en Colombia.

RECONOCIMIENTOS A

Las 25 llaves de un buen legado

"Uno de los más grandes empresarios de los Estados Unidos nos ofrece su reflexión acerca de lo que dejaremos al pasar la última frontera. Paul Meyer ha escrito sobre la manera en que un hombre de negocios exitoso puede vivir una vida dirigida por Cristo. Recomiendo su lectura."

PATRICK MORLEY, ESCRITOR Y PRESIDENTE DE
MAN IN THE MIRROR

"Paul Meyer ese una de los pocas personas verdaderamente calificadas para enseñar sobre la transmisión de un legado, porque vive auténticamente su legado cada día. Este libro es práctico, y conduce a acciones concretas en la construcción de un legado. Dé lo mejor que usted tiene a su familia y amigos; comience hoy mismo a leer este manual de instrucciones para la vida."

WILLIAM NIX, PRESIDENTE DE WORKLIFE COMPANY, AUTOR
DE CHARACTER WORKS Y TRANSFORMING YOUR WORKPLACE
FOR CHRIST

"Paul J. Meyer es el 'gurú' del desarrollo personal de la mente y el espíritu para el siglo XXI. Sus libros y material de autoayuda recientemente alcanzaron su punto más alto, ya que han ayudado a las personas a desarrollar su potencial al máximo. *Las 25 llaves de un buen legado* es su mejor obra hasta la fecha, y puedo predecir que dejará una marca en la vida del lector que jamás nadie podrá borrar. Este es un libro de lectura obligada, y producirá en cada lector una segura bendición. Toda persona que va a trabajar cada mañana, adquirirá una nueva percepción del significado de su trabajo cuando lea los conceptos de Paul incluidos en el capítulo titulado 'Mi trabajo es mi ministerio'. Lea este libro hoy, y agradecerá a Paul por su esfuerzo… tal como lo hice yo."

GIL. A. STRICKLIN, FUNDADOR Y PRESIDENTE DE MARKET-
PLACE MINISTRIES, INC., DALLAS, TEXAS

Es un privilegio para mí recomendar el libro más reciente de Paul Meyer, *Las 25 llaves de un buen legado*. Esta obra esconde un tesoro de principios cristianos básicos que giran en torno a la transmisión de un legado, pero que se relacionan con las preguntas más fundamentales sobre la vida. Lo que Paul ha escrito acerca de la mayordomía en nuestra vida, el compromiso con Cristo, el uso de nuestros dones, la disciplina y otros muchos temas, hacen de esta obra un manual para la vida cristiana".

ROBERT B. SLOAN, JR.,
PRESIDENTE DE BAYLOR UNIVERSITY

EL AUTOR

Muchos consideran a Paul J. Meyer el fundador de la industria del desarrollo personal. Las ventas de su material impreso y grabado suman en conjunto más de dos mil millones de dólares en todo el mundo, cantidad no igualada por ningún otro autor en la materia, vivo o fallecido. Aunque dice haberse retirado oficialmente a los setenta años, conserva la meta de su vida, que es hacer todo el bien que pueda, a tantas personas como sea posible, durante todo el tiempo que pueda. Es también coautor de *Chicken Soup for the Golden Soul (Sopa de pollo para un alma de oro)*, el bestséller del New York Times.

A mi esposa Jane:
*Eres la persona más equilibrada
del mundo y la alegría de mi vida. Mi
legado es tu legado.*

A mis hijos: Jim, Larry, Billy, Janna y Leslie:
¡Me han hecho un papá orgulloso!

A mis nietos: Mike, Brady, Cole, Allison, Jason, Jessica, Jennifer,
Joshua, Adam, Christie, Morgan, Brooke, Kelsey y Jordan:
¡Estoy ansioso por ver su futuro!

A mis padres, August Carl Meyer (1892-1963) e Isabelle Rutherford
Meyer (1892-1969):
¡Su legado continúa vivo!

A mi hermana Elizabeth (1926-99) y mi hermano Carl:
*Difícilmente pasa un día sin que reflexione
sobre los momentos que disfrutamos juntos.*

Y a todos los que haya conocido alguna vez, y los que
conoceré a través de estas páginas:
*Su legado lo harán ustedes, no tendrá
límites, y será capaz de cambiar el mundo.*

CONTENIDO

PREFACIO

Por John C. Maxwell

Permítanme aprovechar esta oportunidad para expresar el alto concepto que tengo de Paul J. Meyer y de cuanto él representa. Paul ha dejado una profunda huella en mi vida y siempre le estaré agradecido por ello.

La primera vez que oí hablar de él fue en 1970; yo era un joven recién egresado del seminario, me acababa de casar, y todavía estaba habituándome a mi oficio de pastor. Fui invitado a una presentación que trataba sobre el establecimiento y logro de metas, a cargo de una compañía de la que nunca antes había oído hablar: Success Motivation Institute, Inc. (Instituto de Motivación para el Éxito, Inc.).

Cuando retrocedo en el tiempo, veo que aquella noche fue como si hubiera cambiado mi caballo por un auto de carreras. Mis ojos se abrieron a la realidad de vivir en el mundo de lo "imposible", fijar metas, y dar gigantescos pasos hacia mi destino. Quedé tan impresionado que supe que debía sumergirme en los principios que había explicado Paul en el curso, pero el costo que ello significaba era mayor de lo que yo podía pagar en aquel momento. Enseguida me fui a casa y le pregunté a Margaret, mi esposa, qué recortes podíamos hacer en el presupuesto para que pudiera adquirir el curso.

Compramos el curso y este causó un profundo efecto en mi ministerio y mi profesión dedicada a Cristo. Muchas veces vuelvo a pensar en aquella noche crucial, y me siento agradecido por el esfuerzo que Paul hizo para poner esos principios por escrito y a la disposición de todos.

Hace algunos años tuve la oportunidad de cenar con Paul y su esposa Jane en un restaurante, en el sur de California. Una de las primeras cosas que le dije fue: "Uno nunca deja que su héroe pague la cuenta". Él me preguntó qué quería decir, y le expliqué la influencia que él había ejercido en mi vida; esto lo conmovió, y también a mí.

He utilizado el material de Paul durante décadas, tanto para mi uso personal como para líderes de todo el país, y siempre me sorprendo al ver los cambios que tienen lugar en la vida de las personas. Pero no debería extrañarme, ya que todo lo que Paul toca ¡es algo que transforma vidas!

13

En *Las 25 llaves de un buen legado* veo una versión condensada de todo lo que Paul ha creído, practicado y enseñado por más de cincuenta años. Además, él es una de esas personas que constituyen la excepción de la regla, por tener una virtud poco común: realmente hace lo que dice que hará. De hecho, lleva un registro de sus promesas y las coloca en una caja de seguridad, y luego, al terminar el año, las incorpora en su testamento. Su palabra vale oro, ¡solo que es *aún mejor*!

Paul se ha tomado en serio el versículo que dice *"El hombre de bien deja herencia a sus nietos; las riquezas del pecador se quedan para los justos"* (Proverbios 13:22), y comprende que esto significa mucho más que una simple herencia económica. Él es el primero en señalar que todas las áreas de la vida son de importancia vital y cada una de ellas integra su respectiva parte del legado.

A medida que el lector vaya encontrando en su lectura la sabiduría, consejo e historias personales de Paul, tenga en mente que lo que él describe en estas páginas, ya lo ha experimentado. *No está enunciando teorías. ¡Está hablando de realidades!*

Lo cierto es que todos nosotros dejaremos un legado, pero pocos hacen algo para influir positivamente en él, y aunque puedan llegar incluso a trazar un mapa indicando el recorrido para dejarlo, solo unos cuantos realmente andarán el camino por sí mismos. Y son aún menos los que regresarán para darles el mapa a aquellos que vienen detrás.

Paul J. Meyer pertenece a este último grupo.

A pesar de cualquier limitación que podamos ponernos, tenemos una oportunidad extraordinaria de aprender de alguien que realizó el recorrido antes que nosotros. Tomemos su mapa y ¡emprendamos el camino!

Paul, es una alegría y a la vez un honor escribir estas palabras de aprecio y recomendación. Estás más que calificado para haber escrito este libro y no tengo dudas de que *Las 25 llaves de un buen legado* motivará a miles de lectores a dejar un legado con el cual otros solo podrían soñar.

Gracias de nuevo por participar en el descubrimiento de mi legado hace tantos años.

Con admiración,
John C. Maxwell

¿DÓNDE COMIENZA UN LEGADO?

Aconteció en Lindach, Alemania, en los escalones de una iglesia a la que mi familia había asistido durante más de doscientos años. Allí caí en cuenta de una realidad que me estremeció: *yo estaba dejando un legado*.

Aquella iglesia, construida en 1505, había sido testigo de casamientos y funerales de mi familia, sin mencionar todas las guerras y cambios culturales ocurridos durante los últimos quinientos años. Al darme cuenta de que en aquel lugar, justo donde yo me encontraba parado, había transcurrido una parte tan larga de la historia de mi familia, sentí un escalofrío que me subía por la espalda, y mis ojos se llenaron de lágrimas.

Lo que sentía era una combinación interesante de emociones, pero supe que necesitaba registrar, para las generaciones futuras, los principios que habían marcado el curso de mi vida.

TODOS, INTENCIONALMENTE O NO, DEJAMOS UN LEGADO. AQUELLOS QUE PONEN SU VOLUNTAD EN ELLO, POR LO GENERAL DEJAN UN MEJOR LEGADO.

Con un intenso sentimiento de gratitud, consideré mi propia historia. Mi padre había salido de Alemania justo antes de la Primera Guerra Mundial, y había llegado a Nueva York después de un angustioso viaje en un barco que estuvo perdido en alta mar durante casi dos meses. Trabajó y ahorró dinero, y con el transcurso del tiempo, llegó a la tierra de sus sueños: California.

Terminó haciendo trabajos de carpintería para un hombre, cuya esposa tenía una hermana soltera que había venido desde Michigan a visitarlos. En cuestión de meses, mi padre e Isabelle Rutherford se casaron. De aquella unión, unos años más tarde nacieron tres hijos, de los cuales yo fui el menor.

¿QUÉ HABRÍA PASADO SI...?

Desde aquel tiempo hasta ahora podrían haber ocurrido innumerables cosas, y yo separo estas posibilidades en dos categorías: accidentes y decisiones.

Accidentes:

¿Qué habría pasado si mi padre no hubiese tenido una pierna más corta y lo hubieran obligado a pelear en la Primera Guerra Mundial? O ¿qué habría pasado si mis padres nunca se hubiesen conocido? O cuando tenía dieciséis años, aquel día en que me encontraba conduciendo en medio de una tormenta, ¿qué habría sido de mí si mi automóvil hubiera caído al precipicio en lugar de volcarse contra la ladera de la montaña?

Decisiones:

¿Qué habría pasado si cuando me despidieron del trabajo yo hubiese reaccionado de manera diferente? ¿o si hubiera decidido dedicarme a otra profesión? ¿y si no hubiera escuchado lo que mi corazón me decía? O ¿cómo sería mi vida si nunca me hubiera mudado a Texas?

Al considerar cada posibilidad de las mencionadas arriba, estamos ante la evidencia de que ninguno de nosotros puede verdaderamente controlar su destino. Siempre estoy dispuesto a atribuir a Dios el crédito por haber intervenido en mi vida. La Biblia dice: (Isaías 48:17): *"Así dice el Señor, tu Redentor, el Santo de Israel: Yo soy el Señor tu Dios, que te enseña lo que te conviene, que te guía por el camino en que debes andar".*

¡Menos mal! Si no fuera por Dios, que dirige mis pasos cada día, no puedo imaginar cuál sería hoy mi legado.

¿EN QUÉ CONSISTE UN LEGADO?

En su sentido más básico, un legado es lo que se transmite de una generación a la siguiente, como por ejemplo una suma de dinero o una propiedad. Sin embargo, el legado no se limita a lo material; también incluye rasgos, hábitos, talentos y actitudes relacionadas con lo social, mental, espiritual o emocional. *En esencia, el legado es todo lo que uno es y posee hoy, tanto bueno como malo, y es lo que pasará a aquellos que vienen detrás de uno.*

El legado incluye múltiples aspectos, de manera que yo divido el mío en varias categorías, considerando que un buen legado debería tener las siguientes características:

> TODO LO QUE UNO ES Y POSEE HOY, BUENO O MALO, PASARÁ A AQUELLOS QUE VIENEN DETRÁS DE UNO.

A) Basarse en principios piadosos
B) Producir resultados duraderos
C) Funcionar en las seis áreas de la vida:

1. Lo económico y lo profesional.
2. La familia y el hogar.
3. Lo espiritual y ético.
4. Lo social y cultural.
5. El estado físico y la salud.
6. El intelecto y la educación.

Según estos parámetros se mide un legado valioso.

¿CUÁLES SON LAS LLAVES DE UN LEGADO?

Para mí, un legado se asemeja a una caja de seguridad llena de toda suerte de valores. Como es natural, el propietario de una caja de seguridad le dirá a su destinatario qué es lo que contiene, cómo funciona todo, y por qué es tan importante, y luego le entregará la llave.

Es por ello que los siguientes capítulos se han dividido en "llaves", y cada uno de ellos contiene un principio que abrirá una porción del legado. He puesto en práctica estos principios durante más de cincuenta años, ¡y funcionan!

UN BUEN LEGADO
NO ES GRATUITO,
Y SIN DUDA, TAMPOCO
ES INSTANTÁNEO.

Pero independientemente de lo que pueda haber dentro de la caja de seguridad, le toca al destinatario decidir qué va a hacer con la llave y con los valores contenidos en la caja. Sin embargo, no toda la responsabilidad recae sobre los hombros de quien recibe el legado; el que lo da es igualmente responsable.

¿Cuál es el secreto de que esto resulte un éxito? Solo hay una forma: la participación activa. Es igual al proceso que siguen nuestros hijos en su educación: comienzan con el jardín de infantes; continúan al ciclo de educación primaria, luego secundaria y después a la universidad. Cada una de estas etapas es un paso hacia el crecimiento, y ya sabemos que no los podemos dar por ellos, sino que ellos recorren el camino por sí mismos, y de esa manera se benefician al máximo de tal experiencia.

Lo mismo se aplica a nuestro legado, y este es el motivo por el cual dejar un legado lleva tiempo, y por el que heredarlo requiere esfuerzo.

¿LEGADOS BUENOS Y MALOS?

Al igual que ocurrió con mi padre, algún día mi legado será también mi historia, de modo que hasta que ese día llegue, hago todo lo que está a mi alcance para dejar un buen legado. Pero en todos mis esfuerzos, he llegado a entender que *un buen legado no es gratuito, y sin duda, tampoco es instantáneo*. Requerirá renunciar a posesiones materiales, tiempo, y hasta uno mismo.

Por el contrario, para lograr un mal legado no se requiere ningún esfuerzo premeditado. El padre no hace nada diferente, y el hijo o la hija heredarán lo que él dejó. Es como el agua que corre cuesta abajo: un mal legado pasará sin esfuerzo de una generación a la siguiente. *Es importante destacar que todo legado tiene algo de bueno y de malo.* Frente a esta realidad, cada uno de nosotros debe tener el discernimiento para escoger lo que quiere dejar a la próxima generación. Por ejemplo, mi padre me dejó un excelente legado que, sin embargo, incluía un rasgo terrible: la falta de perdón. Mi elección de ser una persona que perdona y no incluir este dañino hábito en mi legado, no menoscabó la buena herencia que recibí.

¿CÓMO AFECTA NUESTRA VIDA PRÁCTICA LA PREPARACIÓN DE UN LEGADO?

Cuando uno se da cuenta de que está dejando un legado a otros, su ángulo de visión cambia radicalmente. Una vez oí hablar de una iglesia construida alrededor del año 1000 d.C. Cuando doscientos años más tarde llegó el momento de remplazar el tejado deteriorado por el tiempo, se trajeron los planos de construcción originales y se estudiaron. En los planos había una nota detallada en la que se explicaba que, en el tiempo en que se construía la iglesia, habían plantado un bosque compuesto de un tipo específico de árboles, que debían ser usados para las vigas que servían de soporte a la edificación.

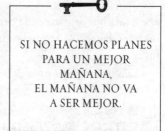

Se encontraron los árboles exactamente donde indicaban los planos, *¡y habían sido plantados en ordenadas filas doscientos años antes!* Solamente alguien con una mentalidad de largo plazo podía haber pensado en plantar todo un bosque para resolver una necesidad que aún no existía.

SI NO HACEMOS PLANES PARA UN MEJOR MAÑANA, EL MAÑANA NO VA A SER MEJOR.

Para funcionar con ese tipo de mentalidad, debe cambiar nuestra perspectiva. Aún más: nuestro corazón, mente, cuerpo y alma también deben cambiar. En realidad, si no hacemos planes para un mejor mañana, el mañana no va a ser mejor.

Un viejo amigo mío, ya fallecido, comprendió esta verdad temprano en su vida. Era hijo ilegítimo y se crió en la calle. Trabajó para poder entrar en la universidad con la GI Bill*, y con el tiempo se casó y crió sus hijos.

Un día me dijo: "Gran parte de lo que hago proviene de una decisión consciente; no me sale en forma natural, porque son cosas que no experimenté personalmente. Lo que mis hijos tienen hoy es el resultado de que yo haya escogido *no* vivir la vida que me dejaron mis padres".

Es sorprendente que un hombre que heredó tan poco (ni siquiera supo quién había sido su padre) haya podido cambiar de rumbo completamente y dejado un patrimonio tan rico para los que venían después de él.

Creo que este cambio fue producto de dos decisiones que él tomó: primero, encomendar su vida a Jesucristo andando en la sabiduría y sanidad que solo Dios puede brindar, y segundo, la decisión de inculcar a sus hijos ciertos principios.

EL ÚNICO LÍMITE QUE PUEDE TENER NUESTRO LEGADO ES EL QUE UNO MISMO LE PONE.

Hoy, cada uno de sus hijos tiene una relación personal con Cristo, y les va extraordinariamente bien. Siendo tan diferentes la herencia que recibió y el legado que él dejó, se necesitaron cambios radicales, y él aceptó de buena gana cada cambio, porque comprendía que para dejar un buen legado se requiere una mentalidad previsora que considera el futuro.

Cada uno de nosotros debe hacer lo mismo.

LAS TRES RAZONES PRINCIPALES POR LAS QUE ESCRIBÍ ESTE LIBRO

Primera: escribí este libro para animarlo a usted a que se concentre en lo que verdaderamente es lo más importante en la vida. Con tantas distracciones, no es de extrañar que tengamos que reenfocar continuamente nuestra atención, tiempo y dinero en las cosas de más alto valor e importancia. Como el apóstol Pablo, yo me he propuesto decir algún día: *"He peleado la buena batalla, he terminado la carrera, me he mantenido en la fe"* (2 Timoteo 4:7).

Mi esperanza es que los principios explicados en estas páginas le permitan hacer lo mismo, tanto a usted como a los que vengan después.

Segunda: lo escribí para aquellos que nunca recibieron un buen legado, y mucho menos una llave que pudiera abrirlo. No parece justo que mientras algunos heredan tanto otros hereden tan poco, pero todos comenzamos donde estamos.

≈ Si recibimos una billetera vacía, somos nosotros quienes debemos llenarla.

≈ Si fuimos los primeros de nuestra familia en recibir a Cristo como Señor, no debemos ser los últimos.

≈ Si experimentamos actitudes negativas y frases como "no puedo", podemos dejar a otros el pensamiento positivo y el "sí puedo".

≈ Si crecimos como constantes víctimas, podemos romper la tradición y ser una generación de vencedores.

≈ Si venimos de un hogar de promesas rotas y fracasos, podemos decidir que dejaremos un legado de honestidad y éxito.

Cualquiera que sea su historia, el mañana es *su* futuro. Este libro es para usted porque *su futuro puede ser absolutamente cualquier cosa que usted quiera que sea.*

Tercera y última: escribí este libro para mis hijos y nietos, así como para cada socio, empleado, amigo y conocido que he tenido a los largo de los años. Lo escribí para todos los que alguna vez conocí.

La forma en que he vivido ha dejado una huella en sus vidas, y aún lo hará. Es mi esperanza, anhelo, deseo y oración que los que vengan después de mí sean animados y equipados para continuar desde el lugar al que yo llegué, y que excedan sus más altas expectativas en cada área de sus vidas.

Tomé el buen legado que me dieron y lo acrecenté; ahora me toca pasárselo a ustedes.

En mi mente, me imagino a mí mismo de pie enfrente de aquella vieja iglesia en Alemania. Aún siento la emoción, las lágrimas de reconocimiento y gratitud, y aquella sensación fría en mi espalda.

Tengo un legado que algún día dejaré como herencia.

Y usted también.

PARTE UNO

EL PUNTO DE PARTIDA DE TODO BUEN LEGADO

EL AMOR, EL PUNTO DE PARTIDA DE TODO BUEN LEGADO

–PORQUE TODO LO QUE TIENE VALOR DEBE TENER UN PUNTO DE PARTIDA

Cuando era muchacho, pude ver el amor en acción, y pronto aprendí que se manifestaba en formas diferentes:

≈ Mi hermano Carl me demostró su amor cuando peleó para quitarme de encima tres bravucones cuando yo tenía apenas quince años y era pequeño para mi edad.

≈ Mi hermana Elizabeth me demostró su amor al tener siempre sus oídos dispuestos a escucharme y una palabra amable para darme.

≈ Mi padre me amó, y me lo demostró con la manera en que me enseñaba, me disciplinaba y pasaba tiempo conmigo.

≈ Mi madre me demostró su amor enseñándome cómo perdonar, cómo comunicarme, y cómo conocer a Dios.

≈ Mis maestros me brindaron gran parte de su tiempo, y así me demostraron que me amaban.

Sin embargo, tener amor a mi alrededor no hizo que mi vida fuera perfecta. Recibí muchas heridas y desilusiones, sin mencionar los múltiples reveses y pérdidas, pero en medio de las realidades de la vida, el amor siempre parecía florecer, porque el amor no puede ser aprisionado por nuestros pensamientos, emociones, temores o limitaciones exteriores.

> NADA PUEDE DETENER LA LIBERTAD QUE NOS BRINDA EL AMOR, CUANDO APRENDEMOS A AMAR COMO DIOS QUIERE QUE AMEMOS.

Nada puede detener la libertad que nos brinda el amor, cuando aprendemos a amar como Dios quiere que amemos.

LOS DOS MÁS GRANDES MANDAMIENTOS DE TODOS LOS TIEMPOS

Jesús dijo que no había mayor mandamiento que " *'Ama al Señor tu Dios con todo tu corazón, con toda tu alma, con toda tu mente y con todas tus fuerzas'. El segundo es: 'Ama a tu prójimo como a ti mismo'. No hay otro mandamiento más importante que estos"* (Marcos 12:30-31).

Luego, como si no fuera suficiente, Jesús agregó: *"Este mandamiento nuevo les doy: que se amen los unos a los otros. Así como yo los he amado, también ustedes deben amarse los unos a los otros"* (Juan 13:34). ¡Eso cambia totalmente las cosas!

Amar a Dios puede parecer bastante fácil (nunca nos trata mal y siempre tiene algo bueno guardado para nosotros), y amar a los demás como a uno mismo parecería algo realizable, pero ¿amar a nuestros semejantes como Jesús nos amó a nosotros?

Jesús mostró su amor por nosotros de esta manera:

≈ Se detenía a conversar con los más humildes de los humildes.

≈ Hacía justicia adondequiera que iba.

≈ Sanaba a los marginados por la sociedad.

≈ Comía con los pecadores.

≈ Demostraba amor por los pobres.

≈ Renunció a su voluntad.

≈ Permitió que su cuerpo fuera azotado por nosotros.

≈ Murió en la cruz por nuestros pecados cuando éramos aún pecadores.

Amar a los demás en la medida que Él nos amó es imposible, ¡pero de eso se trata! *No podemos hacerlo solos; ¡lo necesitamos a Él!* Y a menos que tengamos su amor en nuestro corazón, no podemos de ninguna manera amar a otros completa, pura y adecuadamente.

Esto es así porque *"Nosotros hemos llegado a saber y creer que Dios nos ama"* (1 Juan 4:16). Sin Dios no hay amor, pero si lo tenemos en nuestro corazón, es posible dar y demostrar su amor.

¿QUÉ ES EXACTAMENTE EL AMOR?

Dios es amor, pero ¿cuáles son las características del amor que tenemos que ver manifestado en nuestras vidas? Primera de Corintios 13:4-8 dice claramente: *"El amor es paciente, es bondadoso. El amor no es envidioso ni jactancioso ni orgulloso. No se comporta con rudeza, no es egoísta, no se enoja fácilmente, no guarda rencor, el amor no se deleita en la maldad sino que se regocija con la verdad. Todo lo disculpa, todo lo cree, todo lo espera, todo lo soporta".*

Eso es amor.

Una vez hice un prestamo de dinero a la misma compañía que me había despedido. Yo les deseaba otra cosa, pero escogí mostrar el amor de Cristo, a pesar de la manera en que había sido tratado. Los diez mil dólares que les presté para estabilizar la empresa les permitió, en efecto, lograr la estabilidad que necesitaban, tanto así que en pocos años vendieron la compañía ¡en ocho millones de dólares!

Mi acto de amor no me benefició económicamente, pero no era esa mi intención; yo fui motivado a amar como Cristo ordenó, y eso es todo.

> "¿CÓMO PUEDES AMAR SI NO TIENES AMOR EN EL CORAZÓN?"
>
> –The Seventy Sevens

Hay muchas maneras diferentes de mostrar en forma práctica el amor de Dios. Por ejemplo: mi madre era como un imán; su amor por los demás atraía a las personas como el helado a los niños. Cuando mi hermana era joven, venía a casa con sus amigas y se quedaban con mi madre, simplemente para estar con ella. La mayoría de las madres no tenían suficiente "onda" con ellas, pero mi madre quería tanto a esas muchachas que para ellas era inevitable estar cerca de ella. Además, su consejo era siempre oportuno y con su presencia los temores parecían esfumarse. Sería imposible medir la influencia positiva que ejerció a lo largo de los años por medio de su amor.

EL AMOR ES PENSAR A LARGO PLAZO. TODAS LAS DEMÁS COSAS, SI ALGÚN VALOR TIENEN, LO TIENEN POR POCO TIEMPO.

El amor también se manifiesta a través de la disciplina. Mi padre me disciplinó bastante, y yo lo amo por ello. La Biblia dice: *"Porque el Señor disciplina a los que ama, como corrige un padre a su hijo querido"* (Proverbios 3:12). Si mi padre no me hubiera aplicado disciplina, hoy no sería el hombre que soy.

También el sacrificio es amor en acción. Tengo amigos que sacrifican su tiempo, talento y dinero para obras de caridad que ayudan a las personas sin hogar, a los hambrientos y a los pobres. Cuando se les pregunta por qué han dado durante años sin siquiera recibir un "gracias" a cambio, he visto cómo comienzan a llorar, diciendo: "Es tan poco lo que estoy haciendo; podría hacer mucho más".

Ese amor, tan evidente en la vida de ellos, es el mismo amor que Jesús nos mandó demostrar. Él decía que nuestro amor se debía practicar en tres direcciones: hacia Dios, hacia nosotros mismos y hacia el prójimo. Cada uno de ellos reviste gran importancia.

#1 ¿QUÉ SIGNIFICA "AMAR A DIOS"?

En la Biblia se nos manda reiteradamente amar a Dios con nuestro corazón, mente, cuerpo y alma. Hablando en términos prácticos, esto significa simplemente que debemos obedecerlo en cada área de la vida, porque *"el amor de Dios se manifiesta plenamente en la vida del que obedece su palabra"* (1 Juan 2:5).

Esto no deja mucho espacio para amar otras cosas, pero ello es parte del plan de Dios. Él quiere que nos concentremos en Él y que lo amemos exclusivamente. Si amamos a Dios con todo nuestro ser, Él a su vez, y de, de una forma sorprendente, derramará en nosotros suficiente amor por otras personas, porque Dios no se sienta cómodamente a recibir nuestro amor, sino que tiende su mano para alcanzarnos y tocar nuestras vidas con su bendición.

A continuación veamos algunas de sus promesas:

"Cosas que ojo no vio ni oído oyó, ni han subido en corazón de hombre, son las que Dios ha preparado para los que le aman" (1 Corintios 2:9 RVR)

"Porque no nos ha dado Dios espíritu de cobardía, sino de poder, de amor y de dominio propio" (2 Timoteo 1:7 RVR)

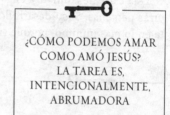

¿CÓMO PODEMOS AMAR COMO AMÓ JESÚS? LA TAREA ES, INTENCIONALMENTE, ABRUMADORA

"Y sabemos que a los que aman a Dios, todas las cosas les ayudan a bien, esto es, a los que conforme a su propósito son llamados" (Romanos 8:28 RVR)

"Por lo cual estoy seguro que ni la muerte, ni la vida, ni ángeles, ni principados, ni potestades, ni lo presente, ni lo porvenir, ni lo alto, ni lo profundo, ni ninguna otra cosa creada nos podrá separar del amor de Dios que es en Cristo Jesús, señor nuestro" (Romanos 8:38-39 RVR)

Aunque amamos a Dios por medio de nuestra obediencia a Él, nosotros siempre salimos favorecidos (por alguna razón eso no me sorprende).

2 ¿QUÉ SIGNIFICA "AMARSE A SÍ MISMO"?

Amar a Dios y aceptar que Él nos ama es la base para que el ser humano se ame, tenga confianza en sí mismo y desarrolle su autoestima.

Por lo tanto, amarse a sí mismo no es lo mismo que centrarse en el propio yo, o ser egoísta.

Siempre he creído que tengo todo el derecho a tener éxito. Esta forma de pensar no me hace creer que el mundo me deba algo. De hecho, desde que me jubilé oficialmente a la edad de setenta años, estoy tan activo como antes, solo que ahora tengo más libertad para elegir lo que quiero hacer con mi tiempo.

Trabajar es algo que siempre haré, y aunque creo que tendré éxito, actúo con prudencia, con la preparación y los planes necesarios para alcanzar mis metas. *Este hecho de creer en mí, es amor por mí mismo en acción.* El mundo a veces puede ser cruel, y también pueden serlo nuestros confidentes más cercanos, pero yo no puedo dejar que eso me obstaculice el camino. Debo creer en mí mismo antes de creer en los demás.

Esta clase de confianza en sí mismo le permite a uno ver el éxito de otras personas. Si su desarrollo es extraordinario, uno no se desalienta en lo más mínimo, porque sabe que tiene el mismo potencial, ¡o tal vez mayor!

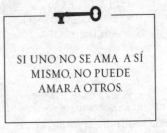

SI UNO NO SE AMA A SÍ MISMO, NO PUEDE AMAR A OTROS.

La actitud del tipo "todo el mundo me debe" que vemos en nuestra sociedad, es en parte el resultado de la falta de amor por uno mismo. Al fin y al cabo, el amor incluye autodisciplina, asumir responsabilidades, y darse cuenta de que tenemos un papel que desempeñar en nuestro propio éxito. Si triunfamos sin tener una base (es decir, el fundamento de la honradez o la autodisciplina), cuando caigamos de nuevo en la realidad, el golpe será más duro que si hubiéramos caído desde la posición humilde en la que estábamos al principio.

Esta es la razón por la cual la mayoría de los que ganan la lotería, al cabo de pocos años de ganarse el primer premio, casi siempre están peor. No tenían el fundamento antes, y no lo tuvieron después.

En cambio, amarse a sí mismo es una manera de prepararse para la grandeza.

#3 ¿QUÉ SIGNIFICA "AMAR A TU PRÓJIMO"?

El fundamento de amar a nuestro prójimo se compone de dos partes: un apropiado amor por uno mismo y un deseo de amar a otros como Cristo nos amó. Y como el "prójimo" es toda persona, sin importar de qué raza, género o edad sea, nos toca amar a todos.

Me he acostumbrado a demostrar amor a las personas teniéndolas en cuenta, escuchándolas, haciéndoles preguntas y descubriendo lo que les interesa. Y luego, a través de una serie de circunstancias, a veces he terminado contratando a algunas de ellas. En efecto, entre los mejores seres humanos que han trabajado para mí, hay quienes llegaron a esa situación por el simple hecho de que en algún momento les mostré interés y amor.

> "EL ENOJO ES UNA SEÑAL DE QUE ESTAMOS VIVOS Y SANOS. EL ODIO ES UNA SEÑAL DE QUE ESTAMOS ENFERMOS Y NECESITAMOS SER SANADOS".
>
> —Lewis B. Smedes,
> Forgive & Forget

También insisto en ser siempre veraz, mostrar respeto, tratar a los demás como me gustaría que me tratasen a mí, concentrarme en sus virtudes y servirles de aliento. Lo que ocurre como consecuencia de ello, es muchas veces sorprendente.

Una vez estaba en un restaurante con un amigo, y se me ocurrió preguntarle a la camarera qué quería hacer con su vida. Ella me explicó brevemente que siempre había soñado con ir a la universidad, y luego se marchó. Unos minutos más tarde, apareció de nuevo, esta vez con su madre (que trabajaba en la cocina), ¡y me rogó que las sacara del pueblo! La madre explicó que su esposo, dueño del restaurante, era un hombre dominante que las tenía atrapadas allí, y ellas querían salir.

Yo no tenía forma alguna de poder satisfacer su pedido, pero al mostrarles un poco de bondad genuina, dos personas con las que había hablado solo diez minutos en toda mi vida, me estaban rogando que las ayudara. Un poco de amor puede causar un efecto inesperadamente grande.

En cierta ocasión conocí a un señor mayor que estaba ofreciendo a la venta una propiedad excelente. Unos días más tarde volví para comprarla, pero al hacerle algunas preguntas adicionales, descubrí que los verdaderos propietarios habían echado atrás su palabra y se rehusaban a darle al intermediario la comisión que él en justicia merecía.

Inmediatamente llamé al dueño y le dije que cancelaba el trato a menos que él accediera a pagar la comisión, lo cual aceptó a regañadientes. El pago de aquellos veinticinco mil dólares fue muy oportuno para el hombre y su esposa, ya que no tenían ahorros para jubilarse. Ese día gané un amigo instantáneamente, simplemente por tratar a alguien como a mí me gustaría ser tratado.

POR QUÉ DIOS NOS MANDA AMAR A NUESTROS SEMEJANTES

A todos nosotros la gente nos ha estafado, herido y abusado en alguna forma. Si aceptamos no vengarnos, está bien, *pero Dios nos pide ir aun más lejos, ¡y amarlos! ¿*Por qué?

Creo que por tres motivos:

1. Por nuestro propio bien.
2. Por el bien de ellos.
3. Por el bien de Dios.

#1 –POR NUESTRO PROPIO BIEN

Desde la perspectiva de Dios, creo que Él está más interesado en nuestro crecimiento personal y en el desarrollo de nuestro carácter, que en lo que hacemos o en nuestra apariencia. La Biblia dice: *"La gente se fija en las apariencias, pero yo me fijo en el corazón"* (1 Samuel 16:7).

Cuando amamos a otros, estamos demostrando que obedecemos a Dios y que estamos poniendo nuestros deseos en segundo lugar, después de los suyos, lo cual es una señal segura de desarrollo del carácter. Y cuando los demás no nos aman, tenemos la oportunidad de demostrar lo que verdaderamente hay en nuestro corazón, como dice Mateo 5:46: *"Porque si amáis a los que os aman, ¿qué recompensa tendréis? ¿no hacen también lo mismo los publicanos?"*

Los recaudadores de impuestos en los tiempos de Jesús representaban la peor bajeza: egoístas desvergonzados que cobraban impuestos (y un poco más) de su propio pueblo para el gobierno romano. Si amamos solo a los que nos aman, nuestros actos no son diferentes de los actos de aquellos hombres, que eran considerados lo peor de la sociedad.

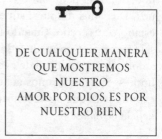

DE CUALQUIER MANERA QUE MOSTREMOS NUESTRO AMOR POR DIOS, ES POR NUESTRO BIEN

Si amamos a los que no corresponden a nuestro amor, estamos mostrando que somos diferentes, que nos controla algo más fuerte que nuestros propios deseos naturalmente egoístas; *ponemos en evidencia el amor de Dios obrando en nuestras vidas.*

Cuando pienso en esta clase de amor me acuerdo de mi madre. Si alguien la hería, la medida de su amor aumentaba. Me sorprendía ver una y otra vez el amor que ella derramaba. Con su decisión de amar a sus semejantes como Cristo la amó a ella, mi madre estaba llena de gozo, paz, fortaleza, esperanza, deseos de reír y mucho más. Este es el tipo de legado que me apasiono por dejar a mis hijos y nietos, a todos lo que están vinculados conmigo, y a todas las personas que pueda conocer.

Además, si demostramos amor a través de nuestros actos, Dios nos recompensará, como dice la Escritura: *"Ustedes por el contrario, amen a sus enemigos, háganles bien y denles prestado sin esperar nada a cambio. Así tendrán una gran recompensa y serán hijos del Altísimo"* (Lucas 6:35).

#2 –POR EL BIEN DE ELLOS

Lógicamente, aquellos que nos han lastimado se benefician de que no les paguemos como se merecen; pero por encima y más allá de eso, reciben el beneficio de conocer el amor de Jesús a través de nuestro amor.

Hace varios años un profesional de mi ciudad me enfrentó en su oficina con una acusación dañina, pero completamente falsa. En vano traté de explicarle la verdadera situación, ya que no quería escuchar nada de lo que le decía. La conversación me dejó tan mal que afectó seriamente mi salud.

Cuando me estaba recuperando, decidí que oraría por él y haría todo lo que pudiera para ayudarlo en su vida personal. En lugar de mencionar los actos de este individuo a otros profesionales que podían conocerlo, elegí perdonarlo (el perdón y el amor siempre van de la mano). Dos años después, aquel hombre me llamó y admitió que había estado equivocado. Cuando me pidió perdón, estuve dispuesto a dárselo y me sentí muy aliviado de haber terminado el asunto porque el amor cubrirá multitud de pecados (1 Pedro 4:8 ver, RVR) y no conoce límites. Si demostramos el amor que Jesús nos enseñó preparamos el camino para que otros conozcan ese mismo amor, *¡y ese es el mejor beneficio de todos!*

#3–POR EL BIEN DE DIOS

Creo que al amar a nuestros semejantes como Cristo nos amó podemos, cada uno individualmente, cumplir sus propósitos en nuestra vida. En esencia, cuando somos obedientes, Él realiza su voluntad y eso, definitivamente, es para su bien.

"EL AMOR NO ES LA EXPRESIÓN DE UNA EMOCIÓN, SINO UN ACTO DE LA VOLUNTAD. EL AMOR VERDADERO ABARCA LA TOTALIDAD DE NUESTRO SER. DIOS, Y SOLO ÉL, PUEDE EXPRESARLO DE MANERA PERFECTA".

–John Edmund Haggai

Sin embargo, mucho mayor es su deseo de que cada persona, individualmente, lo conozca como su Señor y Salvador. La Biblia dice: *"Tanto amó Dios al mundo, que dio a su Hijo unigénito, para que todo el que cree en él no se pierda, sino que tenga vida eterna"* (Juan 3:16). Él pagó el precio más alto por nosotros, mostrándonos que *"amó hasta el fin"* (Juan 13:1).

A lo largo de los años he contratado a muchas personas que estaban pasando por una mala racha, y necesitaban otra oportunidad para demostrarse a sí mismas su propio valor. Yo se la ofrecí, y me alegra haberlo hecho. Algunos continuaron su camino hacia una espléndida profesión, otros consiguieron otro empleo, mientras que unos pocos volvieron a sus antiguos malos hábitos.

Muchos de los que aprovecharon la oportunidad de comenzar de nuevo, han vuelto a mí para preguntarme sobre mi fe en Dios y mi relación con Él.

Pienso que esa es la forma en que Dios se beneficia a través de nuestros actos de amor. Después de todo, *"no quiere que se pierda ninguno de estos pequeños"* (Mateo 18:14). Él pagó un precio extremo por cada uno de nosotros, de manera que cuando por medio de nuestro amor conducimos a alguien a sus pies, el mayor beneficio es para Dios.

LA REALIDAD DE AMAR A NUESTROS SEMEJANTES

El amor que se da, puede no ser correspondido ¡y así es la vida! Jesús nos mandó amar, pero Él no dijo que seríamos correspondidos. Sin embargo creo que siempre, de alguna manera, en algún lugar y algún día, cosecharemos lo que sembramos, incluso en el terreno del amor. A pesar de ello, *exigir amor de aquellos a quienes hemos amado, no es práctico.* El amor es simplemente una parte de nuestro servicio a los demás.

Yo no cifro mis expectativas en ver si la gente aprecia o no lo que hago. Algunas veces, habiendo sido bondadoso con alguna persona, al minuto siguiente que me he dado vuelta para irme me han ridiculizado, pero ¿qué puedo esperar? Sigo adelante.

No podemos pensar que todos nos amarán en respuesta a nuestro amor. Necesitamos aprender a vivir con este tipo de rechazo, y reconocer que en primer lugar, y el más importante, hemos sido obedientes a Dios y a su palabra. Entonces podemos estar en paz, *y eso le resta toda importancia a lo que otros puedan decir o hacer.*

Pongamos mucha atención al texto de la Primera Epístola de Juan 3:16: *"En esto hemos conocido el amor, en que él puso su vida por nosotros; también nosotros debemos poner nuestras vidas por los hermanos".*

Para ser franco, amar al prójimo de esta manera es un proceso continuo, y aunque requerirá tiempo y esfuerzo es, sin lugar a dudas, el mejor punto de partida de un legado.

TODOS SOMOS IGUALES

–LA IMPORTANCIA DE MIRAR A LOS OJOS

¿Quién en este mundo alguna vez oyó que alguien haya sido criado sin prejuicios, sin tomar posición alguna en cuanto a color, nivel socioeconómico, rango, género o grado de instrucción? ¿Existe alguien así? Yo lo dudaría, si no fuera porque yo mismo fui criado de esa manera.

Mis padres me enseñaron que todos somos iguales y de esa sola verdad, y a lo largo de mi formación, de esa sola verdad se derivaron muchos otros principios que se imprimieron en mi corazón y mi mente. Ellos pertenecían a la primera generación de inmigrantes alemanes que entraron en los Estados Unidos, y eso los obligó a aprender cómo adaptarse a la sociedad que los rodeaba.

Pero en lugar de ser tímidos y tomar solamente lo que se les ofrecía, ellos intentaban establecerse a toda costa. Si alguien les decía "eso no se puede hacer", para ellos significaba que no se detendrían hasta hacer aquello que no se podía. No eran rebeldes sino luchadores dispuestos a invertir su ser entero al ciento por ciento en un proyecto hasta verlo completado. Esta actitud de "eso no me será negado" impregnaba cada parte de su vida y se desbordaba hasta influir en la mía también.

Cuando se trata de las personas, he descubierto que funciona el mismo principio.

TODOS FUIMOS CREADOS IGUALES

Dijo un maestro una vez:

—Todos somos iguales —y desde el fondo de la habitación, un hombre expresó su desaliento diciendo:

—Sí, pero algunos fueron creados más *iguales* que otros.

> EL PROCESO FORMATIVO DE LA MENTE NO TIENE NADA QUE VER CON LA EDAD, PERO SÍ TIENE QUE VER, ABSOLUTAMENTE, CON LA ACTITUD.

¿Qué quería decir aquel hombre con "más iguales"? En sentido estricto, es imposible que haya grados de igualdad porque las cosas son iguales o no lo son, pero lo que él indicaba era que la vida no era justa y él no sentía que estuviera recibiendo lo que se merecía.

Pues sí, la verdad es que la vida no es justa, y mientras más pronto lo sepamos, mejor. Sin embargo, ello no significa que no tengamos la posibilidad de obtener lo que sentimos que se nos está negando.

Un ejemplo de ello fue mi primera búsqueda de trabajo, cuando solicité empleo en cincuenta y siete compañías. ¡Todas y cada una de ellas me lo negaron! Me rechazaron porque no tenía estudios universitarios. Estaban cargados de prejuicios y muy sujetos a las opiniones, y sin preguntarme qué sabía hacer, cuán motivado estaba, cuánto sentido común tenía, o algo sobre mi ética de trabajo, todos ellos dijeron: "No, gracias".

¡La vida *no* parecía justa! Pero en lugar de desistir, continué intentándolo, y finalmente encontré trabajo como vendedor de seguros para familias negras del interior. Fue el único empleo que me permitió la compañía, porque lo consideraban el trabajo más bajo posible.

No dejé pasar aquella oportunidad, porque mi padre siempre había dicho: "Nunca tomes un puesto alto sin primero ser un aprendiz". Aquella era una estupenda posibilidad de ser un aprendiz, y siempre me he considerado afortunado por haberla tenido; lo que aprendí fue invalorable, así como la maravillosa gente que conocí.

Pero las compañías que me desacreditaron no se hicieron ningún favor. Continué avanzando hasta que superé en rendimiento a cualquier vendedor que hubiera conocido, y gané todas las competencias de ventas en las que participé. Yo lo veo de esta forma: cada compañía que no me dio una oportunidad, se lo perdió.

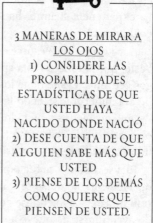

3 MANERAS DE MIRAR A LOS OJOS
1) CONSIDERE LAS PROBABILIDADES ESTADÍSTICAS DE QUE USTED HAYA NACIDO DONDE NACIÓ
2) DESE CUENTA DE QUE ALGUIEN SABE MÁS QUE USTED
3) PIENSE DE LOS DEMÁS COMO QUIERE QUE PIENSEN DE USTED.

De igual manera, si desvirtuamos a una persona sin darle una oportunidad justa, también nosotros perdemos. Debemos reeducar nuestro corazón y nuestra mente para poder ver a las personas como deben ser vistas. Al fin y al cabo, también nosotros alguna vez fuimos jóvenes, inexpertos, y rechazados por alguna razón inexplicable.

Durante la Guerra del Golfo, mientras Irak todavía ocupaba Kuwait, oí hablar de dos extranjeros que estudiaban en Inglaterra. Uno era de Kuwait, el otro de Irak, cada uno el mejor amigo del otro, aunque sus países estaban en guerra. Si uno de ellos hubiese dicho: "eres enemigo de mi pueblo, no puedo ser tu amigo", ambos habrían salido perdiendo. En cambio, decidieron por sí mismos lo que harían o dejarían de hacer.

Tal actitud es lo que todos los grupos humanos tanto necesitan tener hoy.

EL CENTRO DE NUESTRO MUNDO

¿Ha notado usted cuántas compañías imprimen mapas del mundo? En América del Norte, en el centro del mapa está precisamente el Norte. En Europa, Europa está en el centro. De hecho, he visto hasta mapas en los que Nueva Zelanda y Australia aparecen como centro del mundo. Al invertir el mapa, la leyenda dice: "No longer down under" ("ya no estamos debajo de todo").

Es normal que una nación se vea a sí misma como el centro del mundo, porque se supone que existe el orgullo nacional; pero la verdad es que el mundo no gira alrededor de ningún país o grupo humano.

He viajado mucho y he podido notar que, sobre todo en los países asiáticos, mi aspecto desentona totalmente con el resto. Resulta difícil mezclarse entre la multitud cuando uno es alto, blanco y rubio. La experiencia siempre ha sido buena para mí y se la recomiendo a cualquiera.

Hace varios años estuve en China con Jane, mi esposa, nuestra hija Leslie que entonces tenía aproximadamente diez años y algunos amigos cercanos. Leslie tiene los ojos azules y para aquel tiempo su cabello era muy rubio. Siendo los años ochenta, pocos chinos habían visto –y mucho menos conocido en persona– un niño de cabello rubio y ojos azules, de manera que vimos a perfectos extraños acercarse a nuestra hija solo para tocarle el pelo.

Ella se asustó y se fue poniendo cada vez más nerviosa, hasta que al día siguiente no quiso salir a la calle. Solo después de que su madre la tranquilizó, y habiéndose cubierto la cabeza con un gorro tejido, pudo aventurarse de nuevo a ser vista en público.

Hay solo unos cuantos países, exceptuando los de Europa, adonde Leslie podía viajar sin ser identificada inmediatamente como extranjera. Algunas personas se cansan de ser notorias, de que las observen y reconozcan, a tal punto que casi cambiarían su color por el de la mayoría, con tal de poderse mezclar entre la gente. Cuando uno piensa así, comienza a ver con una luz diferente a los que están a su alrededor. *Uno podría simplemente haber nacido en otro país, con un nombre diferente al que tiene, ¡y hasta con un futuro muy distinto!*

Linda Wittig, maestra y niñera de los tres nietos de un exitoso hombre de negocios japonés, una vez me dijo: "Mis padres me parecieron mucho más sabios *después* de que me convertí en madre adoptiva y me puse del lado de ellos". Al cambiar su experiencia, también cambió la forma en que veía a sus padres.

En las relaciones humanas, ver a alguien desde *su* perspectiva, sin tener en cuenta si es rico o pobre, débil o poderoso, puede producir efectos maravillosos.

He hablado con empresarios acaudalados, dignatarios famosos, ex presidentes de Estados Unidos, embajadores extranjeros, estudiantes universitarios, padres sin pareja, maestros de escuela, adolescentes, predicadores, por nombrar algunos. Todos ellos tienen su propio tipo de necesidades y deseos, pero puedo hablarles mirándolos a los ojos, porque he aprendido a ver lo que para ellos es importante.

NI SUPERIORES NI INFERIORES

Mis padres, intentando siempre permanecer en igualdad de condiciones, me enseñaron a mantener mi mirada recta hacia adelante. De esa manera no tendría una opinión excesivamente positiva acerca de algunas personas (como si no pudieran equivocarse), o demasiado negativa de otros (como si no pudieran hacer nada bien). Ninguno de los dos enfoques es correcto. La persona con el salario más bajo merece el mismo respeto que la que tiene el ingreso más alto.

UNO PODRÍA SIMPLEMENTE HABER NACIDO EN OTRO PAÍS, CON UN NOMBRE DIFERENTE AL QUE TIENE, ¡Y HASTA CON UN FUTURO MUY DISTINTO!

Un médico amigo mío llamado Winn Henderson, me dijo una vez que había tenido más de ciento sesenta empleos: desde lavar ventanas hasta operar cerebros, ha hecho de todo, pero dice: "Estaba tan orgulloso de hacer un trabajo insignificante como uno 'respetado', porque todo trabajo honesto es valioso". Tal actitud resulta positiva, en especial cuando se trata con la gente.

Sin embargo, el trato igualitario no a todos les cae bien, sobre todo cuando entra en juego el color de la piel. Cuando yo tenía dieciocho años, entré en un restaurante en Georgia, que tenía un mostrador en forma de U, con una división de alambre en el medio que separaba a los "de color" de los "blancos".

Cuando el camarero vino a tomarme la orden le pregunté:

—¿De qué color son las personas que trabajan en la cocina?

Me dijo que eran todos negros, de modo que le dije:

–Ah, y ¿no se siente usted un poco tonto comiendo la misma comida con los mismos cubiertos y los mismos platos preparados por los mismos cocineros?

Me cubrieron de miradas hostiles, pero siendo el tipo inquisitivo que soy, simplemente no pude evitar la pregunta.

Mientras estaba en el servicio militar, en el que los casos de irrespeto y degradación de las personas eran más que abundantes, mis ojos se abrieron al "mundo real". Yo me había criado entre italianos, hispanos, japoneses, alemanes y de otras nacionalidades. No tenía eso en cuenta, pero aparentemente otros sí. Uno de mis mejores amigos de la juventud era casualmente estadounidense de ascendencia japonesa, de modo que cuando comenzó la Segunda Guerra Mundial, él y toda su familia fueron internados, aunque él nunca había hecho nada para merecer un trato así.

NO DEJE QUE LA
ACTITUD DE OTRA
PERSONA LE IMPIDA
OBTENER
LO QUE LE PERTENECE
POR DERECHO.

Cuando supe que lo estaban obligando a mudarse, fui a su casa y le di mi posesión más preciada: la nueva bicicleta que me había comprado después de pasar meses ahorrando. Aquella era mi manera de decirle "El sistema está equivocado, pero creo en ti. Eres mi amigo".

Aquella experiencia me ayudó a que en mi interior se consolidase el deseo de tratar a otros como se merecían. Aunque en algún caso no pudiera hacer nada para cambiar la situación de abuso que estaba presenciando, sí podía asegurarme de no hacer yo lo mismo cuando estuviera en posición de autoridad. He ahí la belleza de la actitud que significa "no seré rechazado". Si usted desea algo, debe ir en su busca, ya sea algo de orden personal, mental, financiero o pertinente a las relaciones humanas. No permita que la actitud de otra persona le impida obtener lo que es suyo por derecho.

Todo es cuestión de elegir si queremos o no creer lo que hemos aprendido. En mi caso, fui afortunado de que lo que me enseñaron también fuera lo correcto; *que todos somos iguales*. Es por ello que siempre he podido visitar a cualquier persona, en cualquier lugar, a cualquier hora, sin temor y con la confianza de que nunca seré rechazado. Creo que por cada puerta que toque siempre recibiré una invitación a entrar. ¿Por qué no, si yo siempre he invitado a entrar a los que han tocado a mi puerta?

Al incorporar este sistema de creencias en la vida diaria, y luego enseñar a hacer lo mismo a los que vienen detrás, estaremos usando una de las mejores formas para demostrar que realmente creemos que todos fuimos creados iguales. Si nuestra vida reflejara la creencia de que todos somos iguales, ¡qué diferente sería nuestro mundo!

HABLAR CON OTROS ACERCA DE NUESTRA FE

—CUANDO UNO USA SUS PROPIAS PALABRAS, ES FÁCIL ENCONTRAR LA PALABRA CORRECTA.

Hace varios años, después de más de tres décadas de hacer negocios en Japón y dar charlas en cada ciudad principal a decenas de miles de ejecutivos de empresas, se me dio una oportunidad única. Mi amigo y socio Hei Arita me pidió que diera una conferencia a más de dos mil ejecutivos, contándoles mi propia experiencia acerca de lo que verdaderamente significaba para mí vivir según las enseñanzas de Cristo.

No suelo ponerme tenso antes de presentarme ante el público, pero aquella noche, incluso el espasmo que tenía en la espalda ponía en evidencia lo tenso que estaba. En toda la historia de nuestra compañía nunca antes se había hablado del tema que yo trataría en esta ocasión. Me preguntaba cómo reaccionaría el público, pero con todo el coraje y la audacia que tenía, caminé desde el fondo del salón hacia la plataforma.

Durante los siguientes veinte minutos, mientras hablaba sincera y abiertamente, expresando de manera afectuosa lo que había en mi corazón, las palabras parecían salir de mi boca como si fluyeran desde una fuente interior. Yo le había pedido a Dios en oración que me usara, pero no sabía hasta qué punto Él contestaría aquella oración. Para cuando terminó la reunión, doscientos ochenta y siete ejecutivos japoneses pasaron adelante para recibir a Cristo, y según después supe, un número mayor de ellos se volvieron receptivos al cristianismo.

No recuerdo una palabra de lo que dije esa noche, pero sí sé que fui veraz, ciento por ciento yo mismo. Tal vez haya sido esa la razón de que mis palabras resultaran agradables a aquellos hombres cuya cultura y trasfondo eran tan diferentes a los míos. Lo único que hice fue hablar de mi vida y de cómo Dios hizo que tuviera significado.

EL SECRETO ESTÁ EN SER UNO MISMO

A los dieciséis años, cuando le pedí a Jesús que entrara en mi vida, realmente no conocía los pormenores de la vida cristiana. Lo que sí sabía era que, si significaba ser religioso –seguir rituales con poca o ninguna relación con Jesucristo– entonces no lo quería. Pero mientras más aprendía del amor de Dios y su plan para mi vida, más me daba cuenta de que Él era tan real como importante.

¿CUÁL ES LA MEJOR INVERSIÓN QUE HICE EN MI VIDA? NO TENGO NINGUNA DUDA: RECIBIR EL OFRECIMIENTO DE JESUCRISTO.

Habiendo sido siempre un hombre interesado en las inversiones, no me llevó mucho tiempo darme cuenta del increíble negocio que tenía frente a mí. La oferta de Dios, imposible de igualar (entre otras cosas, me ofrecía salvación, perdón, paz, gozo, pasar la eternidad en el cielo) no podía encontrarla en ningún otro lugar, y el costo que yo tenía que pagar (darle mi corazón y mi vida a Él) ¡era insignificante en comparación con lo que obtendría a cambio!

Hice la inversión con alegría y expectativa, y nunca he sido decepcionado.

Aquellos ejecutivos sentados frente a mí ese día en Japón, también eran inversionistas inteligentes, de lo contrario no habrían tenido los negocios que tenían. De manera que, de corazón a corazón, les di a aquellos hombres el mismo consejo que me había dado mi madre a mí muchos años antes. Ellos tenían derecho a hacer la misma inversión que yo había hecho, y recibir de ella el mismo rendimiento. Muchos recibieron la oferta de Cristo; desde entonces, varios miles de nuestros socios en las ventas, y sus clientes, han seguido sus pasos.

¿Acaso el haber conducido a las personas a Cristo me convirtió en un evangelista? Yo nunca me habría considerado tal cosa; simplemente estaba siendo yo mismo y diciéndoles a otras personas cuán afortunado era de haber encontrado la mejor inversión de todas. Sé que no todos podemos ser lo que tradicionalmente se denomina "evangelistas", pero todos debemos hacer *"obra de evangelista"* (2 Timoteo 4:5).

EL SECRETO ESTÁ... EN SER UNO MISMO.

El secreto está en ser uno mismo. Si uno piensa como inversionista, entonces debe hablar como tal. Si uno es pintor, entonces usará la pintura, y si es escritor, usará la palabra escrita. Dado que somos todos tan diferentes, no recomiendo la utilización del método de "cinco pasos fáciles para la salvación". Sin embargo, estoy dispuesto a reconocer que el uso de tratados y otras formas más estructuradas de evangelismo resultan eficaces con ciertas personas. Personalmente no me inclino por ninguna de las dos formas, pero otras personas tal vez sí, así que les deseo éxito.

Lo que sí sé es lo que funciona para mí y es en ahí donde enfoco mi atención. El escritor Joseph C. Aldrich, en *Gentle Persuasion*, explicaba: "Sus talentos son la clave para saber cuál es el mejor lugar para usted dentro del ministerio de evangelismo". Cada uno de nosotros tiene un papel que desempeñar, y simplemente hemos de usar los dones que tenemos para atraer a los demás al reino de Dios.

Pero los problemas surgen cuando tratamos de ser algo o alguien que no somos, sobre todo en la tarea de hablarles a otros acerca de nuestra fe.

NO SE REQUIERE PERFECCIÓN

Antes de que usted hable de su fe a los que lo rodean, quiero decirle que *no existe el requisito de la perfección*. Sin embargo, sí se requiere obediencia. No podemos voluntariamente desobedecer la palabra de Dios y al mismo tiempo esperar que nuestro servicio beneficie o ayude a otras personas.

Una vez compré unas herramientas de buena calidad que me vendió uno de mis empleados, diciéndome que "lamentaba separarse de ellas" pero que estaba dispuesto a venderlas porque necesitaba el dinero. Al poco tiempo, un amigo me informó que mis "nuevas" herramientas tenían mis iniciales, ¡porque siempre habían sido mías! Este fue el último de una serie de incidentes con este empleado desleal, así que lo dejé ir (él, efectivamente, se despidió a sí mismo). *¿Cómo podía él hacer algo a sabiendas de que era incorrecto y esperar un beneficio de ello?*

"SUS TALENTOS SON LA CLAVE PARA SABER CUÁL ES EL MEJOR LUGAR PARA USTED DENTRO DEL MINISTERIO DE EVANGELISMO."

–Joseph C. Aldrich

Así sucede con nuestra relación con Dios. No podemos seguir con nuestro comportamiento acostumbrado cuando Él nos está diciendo que tenemos que cambiar. Si Él señala un aspecto de nuestra conducta, como por ejemplo el engaño, el descuido de nuestra familia o la mala administración, entonces debemos obedecerlo mediante el arrepentimiento y el consiguiente cambio. Si Él exigiera perfección, ninguno de nosotros podríamos estar a la altura *"pues todos han pecado y están privados de la gloria de Dios"*(Romanos 3:23).

Al ser obedientes, le permitimos a Dios que haga lo mejor que Él sabe hacer, es decir, *ser Dios*. Lo único que tenemos que hacer nosotros es lo que Él nos pide que hagamos; *su función es la de ser el salvador del mundo*. De hecho, de todas maneras nosotros no podemos salvar a nadie, porque es el Espíritu Santo el que convence a las personas de sus pecados (ver Juan 16:8) y sin convicción, nunca acudirán a Cristo.

Ni siquiera tenemos que decir todas las palabras apropiadas, hacer todo lo que corresponde, ni matarnos corriendo para tratar de dar "testimonio" a todos los que están en un radio de ciento sesenta kilómetros, *¡y eso es una muy buena noticia!*

Dios es el único capaz de salvar, amar y cuidar a todos los seres humanos del planeta, de manera que nosotros tenemos que dar un paso atrás, dar un suspiro de alivio, y dejar que Él cumpla su cometido. *Esto nos permitirá cumplir el nuestro.*

Aquellos que creen que tienen que ser perfectos, se están poniendo –no solo a sí mismos sino a todos a su alrededor– bajo una presión innecesaria y muy dañina.

Una vez oí hablar de una cristiana "perfecta": era una muchacha que había conducido a otra a los pies de Cristo. La otra joven nunca pudo llegar a la altura de la "muchacha perfecta", y se suicidó. Estoy seguro de que hubo otras razones que motivaron esta tragedia, pero la "perfecta cristiana" debería al menos haberle explicado que el amor de Dios no está supeditado a nuestra bondad. Por el contrario, Él nos ama porque somos sus criaturas y demostró su amor incondicional al permitir que su hijo muriera por nosotros *"cuando todavía éramos pecadores"* (Romanos 5:8)

Dios nos ama sencillamente por quienes somos, y *no requiere ningún acto que demuestre nuestra perfección.*

LA FUENTE DE NUESTRA FE ES UNA RELACIÓN PROFUNDA CON DIOS

NADA DE LO QUE DIGAMOS O HAGAMOS AFECTA EL AMOR DE DIOS POR NOSOTROS, Y ESO ES MARAVILLOSO.

Cuando era niño, vi un avión con motor a gasolina en una tienda de aeromodelismo y decidí comprarlo con un dinero que me había costado mucho ganar, pero mi padre no me dejó. En cambio, él se compró uno y me dejó que lo usara como plantilla para hacer el mío propio. Así lo hice, y aprendí más sobre aviones y sobre mí mismo que lo que podía haber imaginado.

Mis aviones "nuevos y mejorados" ganaron varios premios en competencias locales, pero el verdadero ganador era yo: mi autoestima y creatividad ¡se elevaron hasta la estratosfera! *Otra cosa que también aprendí fue que mi padre, al negarme lo que yo quería, me estaba demostrando que me amaba y que deseaba lo mejor para mí.* Cuando comprendí esto, mi confianza en él aumentó y nuestra relación se profundizó.

Con Dios es lo mismo, ¡solo que en una medida mucho mayor! Mientras más veo su amor por mí y mejor entiendo las intenciones que hay detrás de sus actos, más confianza tengo en Él. De hecho, *¿cómo podría no confiar en Él cuando me ama incondicionalmente y tiene guardadas para mí cosas que yo jamás podría siquiera soñar?* Él es el Padre celestial perfecto que me ama como necesito ser amado, y como resultado natural, nuestra relación se profundiza.

Esta es la misma relación con Dios que espero que usted ya esté teniendo, pero hay personas a su alrededor que la necesitan desesperadamente, de modo que como usted tiene la respuesta que ellos buscan, sea usted mismo, ¡y déles la respuesta!

PRESIÓN, SENTIMIENTO DE CULPA Y OTRAS COSAS INNECESARIAS

En lugar de tranquilizarse y dejar que Dios sea Dios, la mayoría de los cristianos se sienten culpables por no hacer nada de tipo "cristiano" por el vecino de al lado. Pero si nos detenemos a considerar las motivaciones de estas buenas obras, con frecuencia comprobamos que tienen su raíz en sentimientos de culpa, condenación, presión o egoísmo.

No es de eso de lo que se trata. En efecto, comunicar las buenas noticias de Jesucristo es prioritario, *pero es más importante que primero amemos a aquellos que estamos tratando de alcanzar.*

Actuar bajo presión, a la larga hará más daño que actuar por amor, aun si no tenemos todas las respuestas o conocimientos. La gente quiere ser amada, no que le prediquen.

Una vez conocí a un hombre que era su propio peor enemigo. La tribulación con que se castigaba estaba socavando su vida, sobre todo su matrimonio y hogar. Yo le mostraba amor y bondad, me comportaba naturalmente y lo animaba cada vez que podía. Finalmente un día, cuando se encontraba en lo más extremo de una crisis, me llamó y literalmente me rogó que lo ayudase. En aquel momento su corazón estaba realmente receptivo al perdón y la nueva vida que solo Jesucristo puede dar.

Estoy agradecido de que él haya tomado la decisión correcta aquel día, y como resultado de ella, la relación con su esposa y su familia ha sido completamente restaurada. Si anteriormente yo le hubiera intentado "predicarle", por sentirme culpable o presionado, solo habría logrado alejarlo de lo que más necesitaba.

Creo que la clave se encuentra en estos tres factores:

1. Amar a Dios.

2. Amar a nuestros semejantes.

3. Usar los talentos y dones que cada uno tiene.

> "LA GRAN COMISIÓN ES UN TRABAJO DE GRUPO; CADA QUIEN HAGA SU PARTE".
>
> –Jim Gilbert, How a man stands up for Christ

Cuando somos nosotros mismos, somos auténticos, y en ello radica que los otros puedan ver a Cristo por la forma en que Él se manifiesta en nosotros, y si nos reciben, lo reciben a Él.

MI MÉTODO PERSONAL

Hace tiempo decidí que la visión del tipo "soy inadecuado" con que enfocaba mi tarea de hablarles a otros de Cristo estaba equivocada, de manera que escogí creer algo diferente. Ahora, cuando alguien me pregunta cómo puedo demostrar la realidad de Cristo, me río y le digo: "Jesús controla mi vida y está vivo en mi corazón. Lo veo obrar todos los días".

¿Cómo puede refutarse algo así?

Hay otros que no están tan interesados en mi fe, de modo que trabajo con ellos desde otro ángulo. Mi primer paso es poner sus nombres en mi diario personal para recordarlos y orar diariamente por ellos. Los nombres escritos ayudan a cristalizar mis pensamientos, y esto da comienzo a la acción.

Después oro constantemente para que el Espíritu Santo ablande sus corazones. Nunca los conmino categóricamente como un vendedor insistente obligándolos a tomar una decisión en ese preciso momento. La gente que evangeliza tratando de "concretar la venta" no se da cuenta de que el evangelismo es una forma de vida que dura los trescientos sesenta y cinco días del año, así que precipitar las cosas puede causar daños irreparables.

En cambio, yo estudio a la persona durante cierto tiempo mientras se va formando una relación de confianza entre nosotros. Quiero que vea cómo vivo, cómo me relaciono con mi esposa, y cómo hago lo que hago, todo ello porque quiero que vea la realidad de Cristo en cada área de mi vida. Sinceramente, si yo no tengo nada que esa persona quiera y necesite, entonces ni siquiera tendrán interés en lo que quiera decirle.

Mientras tanto, muchas veces le ofrezco un estudio bíblico ya identificado con su nombre, o busco algún otro material práctico que pudiera ayudarla en la situación de vida en la que se encuentre. Incluso puedo llegar a llamar a un pastor de su localidad con quien yo crea que esta persona quizás se identifique de alguna forma, compartiendo algún interés particular común, como por ejemplo la pesca, y así hago que se reúnan en medio de un entorno relajado.

El proceso que sigo es mucho más largo, pero espero el momento en que resulta adecuado e inofensivo hablar con la persona acerca de mi relación con Cristo. A veces, hasta he llegado a decir: "Me alegra que finalmente hayas tocado fondo".

Eso se lo digo con toda franqueza, y la persona lo sabe. Entonces le ofrezco algo más que mis oraciones: combino la acción con mi fe, y la ayudo a encontrar las respuestas y el tipo de asistencia que necesita, ya sea consejería matrimonial, asesoría financiera, o asistencia para casos de drogadicción. Cualquiera que sea la causa por la que haya tocado fondo, esta es la situación más propicia para que yo comience a ayudarla.

Cuando Dios se vale de mí para llevar a alguien a Cristo, mi deseo es que esa persona se quede con Cristo para siempre. *No puede ser una decisión emocional.*

Una vez hablé con un joven durante una hora, y luego lo mandé a ver a un amigo mío ¡que habló con él durante más de cuatro horas! Mi amigo dominaba mucho mejor el estilo de comunicación que este hombre necesitaba, de modo que dejé el asunto en sus manos. Aquella noche vi al joven de nuevo, ¡pero esta vez ya era un nuevo creyente!

Cualquiera que sea el método que funcione mejor para usted, tenga la seguridad de que a medida que viva en obediencia a Dios, Él le indicará con claridad qué tiene que hacer a cada paso del camino.

¡QUÉ ALEGRÍA! ¿Y QUÉ VIENE AHORA?

Quien haya viajado a otros países sin un traductor debe saber lo difícil que puede resultar entender un menú, leer carteles de carreteras, buscar un médico, usar un cajero automático, enviar cartas por correo, comprar ropa y hablar por teléfono, y ni hablar de todas las otras cosas que uno normalmente hace en el lugar donde vive.

> LOS NUEVOS CREYENTES NECESITAN AYUDA, CONSEJOS, ORACIÓN, AMIGOS, TAL VEZ UN POCO DE CONSEJERÍA, Y DEFINITIVAMENTE, MUCHO ÁNIMO.

Que a uno lo dejen en un país extraño sin ninguna preparación puede ser una experiencia extremadamente difícil, y muy incómoda. Sin duda, ¡la mayoría querría tomar el próximo avión de vuelta a casa!

Dejar a un cristiano recién convertido en la puerta de entrada de la vida es lo mismo. Todo es nuevo, desde los amigos hasta las ideas, desde los deseos hasta las preguntas. El nuevo creyente necesita ayuda, consejos, oración, amigos, tal vez un poco de consejería, y definitivamente, mucho ánimo.

Pero infelizmente es aquí donde muchos de los resultados exitosos que se pretenden, terminan siendo fracasos. La parte de la ecuación que dice "llegar a conocer a Cristo" dura toda la vida y no se trata de un acontecimiento que ocurre una vez. Si uno fue el que ayudó a cierta persona a entrar en el reino de Dios, entonces debe trabajar para asegurarse de que llegue a la meta, así como dijo Pablo: *"He peleado la buena batalla, he terminado la carrera, me he mantenido en la fe"* (2 Timoteo 4:7).

Con relación a mis nuevos amigos en la fe, muchas veces no puedo brindarles mi compañía, así que además de orar y comunicarme con ellos, trato de ayudarlos a ingresar en alguna buena iglesia local y decirles a otros amigos que viven en la zona que se pongan en contacto con ellos si yo no puedo hacerlo personalmente.

Sea creativo pero recuerde que Dios no entra en nuestra vida por la fuerza ni nos da todo para que no necesitemos tener fe en Él. Esto significa que cada nuevo creyente es el responsable de su propia vida cristiana, no usted.

Y como la relación con Jesús es personal, es lógico que usted use sus propias palabras, y es algo tan natural, como el legado que un día dejará.

RECORRIENDO EL CAMINO DE LA ORACIÓN

– USTED NO VOLVERÁ A SER NUNCA EL MISMO

Hace poco alguien me preguntó: –De todas las cosas que normalmente hace un cristiano, como ir a la iglesia, reunirse con otros creyentes, adorar, orar, leer la Biblia, etc., ¿cuál es la más importante para usted?

Sin dudarlo un instante, respondí:

–Comunicarme con Dios por medio de la oración.

Digo esto ahora, pero no fue siempre así. Yo no oraba de verdad hasta que me convertí en padre a la edad de veintiún años. El hecho de haber surgido repentinamente una responsabilidad mucho más importante que cualquier empleo o puesto que hubiera tenido, era obligatoriamente una motivación para orar.

MI RECORRIDO PERSONAL

A medida que la oración comenzó a tener un lugar preponderante en mi vida, las cosas empezaron a cambiar. Orar siempre me había parecido algo insulso, aburrido e ineficaz, pero cuanto más oraba, más cosas descubría acerca de la vida, de Dios y de mí mismo, *y aquello distaba mucho de lo que yo había imaginado al principio.*

> LA ORACIÓN SE TRATA DE UNA RELACIÓN A LARGO PLAZO ENTRE USTED Y DIOS.

"¿Por qué oro?" me pregunté. Pero antes de ensayar una respuesta, di un paso atrás, y me hice otra pregunta: "¿Qué es exactamente orar?"

Ahora sé que orar es comunicarme con Dios, hablarle, y que Él me hable a mí, pero en aquel tiempo yo simplemente trataba de entender qué era la oración. Sabía que no se necesitaba un lenguaje rebuscado ni frases repetitivas, pero entonces entendí que para tener una línea abierta de comunicación entre Dios y yo, tenía que superar obstáculos muy reales que había en mi camino: barreras y distracciones, y eso para mí fue una revelación.

#1 –LAS BARRERAS

La principal barrera que me impide comunicarme con Dios es el pecado (que es simplemente hacer lo que Dios dice que no debe hacerse). Aprendí que me es imposible comunicarme con Él si tengo algo de lo que no me he arrepentido, no porque Dios no me ame o no quiera hablar conmigo, sino porque Él es santo, *y la santidad no se mezcla con el pecado.*

No obstante, muchas personas a menudo siguen adelante, recorriendo aceleradamente el camino de la oración, sin darse cuenta que Isaías 59:2 dice: *"Son las iniquidades de ustedes las que los separan de su Dios. Son estos pecados los que lo llevan a ocultar su rostro para no escuchar".* Dios nunca tuvo la intención de que la oración fuese un ejercicio inútil, pero en eso precisamente se convierte cuando nos rehusamos a arrepentirnos de nuestros pecados.

¿Significa esto que Dios no puede oírnos si oramos mientras en nuestra vida continúa habiendo pecado? No. Dios es misericordioso y siempre oye nuestros gritos de desesperación, pero los pecados de los que nos negamos a arrepentirnos terminan convirtiéndose en una enorme barrera que solo puede ser quitada de en medio si decidimos humillarnos y arrepentirnos de nuestros actos. El secreto para vivir sin barreras es tener un corazón receptivo a la convicción del Espíritu Santo.

#2 –LAS DISTRACCIONES

Las distracciones que destruyen la línea de comunicación con Dios son cosas tan elementales como el cansancio excesivo, o despertarse tarde, o las interrupciones (niños, teléfonos, televisión, música, etc.).

Sin embargo, para la mayoría de nosotros, la principal distracción es nuestra falta de disciplina. Podemos tener un deseo ferviente de pasar cierto tiempo orando, pero si no estamos dispuestos a autodisciplinarnos para hacerlo, no oraremos y ese fervor se desvanecerá.

Personalmente, me he entrenado para orar durante una hora todas las mañanas antes de levantarme. Para mí es la mejor hora, y puedo concentrarme en mis plegarias sin cavilar sobre los asuntos del día y, además, de esta manera me preparo para las decisiones, oportunidades y desafíos que seguramente surgirán.

> LO QUE HACE QUE LA ORACIÓN SEA TAN PODEROSA ES QUE DIOS NOS HABLA, Y LO QUE ÉL DICE TIENE LA CAPACIDAD DE CAMBIAR NUESTRAS VIDAS, NUESTRA FAMILIA, NUESTRA CIUDAD, Y NUESTRO PAÍS.

Las distracciones por lo general no son un pecado; y tampoco son sumamente notorias sino sutiles, pequeñas, y de aparentemente escasas consecuencias, pero efectivamente obstruyen la línea de comunicación que nos une con Dios.

CINCO RAZONES POR LAS QUE ORO

Cuando traté de contestar a la pregunta que me hacía "¿por qué estoy orando?", comencé a ver la oración bajo una nueva luz. A continuación expongo las cinco razones por las que la oración es tan importante para mí:

#1 –DISFRUTO DE LA ORACIÓN

Si uno se detiene a pensar, hablar con el creador del universo no es poca cosa, y que Él quiera comunicarse en un nivel personal conmigo ¡es casi incomprensible! Y cuanto más oro, más nos acercamos en nuestra relación (esto es natural, pues en el caso de mi esposa, mientras más me comunico con ella, más nos conocemos).

En efecto, hay veces en que tengo alguna necesidad, pero más que por cualquier otra razón, oro porque amo a Dios y me encanta comunicarme con Él.

#2 –NO ESTOY AL MANDO

También oro porque no estoy al mando. Lo cierto es que *nunca lo estoy completamente*. Puedo controlar mi actitud, mis hábitos de consumo o mi medicación, pero no tengo forma alguna de controlar el clima, la bolsa de valores o los actos de otras personas.

Hace varios años, Janna, mi hija mayor, tuvo un accidente automovilístico. Algo se había caído del asiento, y ella estiró el brazo para buscarlo mientras dirigía el volante. Miró hacia arriba justo a tiempo para pisar los frenos, pero chocó contra un árbol. Aunque el automóvil sufrió daños, afortunadamente ella no tuvo ninguna lesión seria, *¡pero seguramente podría haber sido peor!*

Cuando me enteré de que había chocado contra un árbol se me cayó el alma a los pies, pero el alivio que sentí cuando supe que ella no estaba herida fue indescriptible. Mi amor por ella no podía controlarla realmente. Dios es el único que controla las cosas, de modo que al orar, no lo hago por miedo sino por fe en que Él organizará por mí el desarrollo de los acontecimientos.

#3 –NECESITO AYUDA

Me encanta ayudar a la gente, pero reconozco que sin la asistencia de Dios, mis esfuerzos distarían mucho de ser lo que pueden llegar a ser. Tomaré como ejemplo el caso de mi amigo, el doctor J. Clifton Williams, (Clif). El padecía la enfermedad de Hodgkins y los médicos le habían dado apenas unos meses de vida, así que puso en orden su patrimonio y preparó a su familia para el inevitable desenlace.

Cuando lo visité en la habitación del hospital, les pedí gentilmente a todos que se retiraran para poder quedarme unos minutos a solas con Clif. Cuando se fueron, hablé con él sobre su esposa Jan y sus dos hijos, Eric de seis años, y Lynn de ocho.

Luego, con la mayor frescura, le dije:

—Si de verdad quieres vivir, tienes que cambiar de actitud y comenzar a visualizar la vida como si fueras a vivir y no a morir. Empieza por tener una actitud de expectativa favorable hacia tu vida: imagínate a tus hijos en los actos de graduación de la escuela primaria, secundaria y universidad. ¿Cómo irás vestido? ¿adónde irán a comer después del acto para celebrar?

Y continué:

—Hasta que tus hijos se vayan de tu casa para entrar en la universidad, ¿qué vas a hacer para inculcarles tus valores cristianos? ¿adónde irán de vacaciones con la familia? ¿Qué es lo que Jan y tú siempre han deseado hacer juntos como pareja?

Seguí con una pregunta tras otra, hasta que él realmente comenzó a escucharme y entender lo que intentaba transmitirle.

POR MEDIO DE LA ORACIÓN, NO CAMBIAREMOS A DIOS EN NADA: ORAMOS Y NOSOTROS MISMOS SOMOS CAMBIADOS.

—Si quieres ver el mañana —concluí— entonces deberás enfocar el futuro dentro del marco del presente con actitud positiva, imaginación, y fijándote metas.

Creo que en Clif se combinaron su fe en Dios, las fervientes oraciones de su esposa, el amor de sus amigos y familiares, y su propia capacidad de prever el futuro, para causar un efecto positivo en su salud. Aunque continuó enfermo por un par de años —le extrajeron las glándulas linfáticas— recibió transfusiones de sangre y modificó su alimentación, lenta y paulatinamente fue recobrando las fuerzas. ¡Y eso sucedió hace veinticinco años!

#4–QUIERO QUE LAS COSAS CAMBIEN

La oración efectivamente cambia las cosas, pero la mayor parte de los cambios ocurren con el transcurso del tiempo. Hay veces en que comienzo a orar por alguna persona que hizo comentarios maliciosos o actuó de mala fe conmigo, y después de cierto tiempo, soy yo el que termina cambiando (la perdono aunque no la excuso).

He prestado dinero a personas que luego se rehúsan a pagar lo que me deben. Varias veces me ha sucedido que, mientras oro por el asunto, siento que debo perdonar esa deuda, y puedo asegurar que en un principio, ciertamente no es mi intención cancelar el pago de un dinero que se me debe.

En mi oración, Dios usa lo que me ha perjudicado para traer libertad, bendición y paz a mi vida. Es asombroso, pero cada vez que oro y hago lo que Él dice, ¡salgo ganando!

El motivo de gran parte de lo que me ha sucedido en la vida es uno solo: Dios quiere perfeccionarme. Y al lector le digo: lo mismo sucede con usted. Orar para que desaparezca una circunstancia desagradable podría no ser algo favorable para usted; en cambio, lo aconsejable es orar para que se haga la voluntad de Dios, y luego aprender a dejarse llevar.

#5 –NECESITO HACER LA VOLUNTAD DE DIOS

Si oro de acuerdo con mis propios deseos estaré malgastando mi aliento. Jesús siempre oraba diciendo: *"No se cumpla mi voluntad, sino la tuya"* (Lucas 22:42), porque Él comprendía que su propósito era cumplir la voluntad de Dios. Mi propósito es el mismo, *como lo es el de todo cristiano*, y esto significa que en mis oraciones debo preguntar lo que Él quiere que yo haga, y no lo que me dicen mis propios deseos egoístas.

Hace varios años quise armar un programa para ayudar a jóvenes de escasos recursos de mi localidad, a que entraran en la universidad. Cuando comencé a orar, Dios me reveló una forma innovadora de convertir aquella visión en realidad. De ello surgió la Passport to Success Foundation (Fundación Pasaporte al Éxito) que inició mi familia como vehículo financiero para hacer posible el proyecto.

Lo que hicimos inspiró a otras familias de Waco a iniciar sus propios programas, entre los que se cuentan Malcolm y Mary Ruth Duncan (MAC Grant Foundation), y Clifton y Betsy Robinson (Clifton Robinson Foundation). *El esfuerzo combinado de esas fundaciones ya ha ayudado a más de mil jóvenes de bajos recursos de nuestro condado a ingresar en la universidad.*

Jane y yo fuimos honrados recientemente por las autoridades de Texas (el vicegobernador y el Senado) por la eficacia del programa de becas de Passport to Success. Describieron nuestro condado como el único en todo Estados Unidos donde a una persona sin posibilidades, que quiere asistir a la universidad, se le ofrece el pasaporte para hacerlo.

LA REALIDAD DE LA ORACIÓN

No tuve que pasar mucho tiempo orando para descubrir otro ingrediente vital de la oración: la obediencia. En ella está la realidad de la oración y la realidad del camino de un cristiano junto a Dios. Cuando Él habla, nosotros tenemos que obedecerlo, aun cuando no tenga sentido.

Un amigo me contó lo que le aconteció a una joven misionera que viajaba sola en Bangladesh. Cuando bajaba de un autobús, se le acercó una familia rogándole que les comprara pasajes para volver a su pueblo. La joven oró en forma rápida y sintió como si Dios le dijera que diera todo lo que tenía y se quedara con unos cuantos dólares.

Para ella, dar todo su dinero era un gran paso de fe, pero obedeció y la familia quedó muy contenta. Cuando ellos se alejaron para ir a comprar sus boletos, la misionera se dio vuelta para seguir su camino. No habría caminado más de veinte pasos cuando un ladrón empuñando un cuchillo le exigió que le diera su dinero. Con una sonrisa, ella casi se rió mientras le dio todo lo que tenía: ¡unos pocos dólares!

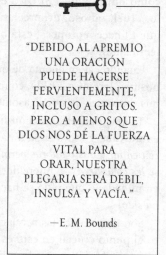

"DEBIDO AL APREMIO UNA ORACIÓN PUEDE HACERSE FERVIENTEMENTE, INCLUSO A GRITOS. PERO A MENOS QUE DIOS NOS DÉ LA FUERZA VITAL PARA ORAR, NUESTRA PLEGARIA SERÁ DÉBIL, INSULSA Y VACÍA."

—E. M. Bounds

La obediencia nos protege, nos dirige y nos lanza a alturas que de otra manera no podríamos imaginar. Cuan pronto olvidamos que *"Y al que sabe hacer lo bueno, y no lo hace, le es pecado"* (Santiago 4:17).

Aunque la obediencia es realmente nuestra única opción, *¡siempre es para nuestro bien!*

Todo lo que Dios ha dispuesto para cada uno de nosotros individualmente, podemos realizarlo cuando oímos (por medio de la oración) lo que Dios quiere decirnos y luego hacemos lo que Él nos ordena hacer. Con su ayuda incluso podemos lograr lo imposible, porque *"Para los hombres es imposible –aclaró Jesús, mirándolos fijamente– mas para Dios todo es posible"* (Mateo 19:26).

¿QUÉ HACE QUE UNA ORACIÓN SEA EFICAZ?

Para que una oración sea eficaz se requiere fe. La Biblia dice: *"Así que la fe es por el oír, y el oír, por la palabra de Dios"* (Romanos 10:17, RVR). Esta realidad la fui comprendiendo por etapas.

Un día leí *"Dios es amor"* (1 Juan 4:8) y mis ojos fueron abiertos como nunca antes. Si Dios es amor, entonces Él no puede ser malo, cruel, odioso, despreciativo ni egoísta. ¡Es imposible! Todo lo que Él hace, entonces, está basado en lo que Él es: completo y perfecto amor.

Cuando caí en cuenta de que los planes de Dios para mí eran buenos (ver Jeremías 29:11), comprendí que Él realmente *quiere* contestar mis oraciones, ¡y quedé asombrado!

También en otra ocasión hubo un versículo que cobró significado en mi vida, y esta vez se trataba de Juan 15:7 que decía: *"Si permanecen en mí y mis palabras permanecen en ustedes, pidan lo que quieran y se les concederá"*. ¿Quiere decir esto que si tengo su palabra morando en mi vida lo que pido se hace realidad? ¡es increíble! (*¡Y de veras lo ha sido!*)

Son incontables las revelaciones de este tipo que edifican la fe, pero el punto crucial en esto es que sin fe, la oración no logra prácticamente nada... Pero con fe, ¡cualquier cosa es posible!

REGISTRO DE LAS RESPUESTAS EN UN DIARIO

Hace muchos años comencé a poner en un diario los nombres de las personas que necesitaban oración. Esto, junto a una breve anotación al lado del nombre, me ayudó a no olvidar a nadie y a concentrarme mejor cuando oraba. Al recibir una respuesta, ponía la fecha al lado de la petición. Al poco tiempo tenía en mi diario de oración un extenso registro de plegarias contestadas.

Leer todas esas respuestas me refresca y me llena de fe para continuar orando, creyendo y esperando que Dios actúe en nuestro favor.

De la misma manera que la fe aumenta de forma natural cada vez que Dios contesta una oración, también es natural que disminuya cuando olvidamos las respuestas que hemos recibido. En cuanto a mí, no puedo olvidar lo que Dios ha hecho porque lo veo escrito.

"DIOS NO HACE NADA QUE NO SEA UNA RESPUESTA A LAS ORACIONES."

—John Wesley

Tengo en mi diario muchas listas diferentes, cada una marcada con un título y una etiqueta de color. Algunos de los temas son: asuntos personales y de familia, ministerios de especial interés para mí, amigos y conocidos, asuntos de salud de varias personas, y nombres de aquellos que me han hecho daño.

Debajo del título de cada sección escribo afirmaciones específicas. Por ejemplo, en la de "Obras de caridad y ministerios", tengo las siguientes afirmaciones:

≈ Creo que Dios me ha dado el don de la mayordomía,

 gano para dar,

 vivo para compartir,

 multiplico mi ministerio personal cuando doy en el nombre de Jesús.

≈ *¡Dios ama al dador alegre!* (2 Corintios 9:7, RVR)

≈ *Den, y se les dará: se les echará en el regazo una medida llena, apretada, sacudida y desbordante. Porque con la medida que midan a otros, se les medirá a ustedes* (Lucas 6:38)

≈ *Pero el que tiene bienes de este mundo y cierra contra él su corazón, ¿cómo mora el amor de Dios en él? Hijitos míos, no amemos de palabra ni de lengua, sino de hecho y en verdad* (1 Juan 3:17-18, RVR).

Debajo de las afirmaciones escribo los nombres y las necesidades de las personas y ministerios por los que estoy orando. Cuando comienzo a orar por aquellas personas, se abre toda una nueva dimensión de la oración: la intercesión.

¡La intercesión es poderosa! He visto cambios de todo tipo: niños rebeldes que se corrigen, matrimonios restaurados, mejoras en situaciones económicas desesperadas y corazones duros ablandados por la compasión, todo como resultado de mis oraciones, y las de quién sabe cuántas personas más.

La tenacidad y asiduidad en la oración mueve montañas, no solo las nuestras sino también las de otras personas. Al lado de los nombres, escribo las porciones bíblicas con las que elevo mis plegarias por ellos, las respuestas a peticiones, motivos nuevos, ideas, comentarios y palabras que siento que Dios me da.

> "EL MAYOR LEGADO QUE ALGUNA VEZ PODREMOS DEJAR A NUESTROS HIJOS Y A LOS HIJOS DE ELLOS, ES QUE VEAN Y CONOZCAN LA IMPORTANCIA Y EL PODER QUE TIENE LA ORACIÓN EN FAMILIA."
>
> –Evelyn Christenson

Cuando repaso mi diario, hay ocasiones en las que solo oro por otras personas; algunos días paso todo el tiempo de oración dando gracias a Dios por su bondad para conmigo; otras veces oro por lo que me atañe directamente, como por ejemplo cuando agradezco a Dios por darme sabiduría, salud, dirección y protección contra las tentaciones del enemigo.

Así como la oración requiere de disciplina, también hay que tenerla para sacar el máximo provecho de un diario de oración, ¡pero los beneficios valen mucho más que el esfuerzo!

TAMBIÉN HAY QUE ACTUAR

Además de orar, también presto ayuda de manera práctica. Mientras estoy orando, a menudo necesito hacer algo por una persona, que puede ser enviarle algún libro por correo, escribirle una carta, hacer una llamada telefónica, dar una conferencia, postergar una reunión, cancelar un viaje o cualquier otra cosa. ¡Los resultados suelen ser asombrosos!

Conocí una vez a una familia que, superficialmente, parecía tener una vida perfecta. Eran una estupenda pareja con buenos empleos e hijos maravillosos, pero a lo largo de algunas conversaciones que entablé con ellos, comencé a intuir que no todo andaba bien.

Estaban en apuros económicos y no admitían algunos problemas personales, lo que me llevó a pensar que su relación estaba tensa. Me pareció que la razón del conflicto era que ni los padres ni los hijos tenían una relación personal con Cristo.

Tuvimos muchas conversaciones, hice que un contador les ayudara con la economía, y les regalé varios libros. Después de muchos meses, a Jane y a mí nos complació mucho recibir la llamada del jefe de familia: ¡nos quería decir que toda su familia había recibido a Cristo! Resulta emocionante ver que, a medida que esta familia avanza en el camino cristiano, se van resolviendo cada uno de los problemas que anteriormente tenían.

DIOS DESEA RESPONDER NUESTRAS ORACIONES

Debemos creer que Dios oye, le importamos y actúa en favor nuestro. Eso es fe.

Jesús dijo: *"Pidan y se les dará; busquen, y encontrarán; llamen, y se les abrirá"* (Mateo 7:7). Hay que esforzarse en pedir, buscar y llamar a la puerta, hasta que llegue la respuesta.

Pero lo que ocurre a menudo es que la respuesta se demora en lugar de llegar en forma inmediata; sin embargo, esa tardanza obra como agente fortalecedor de nuestra fe, y la fe a su vez reúne fuerzas por medio de la espera y la oración. *La fe no tiene nada que ver con el tiempo, sino con la confianza en Dios.*

Algunas de mis plegarias solo fueron contestadas después de muchos años, pero si nunca hubiese orado, no creo que habría recibido respuesta alguna. De hecho, algunas de las respuestas más significativas y estimulantes que he recibido, llegaron tras varios años de oración.

¿Significa esto que Dios contesta todas las oraciones que he hecho en mi vida? Sí, creo que Él las contesta todas, pero no necesariamente de la manera que yo quisiera.

Encuentro gran consuelo en saber que Dios conoce "cómo dar buenas dádivas" mucho mejor que yo, y que *"Porque todo el que pide, recibe; el que busca, encuentra; y al que llama, se le abre"* (Mateo 7:8). Lo cierto es que Él desea contestar nuestras plegarias, solo tenemos que estar dispuesto a cumplir con nuestra parte a través de la oración diligente, la fe y la acción.

"EL MOMENTO PARA
APRENDER A ORAR
ES AHORA,
NO CUANDO SURGE
LA CRISIS."

–George A. Brantley,
escritor y pastor

La oración permite que se revele el poder de Dios y que sus planes se cumplan. A través de la oración, he experimentado en mi vida el poder, la sabiduría, el favor y la creatividad de Dios, en una medida que nunca podría haber imaginado.

Como resultado de la oración, mi mundo ha cambiado y sé que nunca volveré a ser el mismo... *¡y usted tampoco!*

PARTE DOS

ACTITUDES PARA VIVIR LA VIDA CRISTIANA

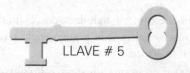

EN LA ACTITUD ESTÁ TODO

–DESCUBRIENDO CLAVES PARA TENER ÉXITO EN TODO

¿Es verdad que "en la actitud está todo"? Obviamente, desde el punto de vista cristiano, la actitud no lo es todo, ya que Cristo es todo; entonces ¿de dónde hemos sacado esa frase?

Al comienzo de mi trabajo en el rubro de los seguros recluté algunas personas de extraordinarias dotes y talentos, pero como yo solía decir, "se ve bien en uniforme, pero no sabe batear". El problema con ellas era que habían crecido o se las había programado con una actitud mental negativa, y como consecuencia, no eran productivas.

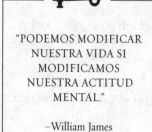

"PODEMOS MODIFICAR NUESTRA VIDA SI MODIFICAMOS NUESTRA ACTITUD MENTAL."

–William James

El trato frecuente con individuos que necesitaban examinar y corregir totalmente su actitud me hizo ver la importancia de este factor, y fue la inspiración que sirvió de base a mi primera compañía, el Instituto de la Motivación para el Éxito. Me han llamado "el fundador de la industria del desarrollo personal" por la permanencia y éxito del instituto, *y todo comenzó con la actitud.*

En los veinticuatro programas de desarrollo personal que he escrito en casi cincuenta años, a menudo he dicho que "la actitud es un hábito mental; si uno quiere cambiar su actitud, debe cambiar su modo de pensar".

Cambiar la forma de pensar no es un concepto nuevo: la Biblia lo expresa con mucha claridad en Filipenses 2:5: *"La actitud de ustedes debe ser como la de Cristo Jesús",* y *"consideren bien todo lo verdadero, (…) respetable, (…) justo, (…) puro, (…) amable, (…) digno de admiración, en fin, todo lo que sea excelente o merezca elogio"* (Filipenses 4:8).

"En la actitud está todo" es una frase que gustar por igual a atletas olímpicos, entrenadores, gente exitosa y triunfadores en cualquier terreno. ¿Por qué? Creo que es porque no solo entienden la frase, sino que también la *viven.*

Para celebrar mi cumpleaños número setenta, subí el Monte Elbert, el más alto de los catorce picos de mayor altitud del Estado de Colorado, y la segunda montaña más alta de la parte continental de los Estados Unidos. Esto no tendría que parecer ninguna proeza impresionante, pero hacía tan solo tres semanas yo había salido de un hospital de enfermedades pulmonares (El National Jewish Center, en Denver, Colorado), donde había ingresado con un ataque agudo de asma.

EL 10 POR CIENTO DE LA VIDA CONSISTE EN LO QUE NOS SUCEDE, Y EL 90 CIENTO, EN LA FORMA EN QUE REACCIONAMOS A ELLO.

Además, después de los tres mil metros se reduce la cantidad de oxígeno, y el Monte Elbert ¡tiene una altura de cuatro mil cuatrocientos metros! Solo unas cuantas personas supieron que yo había recorrido los últimos ciento cincuenta metros gateando. Me era difícil respirar y me movía con lentitud, pero en el momento preciso, ¡*la actitud fue todo*!

LA ACTITUD ES FUNDAMENTAL PARA SOBREVIVIR

La identidad de una persona *no* está determinada por su apariencia, el lugar donde vive o quiénes fueron sus padres. *La identidad consiste en el funcionamiento de ciertas elecciones específicas que uno hace.* Uno está donde está y es lo que es por los pensamientos predominantes de su propia mente. Al fin y al cabo, *"Porque cual es su pensamiento en su corazón, tal es él"* (Proverbios 23:7 RVR)

Hace varios años, el doctor Robert Gardere, cirujano plástico y amigo personal, realizó un estudio en pacientes a los que había hecho cirugía estética. Todos ellos habían recurrido a él para pedirle algún cambio, pues estaban descontentos con su apariencia. Como cirujano, a algunos les arregló la nariz, a otros les quitó las arrugas o realizó alguna modificación importante de su apariencia. Pero luego descubrió algo bastante inesperado: la mayoría de las personas pensaban que la operación había sido un fracaso, porque continuaban insatisfechas consigo mismas.

UNO ESTÁ DONDE ESTÁ Y ES LO QUE ES POR LOS PENSAMIENTOS PREDOMINANTES DE SU PROPIA MENTE.

La conclusión salta a la vista: *no somos lo que parecemos ser por fuera; somos lo que creemos que somos.*

LA ACTITUD ESTÁ ARRAIGADA EN LO PROFUNDO

Una vez vi una película que trataba de un ladrón al que se le ofrecía una oportunidad de empezar una nueva vida. Luego de un trabajo de maquillaje que cambió por completo su aspecto físico, y modificar sus huellas digitales, ya no quedaba nada que lo atara a su antigua identidad. Tuvo un grandioso éxito... por un tiempo.

El hombre regresó a la actividad delictiva, y un día fue alcanzado por un disparo de la policía. Mientras agonizaba, dijo:

–Los médicos sabían hacerlo, ¿verdad?"–

Los médicos habían cambiado su apariencia externa, pero no habían hecho nada para cambiar su interior, que es *donde comienza todo cambio significativo y duradero.*

Eso lo aprendí cuando era joven. Sabía que no recogería fruta por el resto de mi vida, sin embargo lo seguí haciendo para ganar dinero. Dentro de mí era diferente de la mayoría de los otros jóvenes con quienes trabajaba. Con el tiempo, lo exterior se alineó con lo creía en mi interior, y nunca más volví a las tareas manuales. Significa entonces que los cambios externos inevitablemente se ajustan a lo que el corazón y la mente ya han decidido hacer o ser.

Mi poema favorito acerca de la actitud es de Tomihiro Hoshino, un escritor y pintor de Japón, cuadripléjico a raíz de un accidente de gimnasia. En *El camino de las campanadas,* escribió:

> *El viento es invisible*
> *y sin embargo*
> *cuando sopla en los árboles*
> *se convierte en viento verde,*
> *y al respirar sobre las flores*
> *se hace viento de flores,*
> *pero ahora*
> *el viento acaricia mi rostro*
> *y me pregunto,*
> *dímelo tú, ¿en qué clase de viento*
> *te convertirás esta vez?*

Cada persona tiene un patrón general de pensamiento, ya sea positivo o negativo. El patrón que escoja influirá profundamente en cuatro áreas de su vida:

#1–LA ACTITUD AFECTA LA AUTOESTIMA.

Una actitud negativa hace que uno dude de su capacidad de triunfar, mientras que creer en el propio potencial hace que uno desee emprender la acción necesaria para lograr el éxito.

#2–LA ACTITUD DETERMINA LA FORMA DE PENSAR ANTE UN DESAFÍO.

Una actitud positiva permite ver un desafío como una oportunidad en lugar de verlo como un peligro.

#3–LA ACTITUD DETERMINA EL GRADO DE CONFIANZA EN UNO MISMO.

Las personas que tienen una actitud negativa, con tanta frecuencia han pensado en su imposibilidad o en sus dudas, que no creen en su potencial individual. Cada vez que uno actúa desde una actitud positiva, su autoconfianza aumenta, demuestra su capacidad para el éxito, y sabe que puede lograrlo.

#4–LA ACTITUD AFECTA LA MANERA DE APRECIAR LAS OPORTUNIDADES.

Si aparece una oportunidad, el individuo que tiene una actitud negativa ha enterrado sus propias posibilidades de descubrirla. En cambio, una actitud positiva abre los ojos a tantas oportunidades, que el desafío entonces será saber cuál es la que conviene escoger.

CÓMO SE FORMA UNA ACTITUD

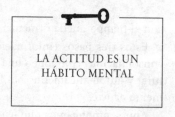

LA ACTITUD ES UN HÁBITO MENTAL

Uno puede ver que los beneficios de una mentalidad positiva están a su disposición cuando entiende la manera en que nace y se desarrolla una actitud, y entonces tiene la opción de controlar el proceso y formarla según su voluntad.

Hay tres pasos fundamentales para formar una actitud:

Primero– el primer paso es la información. Desde que nacemos, nuestra mente subconsciente utiliza todo como información, a partir de la cual se forma la actitud.

Cuando vamos creciendo y nos damos cuenta de que necesitamos cambiar de actitud, obviamente no podemos comenzar de nuevo desde el momento del nacimiento; sin embargo, sí podemos cambiar la información, y esto puede influir positivamente en nuestro pensamiento y todo nuestro cuerpo, como dice claramente la Biblia: *"Sean transformados mediante la renovación de su mente"* (Romanos 12:2).

Segundo– el segundo paso en la formación de actitudes es el procesamiento personal de la información. A medida que una persona oye lo que otros le dicen y observa lo que hacen, va procesando esta información y entonces escoge la actitud a tomar. Luego, al actuar sobre la base de lo que eligió creer, esto se va estableciendo progresivamente como un hábito mental, es decir, una actitud.

> "LA FAMA ES UN VAPOR;
> LA POPULARIDAD, UN
> ACCIDENTE; LAS
> RIQUEZAS TIENEN ALAS,
> Y UNA SOLA COSA
> PERMANECE: EL
> CARÁCTER."
>
> –Horace Greeley

En mi caso, lo que yo he elegido creer es que puedo hacer cualquier cosa. Me despierto cada día sin aceptar en mi mente la posibilidad de una derrota. Esta es mi actitud, y ella influye en todo lo que hago, pienso o siento.

Tercero– el tercer y último elemento en el desarrollo de una actitud es la consolidación. Cuando uno elige tentativamente cierta actitud, se va consolidando día tras día, y con el tiempo queda firmemente arraigada.

Estos tres pasos (información, procesamiento de la información y consolidación) componen una secuencia y funcionan en conjunto, natural y automáticamente. No hay nada de misterioso en ello; simplemente ocurre.

Ahora supongamos que usted se da cuenta de que hay una actitud específica que le impide obtener el éxito y lograr resultados acordes a su capacidad. ¿Puede usted cambiar esa actitud? ¡Por supuesto que puede!

La modificación de un hábito, una forma de actuar o un pensamiento, no es algo sencillo ni necesariamente rápido, pero ciertamente es posible. *Usted primero debe tomar conscientemente la decisión de cambiar.* La clave para cambiar de actitud es romper el viejo ciclo de formación de los hábitos.

El principio expuesto a continuación da exactamente en el clavo:

≈ Sembrando un pensamiento se cosecha un acto.

≈ Sembrando un acto se cosecha un hábito.

≈ Sembrando un hábito se cosecha el carácter.

≈ Sembrando el carácter se cosecha un destino.

TRES GRANDES CAMBIOS: PENSAMIENTO, PALABRAS Y COMPORTAMIENTO

A medida que trabaje para cambiar su actitud, recuerde que esta obra en tres planos: el pensamiento, las palabras y el comportamiento. Lo que ocupa su mente es lo que luego se traslada a las palabras que usted dice, y a su vez las palabras son traducidas en actos. Si no está complacido con los resultados, puede intervenir en el proceso de formación de la actitud en cualquiera de sus tres componentes: pensamiento, palabras o comportamiento.

#1– CÓMO SE TRABAJA SOBRE EL PENSAMIENTO

Uno tiene que saber lo que sucede en su mente antes de poder efectuar cualquier cambio. Si se pesca a sí mismo diciendo "no puedo", "tengo miedo" o "eso es demasiado riesgoso", deténgase y dígase: "Veamos de nuevo; voy a darle una oportunidad a esto; ¡puedo hacerlo!"

También puede inventar su propio mensaje de éxito, como por ejemplo: "sé que puedo hacer esto" o *"Los justos no tropezarán jamás; los malvados no habitarán la tierra"* (Proverbios 10:30). Lo importante es *romper el patrón automático de pensamiento negativo.*

Una vez estuve trabajando con un grupo de vendedores profesionales durante seis meses, antes de poder ver algún cambio notorio en sus patrones de

"EL HOMBRE ADQUIERE UN INMENSO PODER CUANDO, EN SUS SUEÑOS MÁS SECRETOS, AFIRMA CON SEGURIDAD QUE NACIÓ PARA CONTROLAR LO QUE LE SUCEDERÁ EN LA VIDA."

–Andrew Carnegie

pensamiento. Cuando finalmente cambió su modo de pensar, sus ventas se incrementaron.

#2– CÓMO CAMBIAR LOS PATRONES DE EXPRESIÓN VERBAL

Escúchese a sí mismo mientras habla. ¿Con cuánta frecuencia usa palabras negativas? ¿Cuán a menudo expresa duda, falta de confianza en su capacidad, o temor?

Escriba algunas palabras positivas para utilizar la próxima vez que surja una ocasión. Asegúrese de que estas palabras expresen el tipo de actitud de éxito que quiere adoptar. Practique durante el tiempo suficiente para poder recordar dichas palabras cuando las necesite.

#3– CÓMO SE MODIFICA EL COMPORTAMIENTO

Todos reaccionamos de manera diferente ante las mismas presiones. A un amigo mío le asignaron un proyecto de trabajo desafiante, y en lugar de poner manos a la obra, se repantigó frente al televisor. Cuando se dio cuenta de lo que estaba haciendo, hizo un esfuerzo consciente por comenzar con el proyecto ya que, a fin de cuentas, tarde o temprano había que llevarlo a cabo.

El comportamiento es, con frecuencia, el terreno donde más fácilmente se puede intervenir para introducir un cambio. Usted es quien decide dónde intervenir, porque su personalidad es única y sus capacidades son diferentes.

CÓMO INTERVENIR

Una de las maneras más eficaces de intervenir es emplear el Principio del Poder Mental, en el que se usa una práctica altamente controlada de visualización, de acuerdo con un plan específico, destinada a lograr un propósito definido.

Así es como funciona:

A. Comience por pasar algún tiempo en tranquila relajación. Por el momento ponga a un lado las preocupaciones, temores y ansiedades. Piense en lo que dice Proverbios 16:3: *"Pon en manos del Señor todas tus obras, y tus proyectos se cumplirán"*.

B. Lea algún pasaje que haya encontrado o que usted mismo haya escrito para uso personal, que describa la actitud o creencia *que usted quiere adoptar* como propia.

C. Activamente visualícese a sí mismo actuando, hablando o sintiendo de acuerdo con dicha actitud o creencia.

D. Finalmente, por medio de la visualización, usted efectivamente experimentará un cambio nuevo y positivo en su comportamiento, al eliminar el anterior condicionamiento negativo.

Por ser hábitos mentales, la actitudes no nacen de la noche a la mañana. Usted no cambiará de actitud con un solo intento, *de manera que sea paciente y tome tiempo para absorber suficiente información nueva y positiva con el fin de lograr el cambio deseado.*

Planifique un refuerzo positivo para recompensarse cuando tenga éxito. Las afirmaciones positivas también sirven a este propósito; algunas de ellas podrían ser:

≈ "¡Qué bien me siento! En esto puedo cambiar definitivamente mis pensamientos, palabras o comportamiento."

≈ "Ya puedo ver mi progreso. Estoy deseoso de perseverar hasta ver cambios aun mayores."

≈ "Mi plan está funcionando: ¡tendré éxito!"

"SOMOS LO QUE HACEMOS REITERADAMENTE. POR LO TANTO, LA EXCELENCIA NO ES UN ACTO SINO UN HÁBITO".

–Aristóteles

Mida su progreso comparando la situación en la que está ahora y dónde estaba cuando comenzó. Esto lo animará a continuar con su esfuerzo de mejorar, pues demuestra que el crecimiento es posible. Luego mire hacia delante, donde quisiera estar, y se sentirá inspirado para continuar creciendo.

Es aquí donde vuelvo mi atención a otro aspecto: agradecerle a Dios por el cambio que ha tenido lugar en mi vida. Ser agradecido es una parte importante del proceso de la consolidación.

BENEFICIOS DE UNA ACTITUD POSITIVA

Cambiar de actitud lleva tiempo y requiere esfuerzo, pero bien vale la pena cualquiera que sea el costo. Los beneficios de una actitud positiva son extraordinarios:

1. Aumento del entusiasmo.
2. Liberación de las limitaciones del miedo.
3. Aumento de la creatividad.
4. Placer de tomar la iniciativa.
5. Alegría y emoción de aprovechar mejor el potencial que Dios nos ha dado.
6. Oportunidades ilimitadas.
7. Numerosos amigos y colegas positivos.
8. Un empleo más eficiente del tiempo y la energía.

¿Significa esto que por tener una actitud positiva nunca cometeremos errores? No, de ninguna manera, pero es importante aprender que hay más ganancia en cometer algunos errores que en evitarlos todos. Aquellos que tienen demasiado miedo de equivocarse no corren riesgos, y aunque no cometerán errores, tampoco aprenderán ni crecerán. Vaya de frente al encuentro de las pruebas que le presenta la vida, y ganará, incluso de las pérdidas.

Dependiendo de nuestra actitud, cada obstáculo, reto y problema es en potencia la mejor cosa que pueda habernos pasado alguna vez. Las actitudes que uno elige son la clave del éxito sin límites.

Este es precisamente el motivo por el que dicen "en la actitud está todo".

LA GRATITUD SE APRENDE

-PORQUE LA VIDA ES LO QUE UNO HACE DE ELLA

Hace varios años oí hablar de dos hermanos varones que, a pedido de su madre, estaban recibiendo atención psicológica. A ella le preocupaban las actitudes extremas de sus dos hijos: uno era excesivamente positivo, el otro excesivamente negativo.

El psicólogo aisló a cada niño en una habitación diferente durante doce horas. En la habitación del niño negativo había cientos de juguetes y todas las diversiones imaginables. La habitación del niño positivo había sido preparada como un establo muy oscuro con una caballeriza.

> "CUANDO SE APRENDE A SER AGRADECIDO TODO ESTÁ CONTEMPLADO."
>
> –Charlie "Tremendous" Jones

79

Una vez que terminó el período de doce horas y se abrió la puerta de la primera habitación, el niño negativo se encontraba al lado de la puerta, llorando. Cuando se le preguntó por qué no estaba jugando con los juguetes, se quejó entre lágrimas: "Sabía que si jugaba con algo probablemente me lastimaría".

A continuación, el médico fue a la habitación parecida a una caballeriza oscura, y encontró al niño positivo buscando dentro del heno, mientras reía y gritaba de contento. Entonces el médico hizo que se tranquilizara, y el niño exclamó: "¡Yo sé que en alguna parte hay un pony, y voy a encontrarlo!"

Los niños habían sido asombrosamente consecuentes cada uno con su actitud, independientemente de las circunstancias. *Así sucede con nosotros.*

LA VIDA ES LO QUE UNO HACE DE ELLA

Desde la cuna hasta la tumba nos insultan, nos excluyen, se aprovechan de nosotros y nos ignoran, y si eso es solamente en cuanto a la relación con los demás, ¡qué decir de las otras cosas negativas que nos pueden suceder en la vida! En realidad, mucho de lo que la vida nos ofrece no es tan maravilloso.

Pero cuando vemos la vida a través del cristal de la expectativa positiva, como el niño que buscaba el pony, nos estamos educando para enfocar lo bueno de la vida. No es que ignoremos lo malo o finjamos que todo está perfecto; eso sería vivir en un mundo de fantasía. *La vida es real, y eso significa que encontraremos tanto lo bueno como lo malo.*

Ya sabemos que es bueno tener una actitud positiva, pero hay otro ingrediente que puede impulsar esta visión de la vida un poco más allá: la gratitud.

AGRADECER LOS REVESES TEMPORALES

Todos hemos tenido nuestra cuota de reveses y desilusiones. De las cien compañías que formé desde que tenía diecinueve años, el sesenta y cinco por ciento no sobrevivió. Esto es lo que comúnmente llamaríamos "fracasos", pero en mi mente y con mi actitud positiva, nunca consideré que haya fracasado en algo.

Estos supuestos fracasos fueron solo reveses temporales. Nunca los tomé en forma personal ni me consideré por ello alguien inferior. *Sé que en toda adversidad está la semilla de un beneficio igual o mayor si lo creo, lo busco y trabajo por obtenerlo.* Cuando uno tiene esa fe y sigue adelante, siempre encuentra el resultado favorable que busca.

"MANTÉN TU ROSTRO EN DIRECCIÓN AL SOL Y NO PODRÁS VER UNA SOLA SOMBRA."

–Helen Keller

Estos "fracasos" me permitieron aprender una lección práctica al estudiar el motivo por el que tal concepto, negocio o idea no funcionó, aparte de vigorizarme mentalmente y volverme más ingenioso para acometer la siguiente situación. *¿Cómo podría no estar agradecido?*

Cuando se pone lo malo al lado de lo bueno, lo negativo al lado de lo positivo, se adquiere toda una perspectiva nueva sobre la vida, que permite casi alegrarse de lo negativo, porque uno se acostumbra a ver el bien que está en camino, y que es mayor.

"LA VIDA ES RICA EN RECOMPENSAS PARA QUIEN HA APRENDIDO A SER AGRADECIDO EN TODA Y CUALQUIER CIRCUNSTANCIA."

–Bill Bunting

Las épocas malas o negativas fueron un terreno perfecto donde cultivar el éxito y realizar grandes progresos. En lugar de dejarme abatir por los tiempos duros, he aprendido a seguir adelante y buscar el bien que sé que hay escondido en alguna parte. Pero el beneficio ganado gracias a algo que experimenté, generalmente lo aprecio después de pasado cierto tiempo.

A continuación algunos ejemplos:

LO NEGATIVO	LO POSITIVO
Mi padre no me dejó comprarme un avión de aeromodelismo en la tienda de pasatiempos.	Él me enseñó cómo diseñar y construir mi propio avión con material reciclado ¡y gané premios gracias a ello!
Mi padre no me dejó comprarme mi primera bicicleta nueva.	Aprendí cómo restaurar bicicletas usadas, ¡y haciéndolo pude ganar dinero!
No tuvimos televisión hasta que tuve dieciséis años.	Fui inventor, lector, mecánico, constructor, obrero, gerente de campo y otras cosas.
Mi padre nos disciplinaba severamente.	Aprendí a ser disciplinado.
En mi primer empleo en la industria de los seguros comencé desde muy abajo.	Tuve el privilegio de empezar desde cero, como aprendiz.
Tuve mucha competencia de mis compañeros de trabajo.	Trabajé más duro y mi rendimiento fue mejor gracias a la competencia.
Una vez pilotaba un avión que perdió todo el control hidráulico, chocamos en un sembrado de maíz.	Me fui del lugar con apenas un tajo en el codo.
En una ocasión, un camión me obligó a salir despedido de la carretera con mi bicicleta.	Estoy agradecido por no haber sufrido más que lastimaduras en una mano.
He enfrentado situaciones de racismo y prejuicios.	Ahora soy muy sensible hacia los que me rodean.

UNA POR UNA

Aquel clásico himno antiguo que decía "Bendiciones cuántas tienes ya, bendiciones Dios te manda más, bendiciones, te sorprenderán...", puede sonar anticuado, pero no así la verdad que contiene. Cuando nombramos o escribimos nuestras bendiciones, dentro de nuestro subconsciente sentimos palpitar la realidad de que tenemos mucho por lo cual estar agradecidos.

El hijo de un amigo mío, a pesar de su corta edad, padeció un período severo de cáncer. Afortunadamente, el cáncer desapareció completamente, pero mientras combatían la enfermedad en el hospital, la familia aprendió a dar gracias por cada día vivido, un día a la vez.

Cuando usted mira una luz potente y luego cierra los ojos, ¿qué es lo que ve? Ve la misma luz aun con sus ojos cerrados. Si los mantiene cerrados, lentamente esa luz irá desvaneciéndose. Lo mismo sucede con la gratitud. Si usted escribe las cosas por las que está agradecido, las estará imprimiendo una y otra vez en su mente, y así hará que sea mucho más difícil olvidarlas.

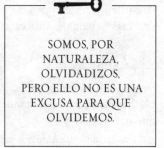

SOMOS, POR NATURALEZA, OLVIDADIZOS, PERO ELLO NO ES UNA EXCUSA PARA QUE OLVIDEMOS.

Conozco una pareja que cada mes escriben en un cuaderno especial todas las cosas por las que están agradecidos. Al final del mes siguiente, leen la lista del mes anterior antes de comenzar una nueva lista. Así, están entrenándose –y también lo hacen con sus hijos– para ver la vida a través de los ojos de la gratitud.

Además, al poner algo por escrito aumenta considerablemente la posibilidad de recordarlo. Yo lo veo así: si su equipo favorito está jugando el campeonato con un equipo rival, a usted le interesa un detalle primordial: el resultado al final del juego. Sabemos que sería absurdo jugar sin llevar la cuenta de los tantos, pero la verdad es que eso mismo es lo que nos sucede muchas veces mientras vamos por la vida: *No escribimos las cosas, y por lo tanto, al cabo del tiempo, no recordamos quién ganó.*

Escríbalo, memorícelo, léalo de nuevo o conviértalo en canción; haga lo que tenga que hacer para ser agradecido. En la Biblia aparecen múltiples ejemplos en que los israelitas *"echaron al olvido sus proezas"* (Salmo 78:11) y volvían a las actitudes y hechos anteriores que les habían causado problemas. Ellos veían los mismos milagros sobre los cuales nosotros hoy en día hacemos películas, ¡y sin embargo olvidaban!

A decir verdad, somos por naturaleza olvidadizos. Pero eso no es excusa para que olvidemos.

RECORDAR LO BUENO PARA SER AGRADECIDO

Una de las pocas ocasiones en que es saludable mirar hacia el pasado es cuando uno se siente agradecido. Por lo general, mirar hacia atrás no sirve más que para hacer que uno baje la velocidad, o incluso se tropiece. Aquí expongo seis de las muchas cosas que he escrito a lo largo de los años, por las cuales estoy agradecido, y aunque algunas son más personales que otras, cada una es especial para mí.

#1–LA FAMILIA

Mis padres. Estaré por siempre agradecido a mis padres por lo que me enseñaron, lo que sembraron en mi corazón y en mi mente, y lo que me "negaron".

Juntos me enseñaron a vivir, a soñar y a ser suficientemente disciplinado para llegar adonde quería ir. Me mostraron con su ejemplo que sí podía controlar mi corazón y mi mente, podría controlar mis actos, y de esa forma, también mi futuro. Al negarme el camino fácil, me obligaban a aprender cómo encontrar mi propia libertad.

Si no hubiese sido por ellos y su singular manera de enseñar, darme el ejemplo y vivir, yo sería una persona completamente diferente.

Mi esposa. Jane es mi mejor amiga. Ella me conoce, sabe lo que hay dentro de mí, y me ama aún más. A menudo digo que cuando crezca quiero ser como ella, ¡y lo digo en serio! Ella es el equilibrio perfecto entre trabajo y familia, intensidad y ligereza. Su semblante siempre refleja lo mismo: alegría, paz y felicidad. Tal vez algún día, cuando crezca...

Mis hijos. Mis cinco hijos me han convertido en el padre más orgulloso del mundo. Y sus hijos, que son mis nietos, ¡son el broche de oro! Dios me ha bendecido de muchas maneras por medio de mis hijos. Me da gusto ver la forma en que todos ellos, cada uno a su manera, han vivido con rectitud; han tomado la decisión más importante de todas: recibir a Jesús en sus vidas, y todos están creciendo y madurando en el camino que cada uno eligió. A veces pienso: "no merezco tener una familia tan bendecida", pero ¡ciertamente no me voy a quejar de tenerla!

#2–LOS AMIGOS

He sido la persona más afortunada del mundo: he tenido innumerables amigos a lo largo de los años, que estuvieron allí cuando más los necesité. Uno de ellos me dio un puñado de dinero en efectivo cuando lo necesitaba desesperadamente, y ambos nos pusimos a llorar. Otro amigo me escuchó mientras desahogaba mi frustración con la vida y con mi profesión, para luego decirme qué él creía en mí y que yo debía ir en pos de mis sueños.

> ¡ A SU SALUD !
> UN ESTUDIO DEMOSTRÓ QUE EN LA GENTE QUE MOSTRABA GRATITUD DIARIAMENTE SE REGISTRABAN "MAYORES NIVELES DE AGUDEZA MENTAL, ENTUSIASMO, DETERMINACIÓN, ATENCIÓN Y ENERGÍA".
>
> –Robert A. Emmons, profesor de psicología en la Universidad de California, Davis.

Tuve varios amigos que me presentaron el desafío de hacer mayores donaciones para causas dignas. Ahora, cuando lo hago, pienso: "No es justo, ¡lo estoy disfrutando demasiado!" Agradezco que me hayan encaminado en la dirección correcta. Otros amigos me han dicho la verdad con toda franqueza sobre algo que yo estaba haciendo, acepté su consejo, y cambié. ¿Por qué no hacerlo? ¡Era por mi bien!

Considerándolos a todos, mis amigos han dejado una profunda huella en mi vida, y estoy muy agradecido por ellos.

#3–LA PROTECCIÓN Y EL FAVOR DE DIOS

He tenido varios accidentes que podían haber sido fatales, incluyendo tres colisiones aéreas. Dios me ha protegido tantas veces que no puedo dejar de pensar que Él tiene un propósito especial para mí.

También me ha concedido su favor para recibir una excelente acogida por parte de la gente. Algunas veces, al entrar a un negocio, me saludaban diciendo: "No sé lo que usted vende, pero algo voy a comprarle".

Otras veces, estuve en el lugar apropiado en el momento correcto para poder oír por casualidad una conversación en la que se trataba un negocio, que luego resultó ser algo muy lucrativo para mí. Podía haber llegado diez segundos más tarde o más temprano, y me lo habría perdido, pero en cambio estuve justo ahí en aquel momento, y me beneficié por ello.

Nunca es suerte, sino más bien una bendición de Dios.

#4–TIEMPOS DIFÍCILES Y FUERZA INTERIOR

Con los tiempos difíciles, en efecto, se recibe fuerza interior. Como vendedor he tenido que enfrentar presiones extremas que me hicieron volar más alto, pelear con más fuerza y permanecer por más tiempo. Al final, gané por un margen que mis competidores no habrían podido rozar siquiera.

La presión ejercida sobre el carbón, con el tiempo produce un diamante, y yo he llegado a aceptar la presión como algo bueno, *porque conozco la valiosa labor de refinación que se está haciendo conmigo.*

"LA INGRATITUD
ES LA ESENCIA DE
LA RUINDAD."

–Emanuel Kant
(1724-1804)

Hay un proverbio ruso que dice: "Con el mismo martillo que se destroza el vidrio, se forja el acero", y es verdad. Si tenemos una actitud positiva, las adversidades y las dificultades solo pueden hacernos más fuertes y más seguros.

Los tiempos difíciles producen fuerza interior, pero decir "tiempos difíciles" no es lo mismo que decir "días malos". La verdad es que la gente positiva ¡no tiene días malos! Si yo estuviera en medio de un mal día, no lo reconocería. ¿Cómo puedo tener un día malo cuando sé que voy a vencer, que Cristo está en mi corazón, y miro hacia adelante y espero con ansias lo que obtendré? El fracaso es solo un revés temporal que convierte una ocasión difícil en una oportunidad y un "día malo", en un buen día.

#5–ORACIONES RESPONDIDAS

Son incontables las veces que he orado por cosas imposibles respecto a personas, relaciones, trabajos, etc., para luego descubrir que Dios se había encargado y había hecho más de lo que yo podría haber pedido o imaginado. La Biblia dice que *"la oración del justo es poderosa y eficaz"* (Santiago 5:16) y yo lo creo con todo mi corazón. Me siento muy agradecido de que Dios escuche mis oraciones.

Hace poco, la madre de un joven llamó para decir que su hijo había recibido a Cristo mientras viajaba por un país extranjero. Cinco años antes yo había hablado con él por pedido de su madre, y vi que no estaba interesado en nada de lo que yo decía. Lo puse en mi lista de oración y comencé a orar por él. Aunque pasó algún tiempo, la llamada de su madre aquel día fue una respuesta enormemente alentadora a mis plegarias.

Resulta interesante notar que en la Biblia se nos manda: *"perseverad en la oración, velando en ella con acción de gracias"* (Colosenses 4:2, RVR). El agradecimiento y la oración van de la mano.

#6–PERDÓN, AMOR Y MISERICORDIA

En último lugar nombraré lo más importante: estoy agradecido por lo que Dios ha hecho por mí. No hay palabras que puedan expresar cuánto le agradezco que haya enviado a su hijo a morir en la cruz por mí. No solo abrió un camino para que yo recibiera perdón por mis pecados y restaurara mi relación con Dios, sino que puso en mi vida personas que me hablaron del ofrecimiento de Cristo.

Lo que Jesús hizo por mí es extraordinario, pero el hecho de que Él me lo haya comunicado a través de otras personas me muestra cuánto le importo. Los avances tecnológicos nos permiten descubrir galaxias donde creíamos que había apenas algunas estrellas. En la inmensidad de todo esto, el creador me señaló individualmente a mí.

¡Eso sí que es realmente increíble!

Claro está que hay muchas, muchas cosas más que agradecer, pero una vez que usted comience a llevar la cuenta, descubrirá que la lista no termina. Vivir con una actitud de agradecimiento es, sin duda, la mejor forma de vivir la vida.

EL REFLEJO POSITIVO DE NUESTRA PROPIA IMAGEN

–CADA UNO REFLEJA LO QUE PIENSA DE SÍ MISMO.

Un ingrediente indispensable para el éxito en cualquier empresa, es el de una autoimagen positiva. Esto es así porque el mundo funciona sobre la base de la ley de atracción. *Lo que uno es y piensa atraerá las condiciones semejantes.*

Si usted tiene una imagen negativa de sí mismo, atrae resultados negativos. En cambio, si su autoimagen es positiva, atraerá resultados positivos. Puede parecer muy simplista, *¡pero es absolutamente cierto!*

¿QUÉ ES LA AUTOIMAGEN?

La autoimagen es la imagen de sí mismo que uno crea en su mente, y se compone de la siguiente manera:

1. Lo que uno cree sobre sus talentos y habilidades.
2. Lo que uno cree acerca de su valor como persona.
3. La aceptación que espera de los demás.

4. En qué cree que puede convertirse.

5. Cómo espera que sea su mundo.

6. Lo que cree acerca de la forma en que nació.

La visión que uno se forma mentalmente de sí mismo determina la medida de confianza con que pondrá a prueba su potencial y cómo trabajará por el logro de sus metas.

LA IMAGEN QUE USTED LES VENDE A LOS DEMÁS ES LA QUE TIENE DE SÍ MISMO... Y SE LA TRANSMITE AL SUBCONSCIENTE DE ELLOS POR MEDIO DE SU PRESENCIA, IMAGEN, CARISMA, Y TIPO DE LENGUAJE QUE USA.

Los psicólogos calculan que utilizamos mucho menos que un tercio de nuestras capacidades reales. Esto significa que con apenas un leve aumento del potencial, puede mejorarse considerablemente la eficiencia.

Si usted, por ejemplo, está usando el treinta por ciento de su potencial, podría decidir usar un tres por ciento adicional, es decir, un treinta y tres por ciento. Este porcentaje adicional es igual al diez por ciento de lo que utilizaba anteriormente, de manera que, con relativamente poco esfuerzo, usted puede incrementar en un diez por ciento su eficacia actual.

De manera semejante, con una pequeña mejora en su autoimagen podría cosechar grandes dividendos. En su búsqueda de una mejor imagen, es importante que reconozca que la mayoría de las personas tenemos tres autoimágenes, que son:

A. El "yo" que realmente soy (este es el verdadero potencial).

B. El "yo" que creo que soy (la veracidad de este concepto dependerá de cuán bien se conozca uno a sí mismo).

C. El "yo" en el que me quiero convertir (esta imagen se puede expandir cuando uno descubre más de su verdadero potencial).

En mi caso personal, quiero ser el esposo perfecto ("C", en lo que me quiero convertir), y a veces pienso que no lo hago tan mal ("B", lo que creo que soy), pero para una lectura más exacta ("A", quien realmente soy), tendríamos que preguntarle a mi esposa.

Mientras más se acerquen estas tres imágenes, mejor. La persona que tiene una imagen distorsionada de su verdadero ser interior nunca descubre cuán grandes podría llegar a ser, pues su potencial es como un gigante dormido.

La autoimagen se construye día a día con experiencias, con lo que otros dicen y hacen, y con la forma en que uno responde a todo ello. Si usted responde con la misma emoción, sentimiento o acción cada vez que encuentra circunstancias similares, tal respuesta se convierte en un hábito y su subconsciente entonces le dice que ese es el tipo de persona que usted es. *Es así como ha construido una parte de su autoimagen.*

LO QUE UNO HACE ES IMPORTANTE, PERO ES TAN SOLO EL RESULTADO DE LO QUE UNO ES.

Por lo tanto, su autoimagen es el resultado de lo que usted elige. Si usted eligió mal algunas veces cuando era inexperto o inmaduro, o por estar asustado o presionado, esa imagen de sí mismo puede cambiarse.

A pesar de lo que indican ciertas teorías –que no tenemos verdadero control sobre lo que escogemos o que nuestras decisiones son simplemente producto de un condicionamiento del pasado– *sí tenemos, efectivamente, control sobre lo que escogemos.* El saber que puedo controlar mi futuro me motiva, me emociona, y me da esperanzas para un mañana mejor, mientras que si creyera lo contrario, obtendría el resultado opuesto.

Lo cierto es que podemos confeccionar una autoimagen nueva (que sea un retrato más fiel de nuestro potencial real, el que Dios nos ha dado) de la misma manera en que construimos nuestra autoimagen presente, simplemente *ejerciendo la capacidad de elegir.*

¿PUEDO REALMENTE CAMBIAR LA IMAGEN QUE TENGO DE MÍ MISMO?

Su mente funciona como una computadora: almacena toda la información que usted le da, y la utiliza para formular pensamientos. Eso significa que:

A. Su presente (quién es usted y dónde está hoy) es el resultado de lo que eligió en el pasado.

B. Su futuro será el resultado de lo que usted piense hoy.

Su autoimagen es el producto directo de todo lo que usted le ha introducido en su subconsciente como una base de datos. Si es negativa, es porque ha elegido respuestas negativas ante la vida; y si es positiva, es porque prefirió pensar y actuar positivamente.

Dicho de otra manera, usted es el responsable de su propia autoimagen.

LAS SIETE BARRERAS

Independientemente de sus antecedentes, lo que usted quiere llegar a ser es la única realidad que cuenta, y lo que usted desea ser depende en gran medida de lo que cree, y de lo que esté dispuesto a hacer acerca de su propia imagen.

Sin embargo, algunas personas permiten que su potencial para el éxito sea limitado por barreras artificiales. ¿Por qué lo hacen? Creo que esto se debe a que han dado cabida a alguna actitud que les impide hacer un mejor uso de sus capacidades. Hay siete tipos de actitudes a considerar:

1. *"Estoy cómodo así."* Quedarse en la zona de comodidad y vivir con el actual nivel de éxito es más fácil y menos estresante que hacer un esfuerzo para hacer los cambios necesarios.

2. *"Tengo miedo al fracaso."* El temor a equivocarse o arriesgarse a un posible fracaso, desanima a la persona para que no pruebe algo nuevo o diferente.

3. *"La desaprobación duele."* El deseo de evitar la desaprobación, ya sea por parte de uno mismo o de otros, limita a muchas personas a un comportamiento calculado para agradar siempre.

4. *"No quiero echarlo todo a perder."* La ansiedad provocada por un cambio del estatutus convence a algunos de que el cambio es negativo y no vale la pena arriesgarse.

5. *"No estoy a la altura."* Una mentalidad de pobreza, aunada a un

falso sentido de inferioridad, hace que algunas personas crean que no merecen las recompensas de utilizar sus capacidades en toda plenitud.

6. *"Tal vez el éxito no me convenga."* A muchas personas, un absurdo temor al éxito les impide franquear la barrera que los separa de él. Se sienten indignos o temen no saber manejar el éxito, de manera que inconscientemente lo evitan.

7. *"Dios no desea que tenga éxito."* Muchos grandes sueños se van a pique por esta creencia infundada. La Biblia dice: *"Deseo que seas prosperado en todas las cosas"* (3 Juan 2, RVR).

El éxito tiene diferentes significados para cada persona, porque cada uno ve la vida a través del color de su prisma particular y único. El éxito anhelado se hace realidad cuando uno cambia sus creencias limitantes por una imagen más positiva de sí mismo.

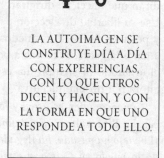

LA AUTOIMAGEN SE CONSTRUYE DÍA A DÍA CON EXPERIENCIAS, CON LO QUE OTROS DICEN Y HACEN, Y CON LA FORMA EN QUE UNO RESPONDE A TODO ELLO.

CÓMO FORTALECER LA AUTOIMAGEN POSITIVA

La resuelta decisión de fortalecer la propia imagen es una posibilidad asombrosa, y las recompensas y beneficios que ofrece durarán toda la vida, de modo que continúe poniendo de su parte el empeño y la determinación, y *todos los caminos* se le abrirán. Si sobre la marcha se da cuenta de cuánta dedicación y esfuerzo le está requiriendo esta tarea, no se desaliente. Nada de lo que vale la pena obtener en la vida es gratis, pero al final la compensación justifica cada gramo de esfuerzo que se ha invertido en lograrlo.

El siguiente plan de cuatro pasos tiene como fin ayudarlo a fortalecer su autoimagen positiva:

Conozca el poder de los sueños. Las metas comienzan por un sueño. A menos que usted pueda imaginar algo nuevo, no tendrá ningún destino al que dirigirse excepto el lugar donde ya ha estado. ¡Mire hacia arriba! Descubra un sueño que sea tan importante para usted que desee dedicar su vida a él. Los sueños le dan a uno la capacidad de ver lo posible, visualizarlo como probable y transformarlo en una realidad. Su sueño le ayudará a ver con claridad como nunca antes.

Cultive un deseo ferviente de realizar sus sueños. El deseo marca la diferencia entre soñar despierto y tener una meta. El deseo enciende la motivación, provoca entusiasmo, desarrolla la creatividad y genera una acción. Puede cultivar el deseo si mantiene frente a usted, diariamente, el propósito y las metas que persigue. Repase los beneficios que le brindarán cuando se cumplan, y el deseo arderá dentro de usted.

Ejercite su libertad de elegir. Actúe según su libertad para elegir, de lo contrario saldrá perdiendo. Si titubea, otros elegirán por usted y le dirán qué hacer, lo dirigirán hacia las metas *de ellos* y no a las suyas. Use su libertad de elección para diseñarse una autoimagen más fuerte y positiva. Si usted es miedoso, decida tener valor. Si es tímido, elija amar a la gente. Si tiende a postergar las cosas, elija emprender la acción ahora. Si siempre ha esperado que otros dirijan, escoja actuar ahora por propia iniciativa.

Conozca quién es usted y lo que su creador dice que usted puede hacer. La Biblia dice: *"Si alguno está en Cristo, es una nueva creación. ¡Lo viejo ha pasado, ha llegado ya lo nuevo!"* (2 Corintios 5:17), y *"todo lo puedo en Cristo que me fortalece"* (Filipenses 4:13). Al saber quién es usted y lo que puede hacer, ¡su autoimagen cambiará para siempre!

USTED CUMPLE CON LAS CONDICIONES NECESARIAS

Usted ya dispone de toda la materia prima para lograr el mayor éxito que pueda soñar. Piense en un huevo de gallina común. ¿Alguna vez se detuvo a pensar qué maravillosa creación es un huevo? Esa masa sin forma y gelatinosa incluye todo lo necesario para fabricar un pollito y alimentarlo hasta que sea suficientemente grande para salir del cascarón. Si usted mira el huevo no verá ningún indicio de pico, patas, huesos, ojos o plumas, pero no se necesita añadir nada más para que ocurra el milagro.

Aun más increíble que el potencial de un huevo es la capacidad que usted tiene dentro de sí para construir cualquier tipo de futuro que desee. Lo único que necesita es aceptar el don de sus propias posibilidades, y luego decidirse a desarrollarlas.

Cuando el pollito es lo bastante fuerte para vivir fuera del cascarón, picotea en él hasta abrir un agujero, y entonces comienza su labor de salida. Si alguien trata de intervenir para ayudarlo, será muy difícil que el pollito sobreviva. Del mismo modo, para cada persona su salida del cascarón es un trabajo individual. *Ninguna otra persona puede hacerlo por uno.* Infelizmente, la gente a menudo acude a otras personas para que los ayude, proteja y hasta para que los dirijan, y de esa manera pierden muchas de sus posibilidades individuales. Solo Dios tiene la sabiduría y el poder para ayudarnos a convertirnos en todo lo que estamos destinados a ser.

Usted debe comenzar el mismo proceso. La automotivación es el pico afilado que usted utilizará para romper el cascarón que limita su pleno potencial. He visto cómo algunas personas se concentran en desarrollar al máximo su potencial, mientras que otras con igual talento y capacidad, eligen no hacerlo.

Para mí, esta diferencia es comparable a lo que ocurre en el Texas Motorplex, un circuito para carreras de dragster ubicado sobre doscientas hectáreas al sur de Dallas, construido por mi hijo Billy. Hay dos autos: cuando los dos tienen luz verde, salen a toda velocidad. A menudo, a uno de los autos le estalla el motor o se le revienta un neumático, y en ese momento el otro toma la delantera, casi como si el vehículo averiado estuviera detenido.

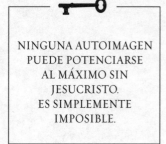

NINGUNA AUTOIMAGEN
PUEDE POTENCIARSE
AL MÁXIMO SIN
JESUCRISTO.
ES SIMPLEMENTE
IMPOSIBLE.

Exactamente lo mismo ocurre con quienes utilizan plenamente su potencial en comparación con aquellos que no lo hacen. Al encargarse de su propia vida, usted está ejerciendo su iniciativa para descubrir esa gran reserva de talentos y habilidades guardada en su interior. Cuando quite los candados que hasta ahora habían encerrado esas cualidades poniéndolas fuera del alcance de su conocimiento, hallará que la totalidad de sus capacidades están ahí, disponibles para usted.

Usted tiene a su disposición los mismos recursos que le fueron dados a cualquier triunfador. Es lo mismo que una orquesta, y Dios le ha dado la batuta para dirigir la interpretación de la canción de la vida. Tiene las mismas siete notas de la escala que se le dieron a Mozart, Bach y Chopin.

La vida es un cuadro y usted es el pintor. En su paleta, usted dispone de todos los colores del espectro, los mismos de que disponían Miguel Ángel y Da Vinci. Le corresponde a usted elegir si quiere usarlos todos, o si desea pintar su vida entera con el gris opaco de los barcos de guerra.

La vida es una historia de aventuras, y usted es su autor. Posee la misma cantidad de letras del alfabeto para escribirla, las mismas que tuvieron Cervantes, Milton y Shakespeare.

¡Usted lo tiene todo! Utilícelo al máximo.

PARTE TRES

CÓMO SER FIEL
A UNO MISMO

CONSECUENCIAS DE LAS DECISIONES

–DECIR "SÍ" A UNA COSA SIGNIFICA DECIR "NO" A OTRA

Lo que un individuo elige decir y hacer puede cambiar su vida y, además, eso será su vida, y lo afectará tanto a él como a todos los que lo rodean. Porque el ser humano posee una de las fuerzas más poderosas del mundo: la capacidad de elegir.

LAS CUATRO DECISIONES MÁS IMPORTANTES DE LA VIDA

A lo largo de toda la vida hay cuatro decisiones fundamentales en torno a las cuales gira el resto de nuestro mundo, que son las siguientes:

1. Dónde viviremos por la eternidad.
2. Si descubriremos cuál es el destino que Dios nos preparó para ir en su busca.
3. Con quién nos casaremos.
4. Cómo criaremos a nuestros hijos.

La primera decisión depende sencillamente de haber o no recibido a Jesús como salvador. Su muerte en la cruz nos da a todos por igual acceso al perdón y al Dios de los cielos, pero uno no está obligado a aceptar su ofrecimiento. El destino eterno siempre es decisión de cada persona.

La segunda decisión se relaciona íntimamente con la primera. Cuando Dios dice: *"Sé muy bien los planes que tengo para ustedes –afirma el Señor–, planes de bienestar y no de calamidad, a fin de darles un futuro y una esperanza"* (Jeremías 29:11), yo creo que Él quiere decir exactamente eso. Pero de todas maneras, uno tiene que decidir si tomará su palabra y la aplicará para descubrir qué es lo que Él le tiene deparado. Descubrir su propósito para nuestra vida, y vivirlo, es la aventura más emocionante y gratificante que podamos imaginar.

EL PODER ESTÁ
EN ELEGIR.

A la tercera decisión se le suele prestar mucha atención, y no faltan motivos, porque puede influir positiva o negativamente en todos los aspectos de la vida. *La elección de un compañero no es una decisión que pueda tomarse precipitadamente.* Se necesita pasar una cantidad de tiempo considerable en oración para confiar en que Dios nos traerá el compañero perfecto –el que Él tiene para uno– en el momento adecuado. Hasta ese momento, ¡hay que disfrutar la vida a plenitud!

La última decisión se trata de la forma en que se criarán los hijos. Hace poco un amigo me hizo la siguiente confidencia:

—Lo que más me pesa en la vida es que no dediqué lo mejor de mi tiempo a enseñar mis valores a mis hijos –y siguió explicando–: dependí demasiado de los maestros de escuela dominical y de los líderes de la iglesia. Debí haber sabido que no era ese el camino, pero como alguien dijo: "Envejecemos demasiado rápido y aprendemos demasiado tarde".

En cada una de estas decisiones, independientemente de cualquier factor, todos poseemos la misma capacidad de escoger. Con cuánta sabiduría usaremos esa capacidad, es decisión nuestra.

CONSECUENCIAS DE NUESTRAS DECISIONES

Siempre habrá consecuencias –buenas o malas– de lo que uno escoja. Esto puede sonar bastante obvio, pero ¿por qué la gente no capta esta realidad?

La compañía de seguros que me despidió cuando era joven salió muy perjudicada al hacerlo. Ellos decían que yo era tímido e introvertido, cuando en realidad yo me mantenía callado a propósito, porque estaba tratando de poner atención y aprender de los mejores vendedores de la compañía, pero el gerente no quiso escuchar y me despidió después de solo tres semanas. A los pocos años yo estaba vendiendo mucho más que su mejor vendedor y podría haber sido un empleado muy valioso para la compañía, pero ya era demasiado tarde: cuando dijeron "sí" a que yo me fuera, estaban diciendo "no" a la posibilidad de que alguna vez volviera a trabajar para ellos.

CADA ELECCIÓN TIENE UNA CONSECUENCIA, Y POR SER NUESTRA DECISIÓN, TAMBIÉN ES NUESTRA RESPONSABILIDAD.

Sin embargo, las consecuencias no son siempre negativas. Ganar una beca de estudios, lograr una meta de ventas o hacer una inversión inteligente podrían considerarse "recompensas", "ganancias" o incluso "suerte", pero sabemos que no es así: son simplemente las consecuencias de elegir bien.

A este principio la Biblia lo llama "sembrar y cosechar", y dice: *"Cada uno cosecha lo que siembra"* (Gálatas 6:7). La planta que usted tiene crecerá, sin importar de qué clase sea: física, espiritual, mental, financiera, afectiva o emocional, y algún día esa planta volverá a usted en forma multiplicada, y podría ser algo extraordinariamente bueno o terriblemente malo, todo depende de la semilla que haya sembrado.

LO QUE SE APRENDE Y LO QUE SE GANA

Cuando yo era niño, deseaba desesperadamente tener una bicicleta. En lugar de comprármela, mi padre me llevó al depósito de chatarra donde escogimos varias bicicletas viejas. Luego llevamos la "chatarra" a nuestro garaje, donde mi padre me enseñó a desarmar una bicicleta hasta dejarla en su armazón básica. Y entonces me dijo:

—Ármala de nuevo y tendrás una bicicleta.

Ya lo creo, cuando quedaron ensambladas de nuevo todas las partes (me lo hizo hacer dos veces) ¡tenía una bicicleta completa! Incluso aprendí a quitarle la pintura al metal y pintarlo de nuevo. Con los conocimientos que adquirí sobre "hacer" bicicletas, de repente me encontré con una oportunidad comercial: podía restaurar bicicletas para venderlas. Pronto tuve partes de bicicletas por todos lados, así como bicicletas "nuevas" para la venta. En mis días de adolescente gané bastante dinero haciendo esto durante varios años (¡llegué a acondicionar más de trescientas bicicletas!) y me encantaba la seguridad y la creatividad que aquella labor me ayudó a cultivar.

LO QUE ELEGIMOS Y LAS CONSECUENCIAS DE TAL ELECCIÓN, ENCIERRAN UN PODER QUE NO ESTÁ SUPEDITADO AL DINERO QUE TENEMOS O AL QUE NOS FALTA.

Si mi padre me hubiera comprado la bicicleta, yo me habría perdido una excelente experiencia de aprendizaje. Él quiso que yo armara mi primera bicicleta desde cero, y las consecuencias de esa única decisión tuvo en mi vida una repercusión positiva que duró para siempre.

Al decir "no" a la posibilidad de comprar una bicicleta, estaba diciendo "sí" a la confianza en mí mismo, la madurez, la creatividad, la ganancia económica, y a muchas otras cosas. Al decir "sí" al proceso de aprendizaje, le estaba diciendo "no" a una mentalidad cómoda del tipo "dámelo porque me lo merezco". No teníamos mucho dinero, pero *mi padre me mostró que lo que uno elegía y las consecuencias de tal elección, encerraban un poder que no estaba supeditado al dinero que tuviéramos o al que nos faltara.* Ese poder era mío, y él me enseñó cómo aprovecharlo.

Cuando miro hacia atrás, veo cómo mi padre me ayudó a abrirle la puerta al potencial que yo mismo no veía. Yo traté de hacer lo mismo con mis hijos, aunque no exactamente de la misma manera.

Llevé a mis cinco hijos a pescar, a cazar, a jugar golf, a bucear, a esquiar, a andar en karting, entre otras cosas. Mi hijo Billy, por ejemplo, tuvo un taller de karting que posiblemente haya sido el mejor del país. Ganó numerosas competencias locales cuando era joven, y por su amor a la velocidad estuvo en el negocio de las carreras de autos de nivel profesional durante diecisiete años.

Otra pasión que les inculqué a mis hijos fue la de los deportes de equipo. A raíz de ello, mi hijo Jim pasó de jugar béisbol de ligas menores a ser entrenador de un equipo de menores unos años después. Y ese equipo estuvo a punto, por un "out", de llegar a la Serie Mundial.

Según mis prioridades, la familia estaba siempre primero, sin importar cuáles fueran las exigencias de mi trabajo. Muchas veces me he excusado por no ir a una reunión con el fin de pasar tiempo con mis hijos. Una vez salí a toda prisa de mi oficina para reunirme con los varones en su catamarán, y llegué de traje y corbata. La suerte quiso aquel día que me cayera al agua, ¡ni hablar de cómo los hice reír!

Si hago un balance final, he pasado más de una hora con mis hijos cada día, ¡y me alegro mucho de haberlo hecho! No importaba si lo que hacíamos juntos les gustaba tanto como para convertirlo en su futura profesión; simplemente quise demostrarles mi amor pasando tiempo juntos. Creo que funcionó porque todos ellos recibieron a Cristo antes de cumplir diez años, todos se han casado con personas cristianas, y participan activamente de su iglesia y su comunidad.

¿Y los nietos? No veo la hora de ver la huella que dejarán.

PEQUEÑAS DECISIONES, GRANDES CONSECUENCIAS

Uno nunca sabe cuán grande será el efecto causado por una decisión aparentemente menor. Esto pude comprobarlo hace varios años, cuando me encontraba en un crucero, de vacaciones con mi familia, y el barco hizo una parada breve en las Islas Caimanes. Le pregunté al capitán:

–¿Conoce algún lugar más bello que este?

Me contestó que era el más bonito de los ocho lugares donde pararíamos, de modo que le respondí:

–Muy bien, entonces nos bajaremos aquí.

El resto de las vacaciones lo pasamos en un apartamento que estaba ¡justo al lado de la casa que hoy en día tenemos! Mal podíamos saber que las Islas Caimanes se convertirían en la sede central de varios de nuestros negocios extranjeros, y que demostrarían ser una de las mejores elecciones que hayamos hecho, sin mencionar que en aquel lugar nacieron muchas relaciones significativas, pasamos momentos inolvidables como familia, e hicimos excelentes negocios. Es un ejemplo de una sola decisión que trajo ¡muchas, muchas consecuencias positivas!

LAS CUATRO DECISIONES MÁS IMPORTANTES EN LA VIDA DE UNA PERSONA

\# 1–Dónde pasará la eternidad.
\# 2–Si desea descubrir el destino que Dios le ha preparado e ir en su busca.
\# 3–Con quién casarse.
\# 4–Cómo criar a sus hijos.

En otra ocasión estábamos viajando a Asia en avión, y en nuestra escala en Hawaii resolví ir hacia el sur en lugar de tomar el vuelo hacia el norte que previamente habíamos reservado. Gracias a esta decisión, terminamos conociendo varias personas en Singapur que cambiaron favorablemente el curso de nuestra vida.

Incluso los conocidos casuales pueden causar un importante efecto en nuestra vida. Cuando era joven y vendía seguros a pilotos de aerolíneas, visité a uno que estaba a punto de mudarse a California. Me compró la póliza, pero necesitaba vender su casa y su automóvil lo antes posible, así que le compré su Cadillac haciéndolo financiar por un banco local y compré su casa después de convencer al agente inmobiliario de que me hiciera un prestamo. Mi nuevo vecino resultó ser un pastor joven llamado Bill Hinson, quien más tarde se convertiría en uno de mis mejores amigos y una de las personas con mayor influencia en mi vida.

Poco tiempo después, cuando le comentaba a Bill mi insatisfacción con el trabajo de seguros, él me habló de una nueva compañía disquera de Waco, Texas, que necesitaba ayuda para sus tareas de mercadeo y distribución. Así fue como terminé mudándome a Waco y ayudé a darle un nuevo rumbo a la compañía... ¡Y desde ese entonces vivo ahí!

Si no me hubiera trasladado a ese lugar, todos mis hijos se habrían casado con otras personas ¡y yo no tendría los nietos que tengo! En resumen, no puedo ni siquiera imaginar cuán diferente sería mi mundo, y todo por causa de una sola decisión.

HOY ELEGIMOS. MAÑANA VEREMOS LOS RESULTADOS

Una vez, un señor mayor llamado Henry Tseung, hombre de negocios y empresario de Hong Kong, viajó a Waco para agradecerme por la influencia que yo había ejercido en sus negocios. Henry era chino y tenía sesenta años. Me saludó en un inglés que le costaba pronunciar, y me dijo:

–Usted me ayuda, ahora yo ayudo usted.

Y luego explicó:

–Usted hace trabajo del día, yo observo.

De modo que durante todo el día, Henry me siguió adondequiera que yo iba. Escuchó mis conversaciones telefónicas, observó cómo trataba al personal, y se sentó a presenciar mis reuniones. A la mitad del segundo día, Charles, nuestro gerente de ventas, entró en mi oficina para hablarme sobre cierto producto. Le dije casi textualmente lo que quería que hiciera, dijera, escribiera, etc. Cuando Charles se fue, Henry dijo: "Henry siente mal por Charles porque él se vuelve persona inferior cada vez que ve a usted".

NUNCA SE SABE QUÉ GRANDE PUEDE SER EL EFECTO DE UNA DECISIÓN APARENTEMENTE MENOR.

Con otras palabras Henry estaba diciendo: "Hiciste de Charles un títere. No le diste ninguna libertad ni capacidad para ser o para actuar por sí mismo".

Entonces Henry preguntó:

–¿Dónde están libros de compañía?

Estaban en una caja fuerte en mi oficina.

También nombró otros elementos, todos los cuales estaban en mi oficina o en algún otro lugar bajo mi supervisión cercana.

–Paul piensa puede hacer todo en compañía mejor que nadie.

Esa fue la conclusión de Henry. Eso podía ser cierto, pero yo sabía que el negocio no podría crecer con la rapidez necesaria mientras yo tuviera que hacer todo el trabajo. Nunca antes había manejado una compañía grande y no sabía qué hacer ni cómo dirigirla con eficiencia.

Entonces le pregunté:

– ¿Qué debo hacer?

Él me respondió:

– Aprende a delegar.

Después que Henry se fue, llamé a las personas indicadas y les delegué toda la contabilidad, los libros de la sociedad, etc. Luego llamé al gerente de ventas y le dije: "Charles, quedas encargado de producir los manuales para el entrenamiento de vendedores. Si necesitas ideas, házmelo saber, pero si no, entonces es tu responsabilidad".

Cuando decidí poner en práctica el sabio consejo de Henry, mi mentalidad de pequeño comerciante se expandió para adecuarse al crecimiento que estábamos experimentando. Además, aprendí que puede delegarse un trabajo sin abdicar la autoridad, y que lo que se ha logrado debe estar bien cuidado. El tiempo que pasé con aquel empresario chino marcó un hito en mi negocio, pero me lo habría perdido si hubiera elegido mal.

Las pequeñas oportunidades de elegir que se nos presentan diariamente pueden parecer triviales, pero también ellas contienen el mayor potencial para nuestro futuro. Esto es así porque decir "sí" a una cosa significa decir "no" a otra.

DISCIPLINA:
ESPLENDOR Y
DECADENCIA

–SI UNO NO TIENE DISCIPLINA, NO TIENE NADA

El esplendor y la decadencia de la disciplina son en realidad nuestro propio esplendor y decadencia, porque la disciplina desempeña una función muy importante en todo lo que hacemos.

Bernard Rapoport, un viejo amigo mío, solía jugar tenis todas las mañanas de 6:30 a 7:15 en mi cancha. Yo podía medirlo con reloj; hubiera terminado el juego o no, a las 7:15 exactamente él paraba el juego, tomaba su auto y se dirigía a su oficina donde se duchaba y se vestía, y antes de las ocho de la mañana ya estaba trabajando.

Cierto día, cuando se apresuraba hacia su auto, le pregunté:

–¿Por qué eres tan estricto? ¿Por qué no te relajas un poco?

Él me miró, y con un ceño fruncido que me decía "deberías saber que no es así", me dijo en tono categórico:

–Si uno no tiene disciplina, ¡no tiene nada!

Sin más, entró a su automóvil de un salto y se alejó a toda velocidad.

Me quedé un poco desconcertado, pero he llegado a comprender que lo que mi amigo me dijo es correcto: *si uno no tiene disciplina, ¡no tiene nada!*

LA DISCIPLINA ES IMPRESCINDIBLE

Hay cosas en la vida que sería bueno tener, como un aumento de sueldo, un jefe mejor o un doctorado. Luego están las cosas que se deben tener, como comida, agua y aire. *La disciplina entra en la categoría de lo indispensable, junto a la comida, el agua y el aire.*

¿Por qué? Porque sin disciplina, ningún plan –por grande, fabuloso o lucrativo que sea– llegará a nada, porque es una condición indispensable para llevarlo a cabo. Esto es una realidad de la vida.

> LA DISCIPLINA ES
> LO QUE UNO
> NECESITA PARA
> LLEGAR A
> SU DESTINO.

El gran inventor Thomas Edison una vez explicó que la mayoría de sus patentes e inventos pertenecían a otra persona, y *él era solamente quien terminaba ¡lo que otro había comenzado!* Él comprendía la importancia de la disciplina en todo, ya se tratara de algo importante o de algo trivial. Es interesante destacar que, cuando estaba en la escuela, a Edison le dijeron que era demasiado tonto para aprender nada. ¡Habrase visto!

Tuve la fortuna de que me inculcaran disciplina cuando era joven. Desde niño aprendí a trabajar, a ser puntual, a terminar lo que empezaba, a ser confiable, organizado, y a ahorrar parte de todo lo que ganaba. Así fue como, a los dieciséis años, tenía ahorrado más dinero que cualquier adolescente que conociera. Siempre fui disciplinado para apartar una porción de lo que ganaba con el fin de ahorrarla. Comencé con esta práctica a los seis años y continué hasta el día de hoy, sin desistir ni aflojar.

> LA DISCIPLINA NO ESTÁ
> EN ALGUNA PARTE
> ESPERANDO
> QUE LA DESCUBRAN.
> HAY QUE CREARLA.

La disciplina es un *proceso educativo* destinado a producir pautas específicas de conducta deseadas, así como hábitos y actitudes que conduzcan a un rendimiento exitoso en diferentes áreas de la vida. En resumen, *la disciplina es lo que uno necesita para llegar a su destino*.

El éxito, sin disciplina, simplemente no es posible.

LOS CINCO COMPONENTES DE LA DISCIPLINA

¿De dónde surge la disciplina? No está en alguna parte esperando que la descubran: hay que crearla. Combinando los cinco componentes siguientes, usted creará la disciplina que desea y necesita:

#1 –VALORES FIRMES

Cuando uno sabe que lo que uno cree es recto y honorable, posee entonces un conjunto de valores básicos que sirven de base para dirigir lo que escoja, las decisiones que tome y los actos. Dicho fundamento es el trampolín a la productividad en todos los terrenos de la vida.

> UNA COSA ES ELOGIAR LA DISCIPLINA, Y OTRA ES SOMETERSE A ELLA.
>
> –Cervantes

Uno de los pilares que sostienen mi fundamento personal es Filipenses 4:8, que dice: *"Por último, hermanos, consideren bien todo lo verdadero, todo lo respetable, todo lo justo, todo lo puro, todo lo amable, todo lo digno de admiración, en fin, todo lo que sea excelente o merezca elogio"*.

Al acatar lo que dice este versículo, obligo a la preocupación, la duda y la inseguridad a que salgan de mi pensamiento. Si fuera posible inspeccionar mi fundamento interno, no se encontrarían rastros de preocupación, duda o inseguridad, *¡simplemente porque no los hay!*

Para creer en sí mismo y en lo que usted hace, primero tiene que vencer cualquier obstáculo que pueda haber en su camino. Ya se trate del ambiente, los hábitos o la personalidad, usted se adelanta a todos ellos con *su capacidad de tomar decisiones* y, como resultado, su visión de la vida será lo que le proporcione esos valores firmes que constituyen la base de la disciplina.

Kurt Kaiser, uno de los más importantes compositores de música cristiana, es un buen ejemplo. Él practicaba cinco horas en el piano desde que tenía dos o tres años de edad. Desde niño aprendió a creer en sí mismo y en lo que hacía. Kaiser reconoce que en este sentido su padre lo ayudó, cuando dice: "Mi papá me amenazaba con atarme la pierna a la banqueta del piano si no tocaba cinco horas. No recuerdo un día que no haya tocado cinco horas". Él atribuye hoy su éxito a la disciplina que aprendió de niño.

#2– FIJARSE METAS ESTIMULANTES

Dios ha puesto en cada uno de nosotros ciertos sueños y ambiciones, así como la capacidad de vencer cualesquiera desafíos que podamos enfrentar. Sin embargo, para llegar donde uno quiere se requiere la disciplina de fijarse metas y alcanzarlas.

Bret Miller es un ejemplo de ello. Fue a la universidad porque quería ser médico. Hay miles de personas que lo hacen cada año, pero él provenía de una familia pobre y no podía costear los gastos de la carrera. Pero en lugar de abandonar su sueño por la "imposibilidad" que veía frente a él, procuró con todo su corazón hacerlo realidad. Hizo lo necesario para entrar a la universidad, continuar sus estudios, y luego graduarse de médico. Hoy es un cirujano ortopedista de éxito, gracias a las firmes metas que se fijó y persiguió.

"TODOS PIENSAN EN CAMBIAR EL MUNDO, PERO NADIE PIENSA EN CAMBIARSE A SÍ MISMO."

–Tolstoi

Al asumir una responsabilidad personal, Bret estaba diciendo: "Dentro de mí hay un sueño que algún día se convertirá en realidad si cumplo con mi parte para llegar allá". Llegó, y sirvió de inspiración para que otros hicieran lo mismo.

3- PRIORIDADES CLARAS

Para obtener el resultado correcto, hay que hacer lo correcto. Esto parece bastante lógico; sin embargo, mucha gente no entiende este concepto tan fundamental, porque no han definido sus prioridades.

Tener las prioridades claras es lo mismo que ver una cadena montañosa en una mañana de invierno clara y despejada, mientras que las prioridades borrosas son como las mismas montañas vistas a través de la neblina y la lluvia de una tarde de verano. Aunque las montañas son las mismas, lo que uno ve o deja de ver es completamente diferente.

Lo mismo ocurre con las prioridades. Si usted continúa haciendo lo correcto por las razones correctas, tendrá más probabilidades de mantener la disciplina necesaria, y de esa manera lograr aquello por lo que ha estado esforzándose. Una forma de abordar esto es prepararse para aventajar a otras personas con su actitud de servicio. Muchos dirigentes de empresas han conducido a sus compañías a los niveles más altos, de forma lenta pero decidida. Supieron lo que tenían que hacer, y lo hicieron. Lo que algunos han logrado habría parecido imposible a primera vista, pero cuando se tienen prioridades claras, ¡cualquier cosa es posible!

LA PERSEVERANCIA SE COMPONE DE DOS INGREDIENTES: ESFUERZO Y DESEO.

–Cal Ripken Jr.

Una hormiga, por ejemplo, es un ser tan pequeño y carga una partícula de argamasa o de comida aparentemente insignificante. Sin embargo he visto cómo las hormigas construyen o destruyen estructuras de enormes proporciones. Tal vez sea esa la razón por la que Proverbios 6:6 se refiere a la hormiga con estas palabras: *"¡Fíjate en lo que hace, y adquiere sabiduría!"*

Las hormigas empiezan con poco, pero persisten en la misma tarea hasta que la completan. Las prioridades claras ayudan a concretar el objeto de nuestra atención, porque definen nuestro sueño y nos preparan para alcanzar la meta. Sin ellas es demasiado fácil distraerse y salirse del rumbo trazado.

#4– PERSEVERANCIA

La capacidad de perseverar en algo hasta el fin, es de importancia primordial. Ha habido personas que dicen haber logrado grandes objetivos a fuerza de pura perseverancia, y un buen ejemplo es Dick Francis, autor de *best-sellers* y amigo personal. Todos los días se sienta a escribir a la misma hora, y dice: "No importa si tengo o no ganas de escribir". Su trayectoria habla por sí sola: más de treinta libros *best-séllers*, un libro nuevo cada año, una relación personal con la familia real de Inglaterra, y mucho más. Él comprende el poder de la tenacidad.

Aquellos que han obtenido el segundo o tercer puesto, muchas veces vuelven al año siguiente para ganar el primer lugar. Continuaron y ganaron, pero ¿dónde está el ganador del primer premio del año pasado? *La victoria siempre va pisándole los talones a la perseverancia.*

Una parte esencial de la perseverancia es aplicarse a una meta próxima. Proverbios 23:12 dice: *"Aplica tu corazón a la disciplina y tus oídos al conocimiento"* (énfasis mío). Si a la tenacidad le sumamos aplicación, tendremos una combinación poderosa.

"QUIEN QUIERA LECHE NO DEBERÍA SENTARSE EN UN BANCO EN MEDIO DEL CAMPO A LA ESPERA DE QUE SE LE ACERQUE UNA VACA."

–Elbert Hubbard

Michael Jordan, considerado por muchos el mejor jugador de baloncesto de todos los tiempos, fue rechazado por su entrenador en la secundaria. Jordan, entonces, tuvo la prudencia de preguntarle:

—¿Qué necesito para entrar en el equipo?

El profesor simplemente le dijo que necesitaba nociones básicas de baloncesto. Jordan fue entonces a su casa y practicó los tiros, el dribling, y así pasaba las horas, hasta llegar al nivel que ya conocemos.

Usted puede hacer y ser cualquier cosa, si persevera en ello.

#5–INSPIRACIÓN PERSONAL

Cada persona debería crear su propia inspiración, porque esta será lo que realmente la motive.

Yo fui rechazado por cincuenta y siete compañías antes de conseguir mi primer empleo como vendedor de seguros, pero por perseverar, finalmente fui contratado, aunque no tenía el grado universitario ni la experiencia que ellos requerían.

Luego trabajé en mi promedio final, que era un deprimente uno de catorce. Ese promedio continuó bajando mientras mis ventas seguían aumentando. En poco tiempo, ¡estaba vendiendo más que el mejor vendedor de la compañía!

Cuanta más disciplina usted posea, más probable será que algunos digan que tiene "suerte". Usted sabe bien que no es así. La Biblia lo dice claramente: *Cada uno cosecha lo que siembra* (Gálatas 6:7). Este pensamiento siempre me ha parecido muy bueno, porque sé que si siembro bien, algún día disfrutaré de una abundante cosecha.

> "EL HOMBRE DEBE SER DISCIPLINADO, YA QUE POR NATURALEZA, ES RUDO E IMPETUOSO."
>
> —Emanuel Kant

Cuando uno está deliberadamente empeñado en tratar de hacer algo, no ocurren hechos casuales. Cuando usted lleva dentro ese impulso que lo hace perseguir una meta, lo que obtiene no son accidentes, sino resultados.

EN EL MOMENTO CRUCIAL

Lo único que en la vida no requiere de disciplina son los malos hábitos. Es natural tomar el camino del menor esfuerzo, pero al hacerlo se forma una mala costumbre. Los buenos hábitos —*esos que queremos tener*— requieren de disciplina.

> "EL MÁS GRANDE COMPOSITOR NO SE SIENTA A TRABAJAR PORQUE ESTÁ INSPIRADO, SINO QUE RECIBE LA INSPIRACIÓN PORQUE ESTÁ TRABAJANDO."
>
> —Earnest Newman

Lo triste es que la mayor parte de la gente actúa según expectativas bajas. Podrían ser o hacer absolutamente cualquier cosa que sueñen, y entonces ¿por qué se conforman con menos? Creo que es porque no saben cuál es su misión en la vida, no tienen una relación personal con Dios, y no comprenden el poder que encierra la disciplina.

113

Bernard Rapoport, el mismo que me dijo precisamente a las 7:15 de la mañana que "si uno no tiene disciplina, no tiene nada", no ha cambiado en lo más mínimo. Con sus ochenta y pico, Bernard compró recientemente otra compañía, después de vender la primera en decenas de millones de dólares. Su esposa me dijo:

—¿Por qué lo voy a detener? Añadirá diez años más a su vida.

Una vez que la disciplina se integre a su sistema personal, se volverá parte de todo lo que usted haga, y esto es sumamente importante, porque si usted tiene disciplina, *¡puede tener cualquier cosa!*

MI PALABRA ME
COMPROMETE

–EL INCALCULABLE VALOR DE CUMPLIR CON
NUESTRA PALABRA

En cierta ocasión, un empleado vino a mi oficina y me hizo la siguiente confidencia: –No creo que vaya a vivir mucho tiempo más, y le quisiera pedir si por favor se puede encargar de que mi esposa quede bien atendida.

Aquello me tomó por sorpresa, ya que físicamente este hombre no tenía nada, pero por alguna razón él no creía que le quedara mucho tiempo de vida. Le respondí inmediatamente:

–Entonces vamos a hacerle un seguro de vida.

Ahora era él quien creyó que yo estaba bromeando, pero siguió adelante y obtuvo su póliza, para lo cual, naturalmente, pasó el examen médico, ya que gozaba de buena salud. *Antes que pasaran noventa días el hombre murió de un aneurisma cerebral.*

Si bien fue la compañía la que sacó la póliza, hice que pusieran a su esposa como beneficiaria. Además, le pagué la mitad del sueldo de su esposo durante diecisiete años, hasta que ella pudo obtener sus fondos del seguro social. Incluso pedí a una persona que administrara el dinero de su seguro para que continuara aumentando y la viuda pudiera seguir viviendo en la misma casa, tener el mismo tipo de automóvil, etc.

¿Para qué todo el esfuerzo y el gasto, si yo no estaba obligado legalmente ni siquiera a mover un dedo? Porque hace mucho tiempo decidí ser un hombre de palabra, sin importar lo que me pudiera costar. Le había dicho a mi amigo, hacía muchos años, que me ocuparía del bienestar de su esposa, y cumplí mi palabra porque mi palabra me compromete.

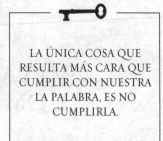

LA ÚNICA COSA QUE RESULTA MÁS CARA QUE CUMPLIR CON NUESTRA LA PALABRA, ES NO CUMPLIRLA.

¡PÓNGALO POR ESCRITO!

Desde los años cincuenta, muchas cosas han ido cambiando progresivamente. De un apretón de manos pasamos a una hoja de papel firmada, y de un documento de diez páginas a incontables resmas de papel, porque un contrato ya no es lo que solía ser.

Con cada año que pasa, las personas van perdiendo la confianza cada vez más, y se tornan más suspicaces. La forma en que aumenta el tamaño de los contratos –y la cantidad de abogados que se necesitan para explicarlos– es otro indicio de que ha crecido la desconfianza. Ya sea por codicia, deshonestidad, incredulidad, o como resultado de haber sido víctima de abusos, el mundo ha cambiado, y es un cambio que da tristeza.

Yo no fui criado de esa manera. Se me insistía que fuera honesto, lo que significaba que debía tener los siguientes atributos:

1. Ser cumplidor.
2. Ser responsable.
3. Ser digno de confianza.
4. Mostrar credibilidad.

Me enseñaron que uno debe decir lo que piensa y ser veraz en lo que dice, y ganarse la confianza de los demás, de manera que si uno ofrece hacer algo, todos puedan confiar en que lo hará, tanto si lo dice como si lo pone por escrito. Creo que gracias a haber sido honesto, Dios me ha honrado, protegido y bendecido.

SER CUMPLIDOR TIENE SUS VENTAJAS

Aunque los abogados siguen tildándome de loco, yo todavía "firmo" los tratos con un apretón de manos. Hace poco vi un complejo habitacional en venta. Entré y hablé con la dueña. Resultó ser que su esposo estaba enfermo y hospitalizado, y ellos no sabían qué hacer, no comprendían el sistema de impuestos, y tampoco sabían cómo manejar el dinero en el caso de que, en efecto, la propiedad llegara a venderse. Yo le aconsejé que donara el complejo a un seminario local, y el seminario, a cambio, les proveería el sustento a ella y a su esposo por el resto de su vida.

Después de examinar mi sugerencia, la mujer accedió, de manera que sus problemas económicos quedarían resueltos, pero para mí esto significaba que ya no podría comprar el inmueble. Entonces, seis meses después ocurrió algo inesperado: los encargados del seminario llamaron para preguntarme si me interesaría comprar un complejo habitacional que habían recibido recientemente. ¡Ellos ni siquiera sabían que se trataba del mismo complejo! El seminario me dio en prestamo el ciento por ciento del dinero con dos puntos extra de interés, y lo compré, pero un año más tarde lo vendí por un precio sesenta por ciento mayor del que había pagado por él.

En otra ocasión compré un edificio de apartamentos por un millón de dólares, y para firmar el acuerdo usé el reverso de un mantelito individual de restaurante, y le di al dueño quinientos dólares en efectivo

> "EL QUE HURTA MI BOLSA SE LLEVA ALGO INÚTIL... PERO AQUEL QUE ME ROBA MI BUEN NOMBRE, ME QUITA AQUELLO QUE NO LO HARÁ MÁS RICO, Y QUE A MÍ ME HARÁ VERDADERAMENTE POBRE."
>
> –Shakespeare, Otelo

como cuota inicial. Otro caso fue cuando escribí un contrato para una conocida hacienda de Texas en el reverso de un sobre, y con quinientos dólares en efectivo de pago inicia, la compré delante de cinco agentes inmobiliarios y sus abogados, ¡quienes se estaban disputando la misma propiedad! Con el favor de Dios, tomé el lugar que todos ellos deseaban.

Una vez estaba sentado en el vestíbulo de una entidad bancaria de ahorro y prestamo, cuando sin querer escuché una discusión acerca de un edificio, y dije:

–Me parece que tienen un problema. ¿Puedo ayudarlos?

Uno de los hombres describió el complejo, y luego añadió:

–Pero es necesario que se transfiera ¡hoy mismo!

Enseguida nos apresuramos a ir en automóvil hasta el lugar para verlo. Lo compré en cinco minutos con un apretón de manos, lo tuve seis meses, lo vendí, y gané trescientos mil dólares. El hombre al que se lo vendí era de otro Estado y seis meses después él también lo vendió, ganando otros seiscientos mil dólares.

De la misma manera he comprado y vendido automóviles antiguos por teléfono, confiando sencillamente en la palabra de la otra persona. Generalmente nadie compra algo sin haberlo visto, pero yo he vendido entre el setenta y el ochenta por ciento de mis automóviles antiguos diciéndole a la persona que está al otro lado del teléfono "le doy mi palabra", y no han quedado desilusionados. Habiendo en estos tiempos tan pocas personas que confíen en otras, a menudo me siento como de otra era, como si fuera el último de los mohicanos.

NO HAY EN EL MUNDO UN TRATO MÁS IMPORTANTE QUE EL QUE HACEMOS CON NUESTROS HIJOS CUANDO CUMPLIMOS LAS PROMESAS QUE LES HEMOS HECHO.

EL VALOR DE CUMPLIR CON PALABRA

Las personas creen y confían en mí porque mantengo mi palabra; no porque yo diga que haré algo, *sino porque efectivamente prosigo y hago lo que dije que haría.* La intuición parecería indicar que no es tan difícil que uno mantenga su palabra, pero la cantidad cada vez mayor de promesas incumplidas demuestran lo contrario.

Bill Nix es un hombre de negocios, presidente de WorkLife Company y de los ministerios Faith@Work.[1] Él afirma que la confianza es "el cimiento sobre el cual se construyen las relaciones. El cumplimiento de las promesas es el pegamento, la sustancia de nuestro carácter que impide que el fundamento de la confianza se resquebraje". También señala, en su libro *Character Works* (*Trabajar en el carácter*) que las demandas por discriminación en los lugares de trabajo han aumentado en un dos mil doscientos por ciento desde 1980. Creo que no es más que la consecuencia de que las promesas no se cumplan.

"LA UTILIDAD DE UN CRISTIANO PARA DIOS ES DIRECTAMENTE PROPORCIONAL A SU HONESTIDAD."

—Larry Burkett

Porque una persona olvide la promesa que hizo, no creo que esté de ninguna manera excusada de cumplirla. Debería entonces aprender a no hacer promesas que no cumplirá, o bien escribirla y ponerla a buen recaudo. Lo cierto es que las personas por lo general no rompen solo una promesa, sino muchas.

Tomo tan en serio lo que digo que actualizo mi testamento regularmente, escribiendo en él las promesas que he hecho a ciertas personas y tachando las que he cumplido. Mi razonamiento es que si no puedo hacer lo que digo que haré, entonces no tengo ningún derecho a ni siquiera abrir la boca delante de otras personas. Mi palabra no solo indica mi compromiso, sino que también sirve para medir mi calidad humana. *Si no cumplo mi palabra, entonces todos mis consejos, sabiduría, palabras de ánimo, recomendaciones, etc., son sospechosos.*

Hay aun otro punto importante: reconozco que para lograr cualquier cosa en la vida, necesito a otras personas. Si rompo mis promesas, de ninguna manera podré alcanzar mis metas, ¡porque simplemente no ocurrirá! Las personas son un ingrediente primordial en el logro de todo objetivo y si les doy mi palabra, es sumamente importante que la cumpla.

Hace años, durante un viaje de dos semanas, un amigo mío y yo conocimos a siete jóvenes que deseaban poder estudiar una carrera universitaria. A cada uno de ellos le dije que los ayudaría, y que debían escribirme una carta al cabo de treinta días, diciéndome qué planes tenían para después de graduarse. Por increíble que parezca, ¡solo uno me escribió! Era una joven, que obtuvo el cumplimiento de su deseo –hice que entrara en la universidad–, pero nunca entendí por qué los otros seis nunca aceptaron mi oferta. Tal vez los habían estafado tantas veces en el pasado, que no podían creer que esta vez fuera cierto.

Nuestro "sí" debe significar "sí" y nuestro "no" debe significar "no", tal como dijo Jesús en Mateo 5:37. Ello redundará en confianza, respeto, aumento de la productividad, crecimiento, paz interior y muchos beneficios más. *¡Qué diferente sería el mundo si todos cumpliéramos nuestras promesas!*

EL BENEFICIO ES MUTUO

Creo firmemente que al cumplir con su palabra, uno le hace el mismo bien a los demás que a uno mismo. Larry Burkett, un viejo amigo mío, tenía una secretaria brillante y muy eficiente. En cierta ocasión en que el departamento de contabilidad requería de ayuda adicional, Larry la transfirió a ese departamento, pensando que allí también resultaría valiosa.

Sin embargo, su desempeño fue desastroso: cada cinco minutos tomaba algo, conversaba con alguien, y luego, lentamente, volvía a su escritorio. En lugar de despedirla por trabajar tan mal, Larry investigó un poco más en profundidad y descubrió que ella odiaba los números pero le encantaba el trato con la gente. Rápidamente la volvió a asignar a la recepción, donde ella pudo brillar de nuevo.

Poco tiempo después, otro empresario le ofreció otro puesto de recepción en el que triplicarían su sueldo. Larry le recomendó con entusiasmo que aceptara el empleo, y le aconsejó a su nuevo jefe que siempre la mantuviera en el área de trabajo para la que ella estaba dotada, lo cual sería para beneficio de ambos.

Ahí tenemos un ejemplo del compromiso que significa cumplir nuestra palabra, y lo que es más importante: los beneficios a menudo continúan durante meses, años y hasta décadas.

CUMPLO MI PALABRA PARA BIEN

Cuando alguien me promete algo, creo que lo hará y tomo nota para recordárselo en un par de semanas. Si para entonces me dice que no podrá cumplirla, borro de mi mente la promesa. Aunque esté decepcionado, el cumplimiento de la promesa queda en sus manos, de modo que yo me desprendo de ella y no lo tomo en cuenta. Esto me anima a ser un hombre de palabra.

"CUMPLE TU PALABRA AUN CUANDO LOS DEMÁS NO CUMPLAN LAS PROMESAS QUE TE HAN HECHO."

–Bill Nix

Hubo una época de mi vida en la que parecía que todas las personas y todas las cosas estaban contra mí. La compañía de seguros para la que trabajaba fue del esplendor a la quiebra en un fin de semana, cuando los dueños sencillamente se fueron, llevándose consigo todo el dinero y los equipos. Yo también podía haberme ido, incluso hubo abogados que me aconsejaron hacerlo, pero decidí quedarme y ayudar a poner todo nuevamente en orden.

Cuando aquella tarea terminó, yo había usado más de un millón de los dólares que había ganado con mucho esfuerzo para arreglar lo que yo no había roto. En ese preciso momento, me di cuenta de que todo el dinero del mundo no podía valer más que mi palabra, *porque mi palabra me compromete.*

INTEGRIDAD, LA ESENCIA DE LO QUE SOMOS

–CUANDO LO ÚNICO QUE POSEEMOS ES NUESTRA INTEGRIDAD, TENEMOS MÁS QUE SUFICIENTE

En la base de toda edificación hay cimientos. Sin ellos, seguramente la lluvia, el viento y las condiciones climáticas derribarían su estructura. Esto es una realidad natural que nadie cuestiona, aparte de que sería difícil discutir con un montón de escombros.

De la misma manera, hablando de los seres humanos, no es tan difícil distinguir a alguien que ha construido su vida sobre cimientos de integridad de alguien que no lo ha hecho. Existe una marcada diferencia, y con el tiempo, se hace más notoria.

TODO COMIENZA CON LA INTEGRIDAD

La integridad es real y muy concreta; no es lo que uno se imagina o desearía que fuese, como cuando los niños se tapan los ojos con las manos y creen que se están escondiendo. *La integridad es muy real y se puede medir; algunas de sus características son:*

≈ Asumir la responsabilidad.

≈ Cumplir la palabra.

≈ Ser fiel en lo poco.

≈ Ser honesto.

≈ Mantenerse firme con lo que es justo.

≈ Mantener el honor y la virtud.

≈ Elegir lo correcto.

≈ Nunca culpar a otros.

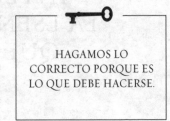

HAGAMOS LO
CORRECTO PORQUE ES
LO QUE DEBE HACERSE.

La integridad es algo que no puede fingirse; se tiene o no se tiene, y cada nuevo obstáculo y oportunidad que se presentan a diario sacan a la luz lo que tenemos dentro. Nuestras decisiones demostrarán si estamos cimentados en la honradez, y asimismo quedará claro si no lo estamos.

Hace muchos años, yo vendía dispensadores de jugo y tenía planes de obtener una franquicia propia. Pero después de venderlos durante un mes, descubrí cierta información de la compañía que me hizo perder la confianza en el producto, así como las posibilidades de conseguir la concesión. Cuando le comenté al dueño lo que había encontrado, desestimó mi comentario como proveniente de alguien joven, inexperto, inmaduro y que estaba completamente equivocado.

En lugar de quedarme de brazos cruzados, en seguida llamé a las personas a las que les había vendido el producto y su posibilidad de franquicia, y les recomendé que solicitaran el reembolso de su dinero, ya que así estaba previsto dentro del período de prueba de tres meses. Cuando mi jefe descubrió lo que yo había hecho, se puso furioso y me despidió en el acto, pero yo, de todas maneras, ya estaba con un pie afuera.

¿Cómo habría podido continuar vendiendo algo en lo que no creía? Y habiendo visto grietas en el plan comercial, ¿cómo podía voluntariamente dejar que personas que confiaban en mí corrieran el riesgo de perder su dinero? No podía hacer ninguna de las dos cosas, de manera que abandoné la compañía

MANTENER LA INTEGRIDAD TIENE SU PRECIO

No iba a ser el dinero el factor determinante para que yo decidiera ser honesto o no serlo. No hay nada por lo que valga la pena vender nuestra integridad, aunque haya que soportar pérdidas de dinero, fama o amistades a lo largo del camino. Estas son algunas de las experiencias que he vivido:

≈ Negocios que han quebrado al instante por la falta de prudencia de alguna persona.
≈ Personas de mi confianza que perjudicaron mi negocio con un costo incalculable para mí.
≈ Bancos que me exigieron el pago de un prestamo antes de que venciera.
≈ Compañeros de trabajo cristianos que abandonaron compromisos dejándome a cargo de las cuentas.

Cualquiera que sea el precio a pagar, la honradez tiene un valor mayor. Mis padres siempre me enseñaron a "hacer lo correcto porque es lo que debe hacerse". Lo que perdí por mantener mi integridad siempre ha sido insignificante cuando lo comparo con lo que gané a cambio.

Si perdía una venta por ser honesto, la recuperaba haciendo una venta mayor gracias a mi honradez. Si dejaba que algún compañero de trabajo estuviera en primer plano en lugar de mí, yo me beneficiaba por tener líderes del más alto nivel manejando mis compañías. Si perdí amistades por mantenerme firme con respecto a lo que era justo, los amigos que perdí no eran tales, y me habrían hecho más mal que bien.

NO HABRÁ LÍMITES DE ALTURA NI DE ANCHURA PARA LO QUE CUALQUIERA DE NOSOTROS QUIERA CONSTRUIR, SI LO CIMENTAMOS SOBRE LA INTEGRIDAD.

Si perdí dinero por cumplir la palabra dada a un empleado, gané empleados que confiaban en mí y me respetaban lo suficiente como para trabajar para mí ¡durante veinte y treinta años!

Con toda franqueza puedo decir que todo lo que pienso que puedo haber perdido alguna vez por haber escogido la honradez, realmente no fue para nada una pérdida. Proverbios 20:21 dice: *"La herencia de fácil comienzo no tendrá un final feliz"*. Creo que la probable ganancia habría sido, en el mejor de los casos, temporal, pero a la larga me habría acarreado sufrimiento.

CADA VEZ QUE SENTÍA QUE LO ÚNICO QUE ME QUEDABA ERA MI PROPIA HONRADEZ, DESCUBRÍA QUE TODAVÍA TENÍA BASTANTE.

Pero aunque uno desee ser una persona de bien, no por ello es perfecto. Desde que dejé a Jesús entrar en mi vida, mi deseo ha sido obedecer a Dios y honrarlo con mi vida, aunque no siempre he dado los pasos correctos. He hecho naufragar el barco de mi vida varias veces, pero Dios siempre me ha perdonado y me ha dado otra oportunidad para un nuevo comienzo.

Algunas veces comenzar de nuevo significaba reconstruir desde el principio, pero ¡al menos me habían quedado los cimientos! Sobre el fundamento de la integridad cualquier cosa puede seguir en pie, sin importar cuán alta sea la construcción.

Hubo ocasiones en que no me quedaba nada más –literalmente– que mi integridad. *No* fue fácil, pero obró maravillas en mi carácter y en mi futuro. Una vez, por ejemplo, un negocio muy bueno que me había costado mucho trabajo concretar, se cortó abruptamente en el último momento porque me negué a pagar un soborno. En aquella época estaba completamente quebrado, pero me apegué a mi integridad. Lo valioso que fue haber conservado mi honradez no pude comprobarlo hasta algunas semanas más tarde.

LA INTEGRIDAD TIENE SU RECOMPENSA

Ya que mi proyecto de empresa se había ido a pique por haberme rehusado a pagar un soborno, me disponía a algo nuevo, así que decidí trabajar en una compañía disquera que necesitaba ayuda en su división de mercadeo y ventas. Ya estaba ideando un plan para formar mi propia compañía, pero primero necesitaba adquirir experiencia en la industria disquera.

Un año antes de lanzar el Instituto de la Motivación para el Éxito (IME), fui despedido repentinamente, simplemente porque estaba ganando más dinero por comisiones que el personal gerencial. Me lancé de cabeza al proyecto del IME con todo lo que tenía: mi honestidad, muy escaso capital y mucha visión.

El instituto comenzó a crecer, pero al poco tiempo estábamos en dificultades económicas, de manera que me trasladé a Nueva York para encontrarme con un importante empresario a quien le gustaba lo que estábamos ofreciendo. Aquel hombre me dijo que yo tenía la venta garantizada con tal que suprimiéramos del material todas las referencias de tipo espiritual.

–Bueno –le respondí–, me parece que acabo de perder una venta. Aquella operación era de extrema importancia para nosotros y habría sido el incentivo que nuestra compañía necesitaba para quedar económicamente solvente, pero yo no tenía intenciones de socavar mi integridad. En el vuelo de regreso lloré la mayor parte del tiempo, ¡pero la historia no terminó allí!

"NO HAY QUE TRATAR DE SER UNA PERSONA DE ÉXITO, SINO MÁS BIEN, UNA PERSONA DE VALOR."

–Albert Einstein

Cuando entré en mi oficina, había una carta esperándome sobre el escritorio: la enviaba una compañía de seguros de la región central del país, que quería saber si yo podría ir y dar una charla para los principales gerentes de su departamento de ventas. Los llamé y les dije que, si me permitían unos minutos para ofrecer nuestros programas de ventas a los ochenta y siete gerentes que concurrirían, no tendrían que pagarme. Ellos accedieron, de modo que inmediatamente cargué un camión con ochenta y siete cursos de ventas.

Yo ya estaba decidido: ¡iba a *vender al ciento por ciento de los asistentes!* Además *necesitaba* vender el material para pagar nuestras cuentas, y aquella necesidad lo único que hizo fue afirmar mi determinación. Cuando llegó el momento de hacer la presentación, se sentía un ambiente casi eléctrico, ¡y vendí los ochenta y siete programas!

Para entonces no lo sabía, pero dio la casualidad que aquel día, en calidad de invitado especial, se encontraba en la sala Charles Roth, autor de más de veintisiete libros sobre ventas. Si lo hubiera sabido en aquel momento, podría haberme distraído, pero tenía tanta atención puesta en concretar la venta que nada habría podido interrumpir mi concentración. Algunos años después, Charles escribió en uno de sus libros que la mía había sido la mejor presentación que él hubiera presenciado en toda su vida.

Con la venta de los ochenta y siete programas, obtuvimos el impulso que nuestra compañía necesitaba tan desesperadamente. Creo que Dios honró mi decisión de rechazar el negocio asegurado que me ofrecían en Nueva York, y por haberme apegado a mis convicciones.

Proverbios dice:

"A los justos los guía su integridad; a los falsos los destruye su hipocresía" (11:3).

"Quien se conduce con integridad, anda seguro; quien anda en malos pasos será descubierto" (10:9).

"La justicia protege al que anda en integridad, pero la maldad arruina al pecador" (13:6).

Desde entonces, el IME y muchas otras compañías que establecí han crecido a pasos agigantados. *No habrá límites de altura ni de anchura para lo que cualquiera de nosotros quiera construir, si lo cimentamos sobre la integridad.* Verdaderamente no hay límites, porque todo es posible.

A continuación enumero algunas de las recompensas que he recibido por conservar mi honestidad:

≈ Aumentos en las ventas y ganancias.

≈ Empleados que han permanecido a mi lado mucho tiempo.

≈ Inspiración y motivación.

≈ Protección y seguridad.

≈ Favores inesperados.

≈ Respeto y aprecio.

≈ Ideas lucrativas para nuevos negocios.

≈ Un buen nombre y reputación.

≈ Oportunidad de ser un buen ejemplo y poder aconsejar.

≈ Óptima salud.

≈ Amistades excelentes.

≈ Paz y contentamiento.

≈ Bendiciones de Dios en todos los aspectos de mi vida.

≈ Entusiasmo de niño acerca del futuro.

La integridad es para los ganadores, y los ganadores siempre vencen. La historia lo confirma: al final siempre triunfan los buenos.

¿ES LA INTEGRIDAD UNA OBLIGACIÓN MORAL?

De por sí, la integridad requiere, entre otras cosas, de fidelidad, honestidad y obediencia. Ha habido ocasiones en las que he debido reembolsar dinero a alguien de mi propio bolsillo por causa de algo de lo que yo no era responsable. ¿Acaso estaba obligado legalmente a hacerlo? De ninguna manera, pero no se trata de que sea una obligación legal.

El objetivo de las leyes no es obligarnos a actuar, sino complementar o respaldar nuestros actos. Por ejemplo: la ley debe controlar a un individuo que se rehúsa a pagar la pensión alimentaria de su hijo hasta que está a punto de perder su licencia de conducir o ir preso. Si dicha persona se comportara honestamente, no habría ninguna necesidad de recurrir a la policía.

"EL MÁS REFINADO DE LOS LUJOS DE LA VIDA ES LA INTEGRIDAD, TANTO MENTAL COMO ESPIRITUAL."

—Jim Cole

De manera semejante, aquellos hombres de negocios que se quejan cuando uno defiende lo que es justo, o que enseñan a su equipo de ventas a no ser tan honestos, en realidad están socavando el fundamento sobre el que se construye todo, que son la confianza, el respeto y el honor.

¿Es la integridad algo que nos obliga y restringe, o que nos brinda libertad y paz? Para aquellos que no quieren hacer lo correcto es restrictiva, mientras que para los que reconocen las ventajas de ser una persona de bien, esta virtud es liberadora, porque la esencia de la integridad está en el corazón.

Amigo lector, si en su viaje por la vida, alguna vez se encuentra con que no le queda nada más que su integridad, *¡sepa que tiene más que suficiente!*

PARTE CUATRO

MI TRABAJO ES MI MINISTERIO

MI TRABAJO, MI MINISTERIO

–CUANDO AMBOS SON UNA MISMA COSA, ENTONCES SOMOS LIBRES

Por lo que a mí concierne, mi trabajo y mi ministerio son una misma cosa. No hay ningún pasaje de las Escrituras que diga que Dios establece diferencias entre el trabajo y el ministerio, entre lo secular y lo sagrado. En cambio, en Colosenses 3:17, dice: *"Y todo lo que hagan, de palabra o de obra, háganlo en el nombre del Señor Jesús, dando gracias a Dios el Padre por medio de él"*.

Patrick Morley, notable orador y autor de *Man in the Mirror*[2] *(el hombre frente al espejo)* lo expresó con mucha claridad: "La cuestión no es si uno tiene o no un ministerio, sino si uno es fiel en el ministerio que Dios le ha dado".

Esto es de importancia vital. Si no somos fieles en nuestro trabajo porque estamos anhelando "tener un ministerio", entonces no somos justos con Dios, con nosotros mismos ni con ninguna otra persona. De hecho, *"Y si con lo ajeno no han sido honrados, ¿quién les dará a ustedes lo que les pertenece?"* (Lucas 16:12).

Yo creo que esto significa que, hasta que no seamos fieles donde Dios nos ha puesto, no se nos dejará libres para hacer lo que siempre hemos soñado hacer. Un buen punto de partida sería preguntarnos:

"¿Cuál es mi motivación para tener un ministerio?", y responder la pregunta con sinceridad.

LA PAZ QUE TANTO NECESITAMOS

Hay un sinnúmero de personas que no hallarán la paz con Dios ni consigo mismos hasta que comprendan que lo más importante en la vida es hacer aquello para lo cual Dios los ha equipado y capacitado, sin que importe de qué se trate ni dónde se lleve a cabo.

Cuando tenía veinticuatro años y me destacaba en el negocio de los seguros, fui invitado a una reunión a la que asistirían alrededor de veinte de los predicadores y oradores más influyentes de América del Norte. Al compararme con ellos, sentía que mi único talento era el de ganar dinero. Entonces, uno de aquellos hombres me miró y me dijo:

—Paul, quizás la voluntad de Dios sea que tú ganes dinero. Solo necesitas ser obediente y hacer aquello para lo que Él te ha dotado y capacitado; *ese* es tu ministerio.

"EL 95 POR CIENTO DE NOSOTROS NUNCA TENDRÁ UN MINISTERIO 'PROFESIONAL', PERO ESO NO SIGNIFICA QUE NO SEAMOS MINISTROS."

–Patrick Morley

Gracias a estas palabras pude sentir gran libertad en mi corazón y mi alma. Ellas me liberaron de la idea de que debía estar haciendo algo más "significativo". Por el contrario, pude enfocar mi atención en lo que Dios había dispuesto para mí (resultó que ganar dinero era apenas una pequeña parte de lo que Él me había deparado).

Necesitamos eliminar de nuestra mente, de una vez por todas, la idea de que la única manera de agradar a Dios o de dejar nuestra huella en el mundo es siendo ministros del evangelio. Nuestro trabajo no es algo que hacemos con la esperanza de tener una oportunidad en el ministerio; nuestro trabajo ¡es el ministerio! Dios nos ha llamado a trabajar. Quienes han buscado su llamamiento divino quizás descubran que todo el tiempo ha estado ahí, frente a sus narices.

TRABAJAR ES EMOCIONANTE

Según una encuesta publicada por la revista *Business Week*, solo uno de cada seis estadounidenses está conforme con su trabajo, lo que significa que ¡casi el ochenta y tres por ciento están insatisfechos! ¿Cómo puede vivir la gente así?

¿Deberían entonces renunciar, conseguir otro empleo o poner un negocio por cuenta propia? En algunos casos sí, pero la mayoría se quedará en la situación actual, ya sea por necesidad, falta de visión, o algún otro motivo que los acobarde.

Hace muchos años me pidieron que visitara a un hombre de veintiséis años que estaba hospitalizado, con úlceras hemorrágicas. Luego de familiarizarnos un poco, lo miré a los ojos y le pregunté:

—*Si no tuvieras que complacer a nadie en el mundo, ¿qué es lo te más te gustaría hacer?*

El joven enseguida se puso a llorar como un niño, y entre lágrimas, me contestó sollozando:

—Siempre he querido tener una hacienda.

> "QUE TU TRABAJO SEA TU PASIÓN, NO TU OBLIGACIÓN. QUE SEAS POR ÉL BENDECIDO, Y NO POR SU TEDIO VENCIDO."
>
> —Hal Stewins

En lugar de ir en pos de la pasión de su vida, estaba estudiando para graduarse de una carrera que sabía que no quería ejercer. Esto era una pesadilla para él, y cada día soportaba la vida, pero odiaba vivirla. Aquel joven encarnaba el proverbial dicho "como pez fuera del agua", y yo nunca antes había visto una persona que se sintiera tan fuera de lugar como él.

Le dije entonces que su familia lo amaba y se preocupaba por él, pero que creía saber mejor que él lo que le convenía, de manera que era preciso que los llamara y les dijera que él ya no podía continuar viviendo la vida que ellos planificaban por él. Por un distorsionado sentido de obediencia y amor a sus padres y familia, él se esforzaba al máximo por ser alguien que no era. Pero se trataba de su vida, y él quería ser quien escribiera su propia historia.

Cuando lo vi, con lágrimas en sus ojos, decirle a su familia lo que había llevado por dentro durante tantos años, admiré su coraje. ¡Y finalmente comprendieron!

Inmediatamente después de tomar aquella decisión, comenzó el proceso sanador. El médico que lo atendía me dijo que a las veinticuatro horas del encuentro con su familia, había cesado repentinamente el sangrado de las úlceras. Hasta entonces estas habían estado fuera de control: los médicos lo habían intentado todo pero nada podía detener el sangrado. Muy pronto aquel joven salió del hospital para nunca regresar a él, ni a ninguna universidad.

Hoy es hacendado, propietario de una tienda de forraje, y ha formado un hogar. Yo lo considero uno de los hombres más ricos que haya conocido, no porque gane mucho dinero, sino porque va en pos del sueño y la vocación de su vida.

Nuestro encuentro de aquel día fue toda una experiencia para ambos: él descubrió lo que significaba liberarse de las exigencias y expectativas asfixiantes de otras personas, y yo me di cuenta, una vez más, que amo lo que hago. *Para mí, ¡el trabajo es pura alegría!*

> "NO RECUERDO QUE ALGUNA VEZ EL TRABAJO ME HAYA CANSADO, PERO LA INACTIVIDAD ME DEJA COMPLETAMENTE AGOTADO."
>
> −Sir Arthur Conan Doyle

En otra ocasión, viajaba en el metro de Nueva York, y me senté junto a un empresario, corredor de bolsa, quien vivía la vida a lo grande pero que quedó intrigado cuando le hablé del poder y la importancia de establecer metas y tener las prioridades correctas. Antes que llegáramos a la estación donde se bajaría, terminó comprándome uno de mis programas.

Aquella misma noche él escribió todo lo que quería hacer en la vida. Cuando terminó, le dijo a su esposa:

−Me acabo de dar cuenta de que no estoy haciendo nada de lo que realmente quiero hacer.

Después de pensarlo un poco y con el apoyo y el ánimo que le brindó su esposa, el hombre abandonó su trabajo y se mudó a Colorado. Allí reunió a un grupo de inversionistas y entró en el negocio del petróleo. Perforaron trece pozos secos, uno tras otros, pero ninguno de los inversionistas se echó atrás (él poseía una gran capacidad de motivación y habilidad empresarial para mantenerlos unidos). Entonces, al perforar el decimocuarto pozo, sacó el premio gordo y de ahí en adelante encontró aproximadamente otros doce, uno detrás del otro.

Aunque hoy ese hombre es multimillonario, su satisfacción proviene de hacer lo que siempre ha querido hacer, y la mía es que si él no me hubiese comprado el programa, probablemente no habría dado un paso tan importante con su familia.

¿Cuántas otras personas están cursando carreras sintiéndose que ese no es su lugar? ¿Acaso le diremos a Dios "usé al máximo los talentos y habilidades que me diste"? Es verdad que siempre hay una época en la que estamos obligados a hacer otra cosa, pero no es para siempre, y mucho menos si contradice nuestra moral, valores, prioridades, y destrezas.

En cuanto a mí, el trabajo me resulta tan emocionante como gratificante. Mi trabajo es mi ministerio y, por lo tanto, estoy resuelto a hacer lo siguiente:

1. Dar un buen ejemplo a través de mi trabajo.
2. Combinar mi fe con mis obras.
3. Darle al ministerio la prioridad.

1 DAR UN BUEN EJEMPLO A TRAVÉS DE MI TRABAJO

La forma en que trabajamos es la mejor muestra de lo que realmente somos interiormente. Pero si a esto le añadimos el ingrediente del dinero, muchas veces la ética de una persona se convierte en "ética circunstancial".

Mi amigo Bill Nix lo sabe muy bien. Cuando era inversionista bancario, en cierta ocasión se preparó a poner dos millones de dólares en un proyecto edilicio de quinientos millones. Todo estaba funcionando según lo previsto, hasta que un representante del banco que administraba el dinero llamó para pedir diez mil dólares en efectivo con el fin de "asegurar que todo marchara sin tropiezos". Bill supo que se trataba de un soborno, y se negó. La comunicación se cortó y el trato se canceló en el acto.

Para Bill, dos millones de dólares no eran suficientes para que renunciara a su ética. Ninguna cantidad habría sido suficiente porque él, desde hacía mucho tiempo, había decidido permanecer fiel a la palabra de Dios, independientemente de la situación o la cantidad escrita en el cheque. Los que practican la ética circunstancial todavía no han tomado esta decisión de su corazón.

> DIOS NO PRACTICA LA ÉTICA CIRCUNSTANCIAL PORQUE ÉL ES "EL MISMO AYER Y HOY Y POR LOS SIGLOS" (HEBREOS 13:8), NI TAMPOCO DEBEMOS PRACTICARLA NOSOTROS.

La historia nos cuenta que Sir Arthur Conan Doyle una vez les hizo una broma práctica a doce de sus conocidos, hombres respetados e ilustres. Envió doce telegramas con el mismo mensaje: "Huya inmediatamente. Todo se descubrió".

A las veinticuatro horas ¡todos habían abandonado el país!

Era evidente que cada uno de estos hombres tenía algo que ocultar. De repente, aunque solo en broma, se les había quitado la máscara, y su verdadera naturaleza había salido a la luz, y por eso huyeron. Este es un estilo de vida que no me gustaría dejar como legado.

Hace algún tiempo, uno de los edificios de mi propiedad fue dañado por una granizada. La compañía de seguros no quería pagar nuestro reclamo y decidió enviar a un representante a mi ciudad para que averiguara algunos datos sobre mí. Cuando el representante llegó, habló con uno de los presidentes de nuestra compañía, quien le sugirió:

–¿Por qué no se da una vuelta por Waco y habla con los banqueros y empresarios, y así se entera de lo que dicen acerca de Paul J. Meyer?

Durante el resto de la tarde, el delegado del seguro se trasladó en automóvil de un negocio a otro y de un banco a otro, haciendo preguntas acerca de mi honradez y mi ética comercial. Cuando volvió, le dijo al presidente de nuestra compañía:

–¡No se puede derrotar a Mike Tyson en su propio cuadrilátero!

Aquella era su forma de reconocer que yo era, en efecto, un hombre de principios, como habrán confirmado algunos comerciantes y banqueros. La Biblia dice: *"Cada árbol se conoce por su fruto; pues no se cosechan higos de los espinos, ni de las zarzas se vendimian uvas"* (Lucas 6:44, RVR) y lo que el hombre del seguro averiguó sobre mí esa tarde era un reflejo exacto de mi persona. La compañía de seguros, ese mismo día, decidió pagar la totalidad de nuestra solicitud.

2 COMBINAR MI FE CON MIS OBRAS

A decir verdad, las buenas obras sin fe no valen nada, *al menos desde la perspectiva de Dios.* Nosotros, en cambio, somos especialistas en darle tanta importancia a lo que hacemos, que perdemos de vista esta realidad.

Durante siglos la humanidad ha tratado en vano de ganar una buena posición delante de Dios, haciendo buenas obras. Este enfoque del tipo "me esfuerzo por ganar el cielo" ha servido de base a numerosas religiones, pero no funciona con el cristianismo. De lo contrario, no habría sido necesario que Jesús muriera en la cruz, pero Jesús sí fue, en efecto, crucificado por nuestros pecados, para que a través de la fe pudiésemos hacer que nuestra relación con nuestro Padre celestial quedase restaurada.

"¿DE QUÉ LE SIRVE A UNO A UNO ALEGAR QUE TIENE FE, SI NO TIENE OBRAS?"

−Santiago 2:14

Con las buenas obras no ganamos nada frente a Dios porque: *"Porque por gracia ustedes han sido salvados mediante la fe; (…) <u>no por obras</u>"* (Efesios 2:8-9, énfasis mío). Las buenas obras, por sí solas, conducen al legalismo, la esclavitud y la muerte, mientras que la fe por sí sola no es nada más que palabrería.

Si se combinan las dos, pueden obtenerse algunos resultados como los siguientes:

≈ La voluntad de Dios se cumple a través de nosotros.

≈ La vida de las personas es transformada.

≈ Nosotros mismos somos transformados.

≈ La vida cobra un nuevo significado.

≈ Surgen abundantes motivos de entusiasmo y una nueva visión de las cosas.

Hace poco leí en nuestro diario local acerca de un niño que necesitaba que se le hiciera una operación muy costosa; sus padres no podían costearla, y mucho menos el viaje en avión a un hospital específico de Houston. Así las cosas, hablé con varios médicos y aceptaron operarlo sin cobrar honorarios. Luego alquilé un avión y envié el muchacho a Houston para que le realizaran la cirugía, que duró cinco horas. Todo esto con el fin de darle al niño una oportunidad de tener una vida normal.

Poco tiempo después, la madre del muchacho me dijo:

—He sabido de personas que ayudan a otras, pero nunca lo había visto con mis propios ojos.

Me entristeció lo que dijo, pero me hizo darme cuenta de cuán significativa podía ser una buena acción, y también me permitió ver más claramente cómo las buenas obras hechas con una motivación pura señalan directamente hacia Dios, mientras que las que se hacen para hacer méritos ante Dios siempre señalan de vuelta hacia uno mismo. Yo había ayudado a su hijo por un deseo ferviente de bendecir a alguien, y fue una decisión basada en el inmenso agradecimiento que siento por lo que Dios ha hecho por mí.

Reconozco que también yo soy responsable de hacer buenas obras, como explica Santiago 4:17: *"Al que sabe hacer lo bueno, y no lo hace, le es pecado"* Creo que esto se debe a que Dios tiene planes para cada uno de nosotros que solo Él puede realizar.

> "DE LOS CRISTIANOS QUE VEN SU TRABAJO COMO UNA TEDIOSA RUTINA, POCOS REPRESENTAN UN BUEN TESTIMONIIO, YA SEA DENTRO O FUERA DE SU ACTIVIDAD LABORAL."
>
> –Larry Burkett

La Biblia dice que fuimos creados *"para buenas obras, las cuales Dios dispuso de antemano a fin de que las pongamos en práctica"* (Efesios 2:10).

Una vez leí que Abraham Lincoln, en cierta ocasión, se encontraba paseando por la ciudad, cuando vio a una muchacha esclava a quien estaban vendiendo en una subasta, de modo que hizo su oferta y la compró. La primera pregunta que ella le hizo a su nuevo amo fue:

–¿Qué va a hacer conmigo?

Lincoln le respondió:

–Liberarte.

Cuando ella se dio cuenta de que podía hacer lo que quisiera, vestir como más le gustara, decir lo que quisiera decir e ir donde se le antojara, se quedó muda. Entonces fue Lincoln quien le preguntó:

–¿Qué vas a hacer ahora?

Y ella contestó inmediatamente:

–Irme con usted.

Su comentario no solo demuestra que era bastante inteligente al alinearse con alguien que era justo, amable y misericordioso, sino que también pone de manifiesto el poder de hacer lo que es correcto. En lugar de quejarse, discutir o causar revuelo en medio de la subasta, Lincoln simplemente actuó, y creo que lo hizo porque su trabajo era su ministerio.

#3 DARLE AL MINISTERIO LA PRIORIDAD

Una de mis prioridades de trabajo es apoyar ministerios y organizaciones locales con ingresos obtenidos por las compañías de nuestra familia. Los empleados, como siempre les digo, también tienen en ello un papel fundamental, porque sin ellos no podríamos hacer todo lo que hacemos. Trabajamos conjuntamente para el bien de nuestra comunidad.

Sin embargo, la donación de dinero no es la única forma en que podemos mostrar dónde están colocadas nuestras prioridades. Hace varios años conocí a un hombre que enfrentaba problemas de salud cada vez mayores, así como un negocio que no podía manejar apropiadamente. Tenía un magro ingreso por concepto de jubilación, de modo que estaba en un aprieto.

Le aconsejé entonces cómo podría utilizar su negocio para incrementar su jubilación. Aquel consejo, que tanto necesitaba, demostró ser la solución a su problema, y ahora está jubilado y su economía definida por el resto de su vida.

Lo único que me costó fue un poco de mi tiempo y atención. Si yo hubiera enfocado solamente al aspecto del dinero, habría perdido la oportunidad de influir positivamente en la vida de aquel hombre.

Cuando veo mi trabajo como un ministerio, voluntariamente pongo a los demás en el primer lugar, y a mí en el segundo. De eso se trata el servicio. En toda situación, debemos preguntarnos: "¿Cuál es mi prioridad?" He cancelado reuniones para hablar con personas que necesitaban ayuda con urgencia, y he donado miles de dólares para pagar cuentas, hipotecas y cuotas de compra de automóviles a perfectos desconocidos. Asimismo he escrito cientos de cartas, notas, y faxes a personas que necesitaban una palabra de ánimo. Al hacer estas y otras muchas cosas semejantes, estoy demostrando cuáles son mis prioridades.

EL RESULTADO FINAL

Ha habido ocasiones en las que se me ha invitado a dar una conferencia, y justo antes de subir al estrado el coordinador me lleva aparte para advertirme:

–No menciones a Jesús ni a Dios, ¿de acuerdo? No queremos ofender a nadie.

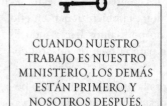

CUANDO NUESTRO
TRABAJO ES NUESTRO
MINISTERIO, LOS DEMÁS
ESTÁN PRIMERO, Y
NOSOTROS DESPUÉS.

En esos casos siempre sonrío y se lo agradezco, y luego, una vez que estoy ante el público, les explico a los concurrentes que cuando oigo hablar a algún orador, siempre deseo saber cuál es el fundamento de sus creencias, principios y consejos. Entonces les digo que mis creencias se basan en Dios y su palabra. Como oyente, no esperaría menos que eso.

Es importante que todos tengan la misma oportunidad que yo tuve de alcanzar su pleno potencial, y creo que *sin Jesús, es imposible que alguna vez lo logren.*

Esta forma de pensar ha dado lugar a incontables debates, cartas de lectores a periódicos locales, llamadas telefónicas, discusiones y reprimendas, para nombrar solo algunas consecuencias. La revista *Newsweek* incluso me llamó el "evangelista de las orejas de jarra" aludiendo a mis grandes orejas y a lo que había dicho en la tribuna, pero no me importa. Espero sinceramente que alguien, a través de lo que hago y digo, llegue a conocer a Jesucristo, y en su nombre pueda encontrar libertad y salvación.

TODAS LAS COSAS
LE PERTENECEN
AL CREADOR

—DESCUBRIENDO LA ALEGRÍA Y LA RESPONSABILIDAD
DE LA MAYORDOMÍA

Cuando sobrevuelo una ciudad, a menudo pienso en la Dirección de Catastro que se encuentra en el Palacio de Justicia, con sus registros de propietarios de cada parcela entre miles de pedacitos de tierra a la vista. Los que tienen su nombre en una escritura de propiedad creen que son dueños de esa porción de tierra, pero no lo son, ¡y no lo han sido ni siquiera por un minuto! En menos de cien años, ninguna persona poseerá un centímetro cuadrado de esa tierra, *¡y el dueño de todo será otro!*

Las personas ponen su vida entera en obtener una escritura de propiedad o alcanzar cierto nivel de riqueza, pero luego parten sin ellos. Inútil esfuerzo, pero antes de que nos sintamos mal por creer la misma mentira, consideremos que a muchos de nosotros nos sucedieron cosas como estas:

≈ Crecimos viendo a nuestros padres pasar como barcos en la noche: uno de ellos salía al trabajo mientras el otro regresaba del suyo.

≈ Vimos cómo nuestro padre, o madre, o ambos, escalaban el Monte Everest económico, y a mitad de camino, se olvidaron de quiénes eran, cuáles eran sus prioridades, adónde iban, con quién estaban casados, qué promesas habían hecho, etc.

≈ Vimos cómo a aquél que tenía el mejor atuendo, la casa más grande o el automóvil más veloz, se le daba trato preferencial, incluso por parte de nuestros padres.

Aprendimos por propia observación lo que era "correcto" y "normal", pero infelizmente, nunca nos dijeron que ahí no termina todo.

LA MAYORDOMIA NO ES LO QUE NOS HAN ENSEÑADO

Un mayordomo es alguien que administra lo que pertenece a otra persona. Como Dios creó el universo, todo le pertenece legítimamente. Nosotros, como objetos de su creación somos, en el mejor de los casos, administradores pero no dueños.

Esta realidad se aplica en todos los terrenos, desde nuestra economía hasta nuestro tiempo, y desde nuestras capacidades hasta nuestros hijos. Todo nos fue confiado por Dios. La Biblia dice: *"Del Señor es la tierra y todo cuanto hay en ella, el mundo y cuantos lo habitan"* (Salmo 24:1), y *"Toda buena dádiva y todo don perfecto descienden de lo alto"* (Santiago 1:17). Esto no nos deja muchas posibilidades de reclamar algo como nuestro ¿no es así?

LO MUCHO O POCO QUE TENGAMOS NO ES TAN IMPORTANTE COMO LO QUE HAGAMOS CON ELLO.

¿Por qué es tan importante la mayordomía? Porque cada persona que no acepta la realidad de que somos administradores, no llegará a poder cumplir la voluntad de Dios para su vida, hasta el punto de estancarse o renunciar a ella completamente.

No podemos honrar a Dios ni llegar al final de una meta mientras pensemos que somos dueños.

¿Por qué la mayordomía es tan importante para mí? Parte de la respuesta viene de mi madre: lo que ella *decía* y lo que *hacía*. Cuando yo tenía algo más de veinte años y me estaba yendo bien en el negocio de los seguros, mi madre vino a visitarme en Miami y vio la casa en que vivía, mi automóvil y otras posesiones materiales. Me miró a los ojos, y me dijo: "Paul, me asusta que hayas alcanzado el éxito tan pronto. No olvides quién te dio el talento, no olvides de quién es todo, y no dejes que Satanás use tu éxito para alejarte de lo que es realmente importante". Yo nunca olvidé aquellas palabras, pero lo que hizo muchos años más tarde, cambió mi vida.

En 1969, estando en su casa se cayó, y no la encontraron en dos días (unos días después moriría en el hospital mientras yo sostenía su mano). En el delantal que tenía puesto el día en que se cayó, había una nota que decía. "S. S. HOPE: 10 kilómetros, 7 centavos". Lloré de manera incontrolable, porque me di cuenta de que después de caminar 10 kilómetros, había recaudado siete centavos para *S.S. HOPE*, un barco-hospital que brindaba atención médica a habitantes de países en desarrollo. Aquellos kilómetros podrían incluso haber sido la causa de su muerte. Su ejemplo fue el acto de mayordomía más extraordinario que alguna vez haya visto.

LAS OCHO COLUMNAS DE LA MAYORDOMÍA

De las muchas cualidades importantes de la mayordomía, creo que su fundamento se compone de ocho columnas que brindan fortaleza, riqueza, equilibrio y permanencia a quienes reconocen que su función es la de ser mayordomos.

COLUMNA # 1 –PRIMERO, PAGAR A DIOS CON EL DIEZMO

Diezmar es solo un aspecto de la mayordomía, pero no creo que yo pueda ser un buen mayordomo a menos que dé mi diezmo. Diezmar (es decir, darle a Dios el diez por ciento del ingreso bruto) es una parte integral de la mayordomía, porque cumple tres objetivos principales:

1. Establece quién es el Señor de nuestra vida (*"No se puede servir a la vez a Dios y a las riquezas"*, Mateo 6:24).

2. Requiere que andemos por fe. (*"Sin fe es imposible agradar a Dios"*, Hebreos 11:6).

3. Permite que Dios nos bendiga (*"Así tus graneros se llenarán a reventar y tus bodegas rebosarán de vino nuevo"*, Proverbios 3:10).

Comencé a diezmar a la edad de veintisiete años y me enorgullecía de ello, pensando que mi diez por ciento era bastante impresionante. Alrededor de esa época mi pastor, Bill Hinson, me invitó a una conferencia del empresario y filántropo Robert G. LeTourneau. Aquella noche, LeTourneau dijo que *él donaba el noventa por ciento de sus ingresos ¡y vivía con el 10 por ciento restante!* Abandoné la sala de conferencias y le dije a Bill:

– ¡Tanta arrogancia por mi diez por ciento!

Aquel mismo instante decidí que aprendería a dar más y confiar más en Dios, *y mientras más daba, ¡más me daba Él a cambio!* Sin embargo, el camino del aprendizaje no fue fácil para mí. Seis meses después de que comencé a diezmar, perdí el noventa por ciento de mis ingresos debido al fracaso de un negocio del que yo no era responsable. Al recurrir a Dios en busca de una respuesta, descubrí que la primera mitad de Malaquías 3:10 decía *"Traigan íntegro el diezmo para los fondos del templo, y así habrá alimento en mi casa"*, y no decía nada acerca de traer el diezmo "cuando uno pueda" o de darlo "con el resto que quede". Dar el diezmo es, simplemente, un principio de mayordomía, aunque uno no tenga mucho dinero.

"CREO QUE TODO DERECHO IMPLICA UNA RESPONSABILIDAD; CADA OPORTUNIDAD, UNA OBLIGACIÓN; CADA POSESIÓN, UN DEBER."

–John D. Rockefeller Jr.

Cuando me piden consejo en cuanto a la economía, siempre digo:

–Si no estás diezmando, mi consejo no te servirá de nada. Debemos primero pagar nuestros diezmos, y luego nuestros impuestos y cuentas.

Con mirada de desconcierto, a menudo me responden:

–No estamos pagando ahora nuestras cuentas, ¿cómo se supone que comencemos a diezmar?

La única ocasión en toda la Biblia en que Dios nos desafía a probarlo, lo hace con respecto al diezmo. En la segunda mitad de Malaquías 3:10, Él nos dice: *"Pruébenme en esto (…), y vean si no abro las compuertas del cielo y derramo sobre ustedes bendición hasta que sobreabunde".*

Cuando perdí el noventa por ciento de mis ingresos, continué diezmando. ¿Acaso Dios derramó enseguida más bendiciones de las que yo pudiera contener? *No, y de hecho ¡las cosas fueron de mal en peor!* Pero al poco tiempo comenzaron los cambios, empezaron a abrirse puertas y a aparecer nuevas perspectivas. El desenlace de la historia fue una situación que, tanto geográfica como profesionalmente, solo Dios podía haber creado.

La persona que está pasando por estrecheces y comienza a diezmar, es también la que tiene la disciplina de vivir dentro de los límites que sus medios les permiten, cambiar su estilo de vida y reducir sus deudas. Muchas veces surgen milagros como resultado del diezmo, y otras veces los cambios son más paulatinos, pero sin importar lo que suceda a corto plazo; cuando somos obedientes al mandato de Dios, descubrimos que Dios *siempre* cumple sus promesas.

COLUMNA # 2 –CUMPLIR CON LOS COMPROMISOS AUNQUE DUELA

Cuando el presidente Reagan modificó las leyes tributarias relativas a los inmuebles a principios de 1980, yo estaba nuevamente atravesando dificultades económicas. Me había comprometido a donar cierta cantidad mensual a varias organizaciones cristianas, pero de repente me encontré con que estaba perdiendo la misma cantidad cada mes.

> "DE NADA LE SIRVE A UN HOMBRE O A UN PAÍS TENER TODO EL DINERO DEL MUNDO, SI LO GASTA TAN RÁPIDO COMO LO HA GANADO. LO ÚNICO QUE LE QUEDARÁ SERÁN CUENTAS, Y UNA REPUTACIÓN DE NECIO."
>
> –Kipling

Entonces vendí propiedades e incluso obtuve préstamos para cumplir con los compromisos que había asumido. Los banqueros pensaban que me había vuelto loco, pero yo sabía que Dios se ocuparía de mí porque en su palabra está claramente expresado: *"Den, y se les dará: se les echará en el regazo una medida llena, apretada, sacudida y desbordante. Porque con la medida que midan a otros, se les medirá a ustedes"* (Lucas 6:38).

¿Qué ocurrió entonces? ¡Exactamente lo que la Biblia decía que ocurriría! La medida que usé me fue devuelta, y pude cumplir con cada uno de mis compromisos. ¿Fue fácil y rápido? No, pero Dios cumplió su promesa y me proveyó, incluso cuando todo parecía imposible.

Mis libros de contabilidad de aquel entonces mostraban que cuando estaba pendiente de pago algún compromiso, aumentaban mis ingresos, pero en los meses en que no había ningún compromiso que cumplir, mis ingresos disminuían.

Quizás nunca me vea en la situación de dar con ese espíritu de sacrificio con que lo hizo mi madre, pero la Biblia establece: *"Si alguien que posee bienes materiales ve que su hermano está pasando necesidad, y no tiene compasión de él, ¿cómo se puede decir que el amor de Dios habita en él? Queridos hijos, no amemos de palabra ni de labios para afuera, sino con hechos y de verdad"* (1 Juan 3:17-18). Y *no dice* que primero tenemos que estar en buena posición económica.

COLUMNA # 3 –RESPONSABILIDAD ECONÓMICA

Cada uno de nosotros es responsable económicamente por aquello sobre lo que tiene control. Esto significa, al menos, que Dios espera intereses de lo que nos da. Al siervo que enterró el talento de oro de su maestro en lugar de invertirlo, se le dijo: *"Debías haber depositado mi dinero en el banco, para que a mi regreso lo hubiera recibido con intereses"* (Mateo 25:27). Yo creo que Dios desea, por nuestro bien y el suyo, que multipliquemos cualquier cosa que Él nos confíe.

¿Significa esto que no podemos equivocarnos? ¡Por supuesto que no! He perdido dinero en inversiones, y me han cerrado las puertas de numerosos negocios. ¿Soy por eso un mal administrador? ¡No, en lo más mínimo! Lo que importa es que a la larga se gana, lo que significa que los reveses nunca son el fin del camino.

Hay un pasaje de las Escrituras que me infunde aliento: *"He sido joven y ahora soy viejo, pero nunca he visto justos en la miseria, ni que sus hijos mendiguen pan"* (Salmo 37:25). Los justos han recibido una promesa que se extiende más allá de las fluctuaciones del mercado de valores y de los altibajos de la economía. Sin embargo, si una inversión o negocio se está yendo a pique, insistir para que se cumpla a la fuerza la promesa sobre los justos, no sería un acto de buena mayordomía.

Una vez encontré un excelente inmueble que estaba a la venta, y el único problema era que su dueño no tenía una buena reputación comercial. Cuando me ofreció la propiedad, les di a mis pies un poco de ejercicio por propia iniciativa (como suelo hacer), y pronto descubrí que no todos sus tratos eran honestos.

Aunque de verdad me interesaba adquirir la propiedad, procedí lenta y cuidadosamente. Hice que mi abogado redactara un amplio contrato de depósito de arras y el documento final resultó bastante más extenso que las cuatro o seis páginas habituales.

> **EL ACTO DE DAR, EN SU ESENCIA, ES UNA ACTITUD DEL CORAZÓN.**

El dueño del inmueble finalmente lo firmó, pero se me hacía difícil que concretara el trato; lo posponía reiteradamente por una u otra razón, en la esperanza de que yo desistiera. Habiendo pasado dos meses, lo llamé y le pregunté si estaba listo para cerrar el trato, y también le pregunté si entendía el significado de la expresión "jaque mate". Él no disponía de ninguna forma legal de para no cumplir con el contrato, y tanto él como su abogado lo sabían bien. "Cerremos el trato", le dije, y colgué el teléfono, sabiendo que en pocos días la propiedad sería mía, ¡y así *fue!*

Si yo hubiera jugado con sus reglas, habría perdido mi depósito así como una gran oportunidad. En cambio, guardé mi inversión con la debida diligencia y preparación, y salí ganando. La Biblia dice que seamos *"astutos como serpientes y sencillos como palomas"* (Mateo 10:16). Esa propiedad es una de las mejores inversiones inmobiliarias que he hecho en mi vida, y al venderla años más tarde, quintupliqué el monto inicial de la compra.

COLUMNA #4 –DAR SIN CESAR

El dador siempre da, tenga mucho o tenga poco, porque el acto de dar, en su esencia, es una actitud del corazón. Sin embargo, para ser un dador se requiere esfuerzo, y todo es puesto a prueba, incluso aspectos como:

≈ Nuestra confianza en Dios.
≈ Nuestra fibra moral.
≈ Nuestro compromiso con el honor de nuestras promesas en la fe de que Dios suplirá los medios para cumplirlas.
≈ Nuestra capacidad de interiorizar la verdad de que Dios siempre suplirá cada una de nuestras necesidades.

Charlie "Tremendous" Jones lo expresó a la perfección cuando dijo: "Uno no puede disfrutar verdaderamente de algo si no lo comparte, y esto incluye la fe, el amor, los talentos, y el dinero. Algún día descubriremos que en realidad nunca damos; solo estamos devolviendo y compartiendo una pequeña porción de lo que hemos recibido".

Y sin importar cuánto sea lo que usted da, Dios nunca permitirá que le dé más de lo que Él le da a usted, ¡*nunca*!

COLUMNA # 5 –SER FIEL CON LO QUE SE TIENE

Alguien que se queja o que quisiera tener lo que tienen otras personas, *no está administrando bien lo que Dios le ha confiado*. La mayoría de las veces, Dios da oportunidades aparentemente pequeñas, y las tomamos. Scott Preissler, presidente de la Christian Stewardship Association, una vez me escribió una nota que decía: "Mi padre sirvió en una enorme fábrica de la Ford Motor Company durante treinta y tres años. Él me llevaba allí a menudo y aquella experiencia me ayudó a ver las 'opciones alternativas' que podría tener si no apuntaba hacia el logro de mis propias metas".

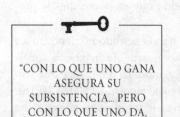

"CON LO QUE UNO GANA ASEGURA SU SUBSISTENCIA... PERO CON LO QUE UNO DA, OBTIENE LA VIDA."

–Winston Churchill

Scott sabía adónde se encaminaría su vida si no tomaba el control de ella. Cuando se cruzaba una oportunidad en su camino, él la tomaba y de esa manera terminó teniendo una profesión que lo satisface y emociona.

John Cook, amigo de mucho tiempo y asociado de negocios, no tuvo las oportunidades que tuvo Scott. A John le diagnosticaron poliomielitis poco después que naciera su primer hijo, y los médicos le dijeron que tendría que depender de un pulmón artificial de por vida, pero él y su esposa, por el contrario, tenían fe. En muy poco tiempo, a John le desconectaron el aparato, y en el lapso de dos años se había restablecido en un noventa por ciento. Yo tuve la fortuna de contratarlo como mi primer empleado.

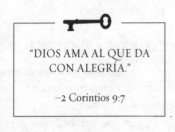

"DIOS AMA AL QUE DA CON ALEGRÍA."

−2 Corintios 9:7

John comprendía que tenía que sacar el mayor provecho de lo que la vida le daba. Se rehusó a darse por vencido, desistir a ser derrotado, y fue una inspiración para todos los que lo conocieron. Con su muerte, en el otoño del año 2000, el mundo perdió a uno de los mejores administradores de talentos y habilidades que haya conocido. Podía tomar lo que parecía imposible y convertirlo en algo grandioso. Esa es la mentalidad del verdadero mayordomo.

COLUMNA #6 –ADMINISTRADORES QUE ENSEÑAN A OTROS

Los administradores se multiplican cuando enseñan a otras personas a ser buenos mayordomos. Esto, especialmente en el caso de los niños, funciona muy bien. Howard Dayton, presidenta de Crown Financial Ministries,[4] dice que los niños necesitan ser adiestrados en cuatro aspectos específicos, que son: el establecimiento de responsabilidades rutinarias, la familiarización con el trabajo, la ganancia de dinero extra en casa, y el trabajo fuera del hogar.

Desde temprano enseñé a mis hijos los conceptos de diezmar, dar, ahorrar e invertir. Lo que hicieran con mis consejos y enseñanzas era decisión de ellos, pero me alegra poder decir que cada uno de mis hijos ha hecho inteligentes inversiones para sus familias, tanto aquí en la Tierra como para el futuro en el cielo, y a su vez han enseñado a sus hijos los mismos principios de la mayordomía.

Para fomentar esta actitud en mis nietos, a veces les regalo animales de la organización Heifer Project International[5], la cual a su vez los dona a familias necesitadas de todo el mundo. Mis nietos reciben una foto del animal, con su nombre y su destino geográfico. Lo que ellos pronto comprenden es que cada animal es una bendición para otras personas que lo necesitan, *y que el regalo ¡continuará multiplicándose por generaciones!*

COLUMNA # 7 –OBEDIENCIA Y CONFIANZA EN DIOS

Con frecuencia la mayordomía se reduce a tiempo, talentos y tesoros, pero creo que aun hay otro ingrediente más que cuenta: el testimonio personal.

La buena mayordomía está vinculada con nuestra relación con Jesucristo. ¿Confiamos en Él? ¿Estamos dispuestos a obedecerle? *La respuesta a ambas preguntas quedará reflejada en la forma en que administremos nuestra economía.*

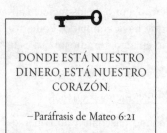

DONDE ESTÁ NUESTRO
DINERO, ESTÁ NUESTRO
CORAZÓN.

–Paráfrasis de Mateo 6:21

Como mayordomos, nuestra responsabilidad es simplemente hacer lo que Él dice que hagamos (y por lo tanto, lo que resulte será responsabilidad de Él). Aquel joven dirigente de la Biblia que poseía muchas riquezas y se alejó triste cuando Jesús le pidió que donara todos sus bienes, no comprendió que lo único que él tenía para ofrecer a Dios eran su obediencia y confianza en Él, *porque los bienes que "poseía", ya le pertenecían a Dios.*

Cuando le damos a Dios nuestra obediencia y confianza, se abren de par en par las puertas de las bendiciones, tanto, que no podemos contenerlas todas. Dios siempre hace *"muchísimo más que todo lo que podamos imaginarnos o pedir"* (Efesios 3:20). Pero por alguna razón, el principio de obedecer a Dios y confiar en que Él proveerá, es algo de lo que se habla muy poco.

Hace algunos años me invitaron a dar una conferencia en la Saint Andrews University de Escocia para alumnos, personal, y un gran número de pastores locales. Comencé diciendo a los asistentes que quería tomar el pulso de su mayordomía. Ellos quedaron un poco extrañados hasta que les pedí que sacaran sus chequeras y me mostraran en qué habían gastado su dinero en los últimos noventa días, y les expliqué:

–Con ello sabré dónde está el corazón de cada quien.

Por supuesto que no miré sus chequeras, pero aun así estaban sorprendidos, *y aquello los hizo pensar.* Varios pastores se me acercaron después para decirme:

–Lo que usted dijo debería ser predicado desde todos los púlpitos del país. Si fuera así, las iglesias serían algo completamente diferente de lo que actualmente son.

Donde está nuestro dinero, está nuestro corazón. Esta es una realidad que no puede esconderse debajo de la alfombra; al fin y al cabo, estamos hablando de nuestro testimonio personal.

COLUMNA #8 –SIEMPRE SE PUEDE MEJORAR

Paul Piper, un hombre de negocios extraordinariamente exitoso y amigo personal por muchos años, dice que es imprescindible aprender de otras personas en cuanto a mayordomía. Aunque él ya pasó la barrera de los ochenta años, todavía se considera un aprendiz.

Antes de que yo siquiera comenzara a diezmar, Paul y su esposa Katy ya habían establecido su primera fundación, con el expreso propósito de financiar obras para el reino de Dios. Sus dos hijos eran pequeños y los Pipers querían que ellos "aprendieran tanto sobre caridad cristiana como de asuntos comerciales".

Los Pipers son tan magníficos dadores que pensé: "si ellos pueden hacerlo, yo también puedo". Su ejemplo me ha animado a aumentar mis donaciones en un quinientos por ciento. Ellos comprenden la alegría de dar como ninguna otra familia que yo conozca.

EL GOZO DE DAR

¿Por qué la mayordomía produce tanta alegría? ¿es acaso saber que tenemos algo que administrar? ¿o que somos capaces de administrarlo sabiamente? ¿o será quizás que Dios nos ha hallado fieles en nuestros bienes materiales?

Todas las respuestas son válidas hasta cierto punto, pero mi mayor alegría viene del acto mismo de dar. Una vez conocí a una mujer que estaba sacrificando su vida, su dinero y su tiempo por una causa que favorecía a los niños pequeños. Cuando ella explicó lo que hacía, le prometí ayudarla a financiar la realización de su sueño. Estaba tan emocionada y agradecida que se puso a llorar. Ahora tiene más de setenta años, y sigue estando en plena forma gracias a la gran visión que tiene y la emoción que le produce servir y darse a otros. Tuve una inmensa alegría al poder darle algo, tanto que *no creo que realmente pueda experimentarse el gozo si uno no se desprende de su dinero.*

Patrick Morley, escritor, empresario y presidente de una organización benéfica, ha tratado durante décadas con hombres de negocio acaudalados. El resumen de sus impresiones es que "cuanto mayor la cantidad de dinero que un hombre da, mayor es la felicidad que siente".

> SI TRABAJO HASTA DESGASTARME PARA LUEGO ESCATIMAR Y AHORRAR CADA CENTAVO PARA LOS DÍAS MALOS, QUIÉN SABE, TAL VEZ EN MUY POCO TIEMPO LLEGUE A SER EL HOMBRE MÁS RICO DEL CEMENTERIO.
>
> –Carl C. Wood

Personalmente, no hay ninguna alegría que pueda igualarse al gozo que me produce dar. A algunos comerciantes adinerados les he dicho:

– ¿Y usted creía que era divertido ganarlo? Eso es porque no sabe cuánto regocijo le producirá cuando comience a donarlo.

Muchos se me han acercado después con aire de triunfo y con una espléndida sonrisa en el rostro, para decirme:

– ¡Es verdad!

A mi esposa le he dicho:

–Me siento culpable porque es tan grande la felicidad que siento hoy, que me parece que voy a explotar de alegría.

Aunque tenga menos porque doné una parte, gané mucho más a cambio, tanto que me parece que no fue un intercambio justo.

Somos simplemente mayordomos. Aun el legado que dejamos, en realidad le pertenece a Dios.

EL ARTE DE MULTIPLICAR LOS TALENTOS Y LOS DONES

–CÓMO DOMINAR NUESTRO POTENCIAL MULTIPLICADOR

Una organización sin fines de lucro llamó hace algunos años, y me preguntó si podría ofrecerle apoyo económico a su ministerio. Aunque creía en lo que estaba haciendo la organización, les dije que no.

Yo tenía una idea mejor.

Siempre me ha parecido que dar una limosna a alguien nunca es tan rentable como ayudarlo a progresar, así que les ofrecí pagar el sueldo de un gerente de desarrollo durante dos años, quien por su parte recaudaría los fondos que necesitaba la organización. Ellos estuvieron de acuerdo, y cuando pasaron aquellos dos años, el gerente de desarrollo estaba recaudando entre cinco y diez veces lo que yo había pagado por su sueldo.

¡Eso sí que es multiplicarse!

En un caso similar, hace poco pagué para que dieciséis especialistas en desarrollo de algunas de las organizaciones benéficas más grandes de mi ciudad asistieran a un seminario especial sobre desarrollo a cargo de la Christian Stewardship Association.[6] La misión de la CSA es llevar al mundo el mensaje salvador de Cristo equipando a líderes cristianos con una comprensión de la mayordomía según la concibe la Biblia, a través de la educación, investigación, empleo de recursos, y oportunidades de establecer redes de conexiones.

UNO SABE QUE SE HA MULTIPLICADO CUANDO NO PUEDE DAR, VER, TRATAR, SERVIR O AMAR A LOS DEMÁS EN LA MISMA MEDIDA QUE LO HACEN AQUELLOS A QUIENES UNO AYUDÓ.

Por lo tanto, yo sabía que los directores saldrían de allí capacitados para hacer mucho más que simplemente conseguir apoyo económico.

La inversión que hice en enviar a esos gerentes de desarrollo a entrenarse y contratarlos para otras organizaciones benéficas me ha reportado un excelente rendimiento, por decir lo menos. Yo no podría donar a cada organización la cantidad que ahora ellos están recaudando por sí mismos. Cuando uno ya no puede dar, ver, tratar, servir, o amar en la misma medida que lo hacen aquellos a quienes uno ayudó, *entonces uno sabe que se ha multiplicado*.

MULTIPLICAR LO QUE TENEMOS

Cada uno de nosotros tiene diferentes dones, talentos y habilidades. La Biblia dice: *"Tenemos dones diferentes, según la gracia que se nos ha dado"*. (Romanos 12:6). Algunos tienen más, otros tienen menos, pero no por esto una persona es mejor que otra. Los que se jactan o presumen de sus talentos tienen que comprender dos cosas importantes:

≈ Primero, *"Toda buena dádiva y todo don perfecto descienden de lo alto"* (Santiago 1:17), lo que significa que nuestros dones naturales son exactamente eso: dones, y vienen de Dios, por lo tanto no los producimos nosotros.

≈ Segundo, *"A todo el que se le ha dado mucho, se le exigirá mucho"*

(Lucas 12:48), lo que significa que Dios espera más de aquellos que han sido más bendecidos.

Cualquiera que sea la cantidad que Dios nos haya dado, mucho o poco, Su deseo es que la usemos sabiamente para que se multiplique.

QUE LA MULTIPLICACIÓN SEA ALGO COMÚN

Si nos enseñan a multiplicar en la escuela, ¿por qué es tan poco común en la vida real? A continuación veremos algunas razones:

- ≈ Falta de visión.
- ≈ No querer que otros tengan éxito.
- ≈ Miedo a lo desconocido.
- ≈ Egoísmo y codicia.
- ≈ Impaciencia.
- ≈ Falta de recursos económicos.
- ≈ Falta de un ejemplo a seguir.
- ≈ Inseguridad.
- ≈ Inexperiencia.
- ≈ Falta de disciplina.
- ≈ Orgullo y arrogancia.
- ≈ Invertir en lo que no es duradero.
- ≈ Falta de conocimiento.
- ≈ Falta de oración.
- ≈ No querer cambiar.
- ≈ Falta de participación y compromiso.
- ≈ Mala administración.
- ≈ Falta de fe.

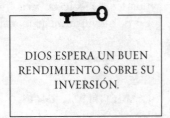

DIOS ESPERA UN BUEN RENDIMIENTO SOBRE SU INVERSIÓN.

Como puede verse, esta lista enumera principalmente actitudes negativas, pero cada actitud se puede remplazar, corregir o modificar. *Una vez que se ha convertido lo negativo en positivo, no existe razón alguna para que la multiplicación no se convierta en algo común de todos los días.*

Uno de los mejores ejemplos de multiplicación que haya visto alguna vez es el del Haggai Institute[7]. El concepto de su fundador, John Haggai, es bastante sencillo:

1. Enseñar a líderes nativos de cada país a alcanzar a sus propios pueblos con el mensaje de Jesucristo; y luego
2. Enseñarles cómo equipar a otras personas para el evangelismo.

Desde 1969 el Instituto Haggai ha entrenado a más de cuarenta mil líderes cristianos originarios de más de ciento sesenta países quienes, a su vez, instruyen un promedio de cien personas más cada uno. El resultado de la multiplicación total del Haggai Institute ha dado lugar a la fuerza misionera más grande del mundo, superando a todas las denominaciones cristianas juntas.

Otro muy buen ejemplo de multiplicación es la Baylor University en Waco, Texas. En 1963 algunos de sus líderes me preguntaron si podía ayudarlos a recolectar más dinero para su instituto universitario. En lugar de movilizarme personalmente o telefonear a todos los ex alumnos para que recabaran los fondos, tomé un mapa y les pedí que marcaran los lugares donde vivían todos sus ex alumnos. Luego les sugerí que hicieran una película de 16 mm donde se presentaran con detalle algunos aspectos de la universidad: historia, etapa actual, alumnos exitosos, posibles proyectos para el futuro y probable costo de los mismos, y que luego usaran a los ex alumnos como puntos de contacto.

LA MULTIPLICACIÓN ES UNA POSTURA MENTAL QUE SE ASUME FRENTE A LA REALIDAD.

Comenzaron a mostrar el video por todo el país mientras reclutaban personal de desarrollo para la recolección de fondos y organizaban campañas y programas con el mismo fin.

A raíz de todo esto las inscripciones se multiplicaron, y las donaciones han aumentado de treinta millones a más de seiscientos millones de dólares, y pronto alcanzará a mil millones de dólares, lo que ha hecho de la Baylor Univerisity una de las instituciones cristianas de enseñanza universitaria mejor provistas por donaciones en América del Norte.

Si antes existían obstáculos que impedían que el Instituto Haggai y la Baylor University se multiplicaran, una vez vencidos tales impedimentos, la multiplicación se convirtió en algo común. Puede haberles requerido tiempo, ¡pero nadie puede decir que no valió la pena!

LA FE REQUIERE ACCIÓN

Cuando creo en algo, creo también que debe multiplicarse. Sin embargo, creer no es suficiente: *para que haya multiplicación, la fe requiere acción.*

Por ejemplo: mi nieto Brady está en un negocio de mercadeo directo al que le está yendo muy bien. Como creo en la compañía y en mi nieto, no dudo a la hora de mandarle nombres de personas conocidas que podrían convertirse en futuros clientes. Es lo mínimo que puedo hacer para apoyarlo en sus metas, al mismo tiempo que hago lo que está a mi alcance para ayudar a que la multiplicación se haga realidad en su vida.

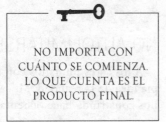

NO IMPORTA CON CUÁNTO SE COMIENZA. LO QUE CUENTA ES EL PRODUCTO FINAL.

Para emprender la acción, necesitamos iniciativa. Nadie puede nadar sin meterse en el agua primero. A veces pregunto a alguien que está tratando de recabar fondos para alguna organización o institución sin fines de lucro "¿Has hecho tú mismo una donación para esta causa por la cual estás tratando de obtener. fondos?", y me sorprende ver cuántas personas que tratan de convencer a otros para que apoyen su causa, ¡no hacen una donación ellas mismas! Cuando yo vendía seguros de vida, compré mi propia póliza, tanto así que nunca conocí a alguien que tuviera más de lo que yo tenía.

Hace varios años conocí a Inez Russell, una mujer sumamente dedicada, cuya pasión es ayudar a los que no pueden valerse por sí mismos. Prácticamente sin dinero y con un puñado de voluntarios, había fundado Friends for Life (Amigos por la vida) con el fin de detener abusos, descuidos y explotación cometidos a adultos en forma institucional por medio del ejercicio de la curaduría, la administración del dinero y los programas de independización. Las personas a las que ella

161

ayuda son incapaces de realizar tareas comunes de la vida cotidiana, como ir a comprar comestibles, limpiar la casa, manejar las cuentas o aun cambiar una lámpara de alumbrar.

Después de escucharla mientras me describía la visión y los sentimientos que tenía para con los habitantes de nuestra comunidad, contraté un especialista en desarrollo para su fundación, y las cosas rápidamente dieron un vuelco. Actualmente Inez tiene más de dos mil voluntarios para cuidar de tres mil ancianos y, aunque parezca increíble, por su organización general y eficacia, Friends for Life[8] figura en el lugar número 11 entre miles de instituciones de carácter benéfico de los Estados Unidos.

Al depositar un poco de fe y ayuda práctica en la causa de Inez Russell, la multiplicación se produjo casi inmediatamente. Ella ya había pagado el precio. Había trabajado las etapas más lentas de planificación, refinación, etc. Actualmente se usa su ministerio como modelo para establecer otros por todo el país, ¡y eso es multiplicación sobre multiplicación!

NO AUTOLIMITARSE

A los seres humanos con frecuencia nos condiciona nuestra propia idea de la realidad. Mi casa de Texas es una edificación de ladrillos construida hace ochenta años, y quise hacerla remodelar con el fin de incluir una oficina adosada al garaje. El mayor impedimento era que los ladrillos de la fachada ya habían dejado de fabricarlos. Además, eran del doble de tamaño que los ladrillos comunes, y hacerlos fabricar especialmente habría costado una fortuna.

NUNCA DEBEMOS LIMITARNOS POR LO QUE ES NI POR LO QUE NO ES.

En lugar de abandonar la idea, intenté otra opción: me puse en contacto con un amigo que tenía un conocido en México, quien trabajaba en el negocio de ladrillos. Con un ladrillo de muestra, me dieron un estimado del precio, que era un cincuenta por ciento menos que lo que en Estados Unidos me habrían costado ladrillos de la mitad de ese tamaño. No hace falta decir que mi casa y mi oficina actualmente son como las había previsto.

Al poner la atención en lo que no tenemos, nos autolimitamos. *También nos limitamos cuando ponemos la atención en lo que sí tenemos.* Tengo un amigo extraordinariamente entusiasta llamado Bill Armor, que entiende bien este principio. Él podría venderle agua salada a un marinero, pero en lugar de depender únicamente de su entusiasmo para hacer las ventas y construir su negocio, se tomó el tiempo necesario para aprender a comunicarse, escuchar y responder preguntas. Así continuó hasta que llegó a ser presidente de una compañía aseguradora, realizando así el sueño de toda su vida. Creo que alcanzó su objetivo porque no dejó que sus propias cualidades fueran una limitación.

Hay que multiplicarse de todas las formas, todos los días, en todo lo que uno toca y en cada persona que uno contacta. Si uno no se multiplica, algo perece.

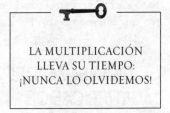

LA MULTIPLICACIÓN LLEVA SU TIEMPO: ¡NUNCA LO OLVIDEMOS!

La primera compañía aseguradora para la que trabajé no me dejaba subcontratar personal, de manera que en mi trabajo diario yo estaba limitado en cuanto al tamaño de las pólizas y las horas que podía trabajar por día. Pero una vez que tuve –con otra compañía– la oportunidad de subcontratar vendedores que trabajaran para mí, ¡entonces mi carrera despegó!

Una vez me puse como meta reclutar a todos los vendedores de compañías de seguros que había en Florida. Debo reconocer que era una meta bastante ambiciosa, ¡pero en doce meses pude contratar a más de ochocientos vendedores de primera! Con aquellas cifras tan prometedoras, la multiplicación era algo seguro.

Además, en lugar de vender las pólizas una por vez, decidí que vender a grupos sería más conveniente. En una compañía pude vender ¡ciento cuatro pólizas en tres días!

A veces, la multiplicación puede llevar más tiempo del que uno había previsto. Una vez oí hablar de una universidad en Inglaterra que estaba parcialmente cercada por un muro de piedra. Alguien había plantado una hiedra junto al muro con la esperanza de que la enredadera creciera y cubriera el muro, pero después de muchos años, la hiedra parecía estar aletargada. Cansado de esperar, el encargado del parque finalmente dijo: "Si no crece, el próximo año la cortaré".

Pero al año siguiente, para su sorpresa, la hiedra comenzó a extenderse rápidamente sobre el muro. Por curiosidad, el hombre cavó delicadamente alrededor de la planta y descubrió una raíz principal. Siguió el trayecto de la raíz y vio que iba directamente hasta el río ¡que estaba más de veinte metros de distancia! Durante todos aquellos años, la hiedra había estado poniendo todo su esfuerzo en alcanzar el río. Una vez que lo logró, la multiplicación se produjo a un ritmo vertiginoso. Si el jardinero se hubiera dado por vencido demasiado pronto, nunca se habría alcanzado la madurez.

La dilación es parte del proceso multiplicador: lleva tiempo poner todo en orden, pero cuando ocurre, *más vale que nos cuidemos porque ¡en cualquier momento el volcán podría hacer erupción!*

EL COMIENZO DEL POTENCIAL MULTIPLICADOR

Multiplicar es explotar el potencial para que se reproduzca. Aunque la multiplicación se produce de múltiples formas, los seis principales elementos multiplicadores que he conocido por experiencia son:

MULTIPLICADOR #1 – CONECTARSE CON DIOS

Creo que la base para cualquier tipo de multiplicación comienza en una relación personal con Jesucristo. Él tiene lo que uno necesita en cantidad infinita, mucho más de lo que yo podría manejar de una sola vez.

Para describirlo, se me ocurre esta imagen: mi casa tiene a su disposición el caudal completo de la planta de energía hidroeléctrica de la Represa Hoover. Independientemente de la cantidad de electrodomésticos que yo encienda al mismo tiempo, nunca podré utilizar la energía eléctrica originada por los diecisiete generadores que contiene la Represa, y que tienen la capacidad de suministrar toda la energía que necesita una ciudad de setecientos cincuenta mil habitantes.

Para decir lo menos, es mucho más de lo que yo alguna vez podría utilizar o necesitar, *¡por mucho que me esfuerce!*

Esa es la manera en que Dios me provee. Dado que Él vive en mí, estoy conectado al Creador de todo lo que existe, incluyendo el sistema solar completo, la Tierra y el cuerpo humano. La palabra que podría describir adecuadamente mi conexión con él sería "sobrecarga", pero creo que el propósito de Dios es que sepamos que nuestro potencial no se podrá agotar nunca.

Al estar conectados a Él, verdaderamente tenemos un potencial ilimitado para crecer, para aumentar y para multiplicarnos. Desde esta perspectiva, toda limitación se desvanece.

MULTIPLICADOR #2–SER CREATIVO

> LA CAPACIDAD DE SER CREATIVO ES EL PUNTO DONDE EL POTENCIAL SE CONECTA CON LA REALIDAD.

Todos tenemos una capacidad creativa que nos fue dada por Dios. Sin embargo, a muchas personas les han dicho tantas veces *lo que no pueden hacer*, que han comenzado a creerlo. Por el contrario, debemos soñar e imaginar, previendo lo que podemos hacer. *La capacidad de ser creativo es el punto donde el potencial se conecta con la realidad.*

MULTIPLICADOR #3 –COMENZAR POR LO PEQUEÑO

Si uno espera que lo que quiere obtener caiga del cielo, será prácticamente imposible obtenerlo. La principal razón es que si uno no está preparado para recibirlo, probablemente tampoco esté preparado para conservarlo. Por lo tanto, empezar por lo pequeño es una buena idea.

> SI PARA HACER ALGO PRIMERO TENEMOS QUE ELIMINAR TODOS LOS OBSTÁCULOS, NUNCA HAREMOS NADA.

Hace muchos años, invertí en cierto *software* educativo para ayudar a un niño. Fueron tan positivos los resultados de esta inversión, que el mismo *software* fue entonces presentado a otras escuelas, y actualmente hay cinco mil escuelas que lo utilizan. También la compañía que lo fabrica ha crecido, y su valor actual es de millones de dólares.

Si yo no hubiera estado dispuesto a comenzar por lo pequeño, nunca habría tenido lugar la multiplicación. Fue por este motivo que Albert Einstein llamó al interés compuesto la octava maravilla del mundo. Aunque algo pueda comenzar de forma modesta, no tiene por qué continuar así para siempre.

MULTIPLICADOR #4 –APRENDER A DELEGAR

Al delegar preparamos el escenario para que se produzca la multiplicación, y esta es la razón por la que animo a todos los que trabajan conmigo a delegar todo cuanto les sea posible. Esta lección la aprendí hace muchos años gracias a un hombre de negocios muy exitoso, y desde aquel tiempo he podido notar que mi capacidad de soñar, planificar y dedicarme a otras ideas, aumentó considerablemente.

MULTIPLICADOR #5 –PERMITIR LAS OFRENDAS DE OTROS

Una de las formas más gratificantes de multiplicarme ha sido permitirles a los que trabajan conmigo que donen su tiempo y experiencia profesional a obras benéficas *durante el horario laboral*. Esto ha producido un efecto fenomenal en la comunidad: varias de sus organizaciones caritativas están entre las mejores del país, sin mencionar los miles de vidas que han sido beneficiadas diariamente por nuestros esfuerzos.

Todos necesitamos darnos a nuestra comunidad. Si en cada ciudad los más altos ejecutivos de las empresas donaran un poco de su tiempo a instituciones benéficas locales, ¡qué admirables serían los resultados!

MULTIPLICADOR #6 –DAR A DIOS

Renunciar a lo que deseamos hacer es un precio que la mayoría de las personas no está dispuesta a pagar, pero lamentablemente, es también aquí donde muchos se pierden el crecimiento multiplicador al que están destinados. La Biblia dice con toda claridad: *"Si el grano de trigo no cae en la tierra y muere, queda solo; pero si muere, lleva mucho fruto"* (Juan 12:24, RVR).

De un árbol que una vez no fue más que una semilla muy pequeña he visto salir cientos de cajas de fruta. Toda cosecha se basa en muchas semillas que "mueren", y aunque las semillas que se plantan tienen un costo, la cosecha hace que todo ello valga la pena.

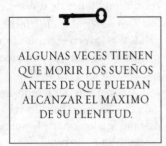

ALGUNAS VECES TIENEN QUE MORIR LOS SUEÑOS ANTES DE QUE PUEDAN ALCANZAR EL MÁXIMO DE SU PLENITUD.

Parte de este proceso de morir al yo es creer que lo que uno "pierde" volverá. Fue así como aprendí lo que Dios quería decir en Isaías 55:9: *"Mis caminos y mis pensamientos son más altos que los de ustedes, ¡más altos que los cielos sobre la tierra!"*

En algún momento he rechazado un negocio que deseaba desesperadamente, simplemente porque sentí que Dios no quería que lo consiguiera, y luego, a pesar de que lo esperaba, la oportunidad nunca volvió a presentarse. En una ocasión dejé que otra persona comprara precisamente la propiedad que yo quería para mí; luego, un par de meses más tarde, terminé comprando la misma propiedad ¡por un mejor precio!

Pase lo que pasare, *siempre salgo favorecido*. Este es el efecto sorprendente de dar algo a Dios, y dejar que Él lo multiplique.

LA META FINAL DE LA MULTIPLICACIÓN

Si lo reducimos a su mínima expresión, el propósito matemático de la multiplicación es uno solo: *que continúe para siempre.*

Conocí dos individuos que estaban ganando doscientos mil dólares al año o más, pero cuando murieron en forma repentina, lo mismo sucedió con sus ingresos. Pronto sus esposas se encontraron en dificultades económicas.

Eso *no es* multiplicar. Siempre es agradable ganar mucho dinero, ver cómo crece rápidamente un ministerio, o cómo alguien se multiplica en progresión geométrica, pero no debe constituir la meta definitiva.

En 1967 escribí un artículo y luego lo adapté para hacer de él una conferencia. De la conferencia hice una cinta de audio, y se vendieron un millón de copias. Por cada cinta, me pagaron veinticinco centavos por derechos de autor. Entonces tomé la cinta y las ganancias, y creé un programa completo de adiestramiento con los principios descritos en la cinta. Con el transcurso de los años, de ese único programa he recibido millones de dólares en concepto de regalías.

¡Pero no terminó allí! Tomé el dinero que iba percibiendo por las regalías y lo invertí en varias fundaciones. Hoy, el mismo dinero está creciendo y seguirá aumentando indefinidamente, todo por un artículo que escribí en 1967.

Cada vez que he tenido frente a mí una posibilidad de multiplicación, mi objetivo ha sido ver que se prolongue indefinidamente. *El incalculable potencial de la multiplicación se expresa plenamente cuando el crecimiento es perpetuo.*

¿No es eso acaso de lo que se trata un legado?

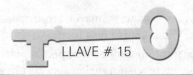

LA VERDADERA FUNCIÓN DEL EMPLEADOR

–EL TRABAJO SIEMPRE MEJORA CUANDO EL EMPLEADOR CONOCE SU FUNCIÓN

Si usted alguna vez se sintió "prescindible" como empleado, lo comprendo perfectamente. Una vez me contrató una compañía para que los ayudara a salir de un fuerte aprieto económico, y cuando sus ingresos aumentaron, me despidieron.

Un empleador sabe intuitivamente que sin sus empleados no llegaría a ninguna parte, y que despedir a un trabajador disgustado puede a la larga perjudicarle el negocio. A pesar de ello, todos los días hay algún empleado "prescindible" que es despedido.

¿Cuál es la razón? Seguramente no será la escasez de información sobre administración, comunicación o liderazgo. Creo que el verdadero motivo es que *los empleadores no entienden que su verdadera función es la de servir.*

AL NEGOCIO LE CONVIENE

No es común ver que un empleador sirva a sus empleados, si consideramos que tal servicio se traduce generalmente en menor rotación de personal, mayores ganancias, mayor creatividad, un ambiente de trabajo más alegre y una unidad más fuerte.

Personalmente, puedo definir siete aspectos prácticos del servicio, y los dividendos de mi inversión suelen superar mis expectativas, *todo el tiempo*. Como líder servicial, mi propósito es:

1. Proveer.
2. Proteger.
3. Respetar.
4. Ser digno de confianza.
5. Orientar.
6. Dar capacitación.
7. Dar más importancia al recurso humano que al producto.

LOS MAYORES DIVIDENDOS QUE SE PUEDAN OBTENER PROVIENEN DE INVERTIR EN LOS EMPLEADOS.

Cuando sirvo al personal, ellos trabajan mejor, lo cual a su vez me estimula a servirlos aún más. De esa forma se comprometen más y muestran una mayor disposición para desarrollarse, de manera que yo deseo ayudarlos más, y así el ciclo continúa.

El movimiento perpetuo en los negocios se trata de servir, y los resultados son favorables.

1–PROVEER: MUCHO MÁS QUE DINERO

Los negocios existen para hacer dinero, pero con los múltiples factores que hacen posible que un negocio funcione (productos, servicios, gastos generales, sueldos, etc.), hay un componente que con frecuencia se pasa por alto: los empleados.

Como empleador, he aprendido a interesarme en forma especial en quienes trabajan para mí. Si puedo ayudarlos a dirigirse al logro de sus metas, ellos me ayudarán a mí a lograr las mías, *pero en ese orden*.

A mediados de 1970 le pregunté a Joe Baxter, un gerente de mi compañía capaz y confiable, qué haría si pudiera hacer lo que quisiera. Sin dudarlo un instante me contestó:

–Viajaría por todo el mundo.

En aquel momento yo necesitaba a alguien que manejara nuestros negocios internacionales (que estaban creciendo), así que ese mismo día le hice una propuesta que incluía dos condiciones. Estaba seguro de que le gustarían:

≈ No puedes viajar a ningún país sin tu esposa; Bessie deberá acompañarte (mientras mejor funcionara el matrimonio, mejor sería su desempeño a la larga).

≈ Cuando estés fuera del país, tendrás que tomarte tiempo de descanso, de manera que trabaja siete días si necesitas hacerlo, pero luego tómate tres días libres (si descansaba y disfrutaba lo que hacía, funcionaría mejor en su trabajo).

Él no dejó pasar la oportunidad y desde entonces ha viajado a ciento un países, y ¡en más de sesenta ha hecho negocios! Ahora que está semirretirado, Joe me ha dicho recientemente:

–He vivido como pocos hombres podrían ni siquiera soñar, gracias a usted.

En realidad, la oportunidad que le di a Joe también me favoreció a mí. Yo lo vi como una inversión; las ideas que él ha generado y los negocios que estableció han redituado millones de dólares. Lo que él fue capaz de realizar fue extraordinario, y en cuanto a mí, como empleador, *no tengo dudas de que valió la pena la inversión.*

Pero para el líder que acepta su función de servir, ayudar a un empleado es simplemente parte de los requisitos del puesto que ocupa. El difunto Cecil Day, uno de los empresarios más respetados de todos los tiempos y fundador

"UN TRATO SOLO ES UN TRATO CUANDO AMBAS PARTES OBTIENEN ALGÚN BENEFICIO DE ÉL"

–Cecil B. Day, fundador de Days Inns. Estas fueron sus palabras antes de pagarle a un hacendado el doble del precio que pedía por su propiedad.

de Days Inns, vivió según este principio. Durante el embargo petrolero árabe de principios de los setenta, redujo su sueldo a cien dólares por semana, *y continuó haciéndolo el siguiente año y medio.* Hizo lo que pudo para continuar pagando a sus empleados, que eran lo que él más valoraba.

Se puede servir a un empleado en múltiples formas prácticas, no solo porque es un buen negocio, sino porque es lo correcto.

2 –PROTECCIÓN PARA AMBOS

Hace varios años, una de mis empleadas viajó a Florida para una operación de ojos. Yo estaba pensando en ello cuando me di cuenta de que tendría que volver en la misma línea aérea, exponiéndose a gérmenes, aglomeraciones de gente, cambios de horarios, apretujamientos, etc. Así que la llamé a la habitación de su hotel y le dije:

–Te estoy enviando mi jet Lear para que te traiga a casa, y así estarás de vuelta en la mitad del tiempo.

Ella estaba tan contenta y aliviada que rompió a llorar, pero al protegerla, yo me estaba beneficiando, ya que esta empleada, al igual que las otras personas a quienes he ayudado, se desempeña mejor de lo que yo pudiera esperar, lo cual significa que mientras mejor la trate y la proteja, más prosperarán mis compañías.

A los que creen que "no puede evitarse el colapso por agotamiento" yo les digo que si el empleador presta cuidadosa atención a las necesidades de su personal, este mal sí es evitable. Al fin y al cabo, ninguna persona que está sirviendo a otra querría que saliera perjudicada.

Tengo gerentes que poseen una ética de trabajo tan sólida que en múltiples ocasiones les he tenido que decir:

–¡Vete a casa! Tu familia es más importante que el trabajo que estás haciendo para mí.

EL MEJOR MECANISMO PARA RECLUTAR PERSONAL CONSISTE EN TENER EMPLEADOS QUE SE SIENTAN RESPETADOS Y BIEN TRATADOS.

A pesar de ello, luego los encuentro trabajando los fines de semana o después de hora durante los días laborables, sin tomar en cuenta mi consejo. Aparte de interesarme en el personal por considerarlos seres humanos de infinito valor, *sé perfectamente que si ellos se quebrantan por causa del agotamiento, yo, como empleador, soy el que más pierde.*

El empleador que deja una montaña de papeles sobre el escritorio de la secretaria justo antes de que termine la jornada de trabajo exigiendo que le entregue el trabajo terminado a la mañana siguiente, se está buscando serios problemas. Ya sabemos que los plazos existen, pero con una actitud exigente y desconsiderada lo que más fácilmente puede ocurrir es que el empleado sufra un colapso.

Al tratar a los empleados como nos gustaría ser tratados, todos ganamos. Esa es la forma más auténtica de protección.

3 –RESPETARLOS PORQUE SE LO MERECEN

Sin los empleados, uno estaría para siempre limitado a lo que puede hacer sin ayuda, pero cuando incorpora gente capaz y creativa, tiene un potencial ilimitado para lograr un incalculable aumento de la productividad. Puesto que es ese el verdadero propósito de contratar los recursos humanos necesarios, también debemos hacerles saber que los apreciamos, necesitamos y respetamos. A fin de cuentas, si dan sus vidas trabajando para nosotros, estamos en deuda con ellos.

Cuando a un empleado se le da el respeto que se merece, se le permite con ello que sea más seguro, creativo, comprensivo, generoso y productivo. Pero si no recibe respeto, no tardará mucho en buscarse otro empleo.

Para que se perciba este respeto, empleador y empleado deben comunicarse o, al menos, tener establecido un sistema que les permita la comunicación necesaria. Una compañía puede llegar a crecer tanto que un gerente ya no pueda hablar cara a cara con cada uno de los empleados, y eso es normal, pero en su comportamiento hacia ellos deberá conservar el respeto como un rasgo permanente.

El respeto que no se basa únicamente en el tipo de tarea que realiza un trabajador sino en su valor intrínseco como persona, es lo que permite que surja el vínculo entre empleador y empleado. Todos los empleados merecen respeto, y según ese principio deberían ser tratados.

Hubo un sabio hombre de negocios que me dijo una vez:

–A cada nuevo empleado que contrato, le digo: "Usted no trabaja *para* mí, sino *conmigo*".

Sus empleados eran afortunados.

4 –SER CONFIABLE ES UN DEBER

Todos conocemos esos jefes y gerentes que prometen un aumento de sueldo o un ascenso, pero nunca lo cumplen. Alimentar las esperanzas de un empleado para luego destruirlas no solo es una conducta terrible, sino que socava completamente la confianza y el éxito a largo plazo.

LOS EMPLEADOS NO QUIEREN QUE LOS TOLEREN SINO QUE LOS FELICITEN.

Si un empleador es digno de confianza, sus subalternos creerán en él, pero si en su interior hay egoísmo, tacañería o falsedad, *ellos lo sabrán,* y a raíz de ello, con el tiempo se deteriorará la confianza.

Tanto para ser confiable como para edificar la confianza hay que escuchar lo que el empleado quiere decir. Oí hablar una vez de un hombre que tenía una propuesta muy interesante para reducir costos. Cuando le presentó la idea a su supervisor, este le dijo de manera cortante:

–No le pagamos para que piense, le pagamos para que trabaje.

Pero algunos años después, finalmente su idea fue reconocida, y el resultado fue un ahorro para la compañía de quinientos mil dólares el primer año.

Otra forma de construir confianza es ayudar a los empleados en sus necesidades personales. Si sucede algo en su hogar, como la muerte de un familiar o un divorcio, esto afectará la calidad de su trabajo. Descuidar este tipo de problemas tan reales puede perjudicar tanto al empleador como al empleado.

Hace algunos años comencé a servirme de capellanes provenientes de Marketplace Ministries, quienes ayudaban a mis empleados con sus asuntos personales, y esto formaba parte de su paquete de beneficios.

Los capellanes aparecen periódicamente y simplemente están ahí, disponibles para conversar, escuchar, orar y para aconsejar en forma confidencial.

Marketplace Ministries, fundado por Gil A. Stricklin en 1984, se encuentra en más de doscientas veinticinco ciudades de treinta y dos Estados, cuenta con más de novecientos capellanes, y está destinado a cuidar del valor más importante de una compañía: sus empleados y las familias de estos. Mayor lealtad hacia la empresa, menor ausentismo, más productividad y reducción de la rotación de personal son tan solo algunos de los muchos beneficios que personalmente he obtenido por asociarme con Marketplace Ministries. Para mí, como empleador, sin duda ha valido la pena.

No importa lo que se requiera para ser digno de confianza: el resultado final mostrará que valió la pena.

5 –ORIENTAR ES MOSTRAR EL CAMINO

Los empleadores deben asumir un papel activo para ayudar a sus empleados a dirigirse hacia el destino que pretenden alcanzar. Esto puede significar incluso la pérdida de un empleado talentoso al permitir que se vaya a otra compañía, pero si usted fuera el empleado, ¿no le gustaría que le dieran una mano para ayudarlo a lograr sus metas?

Hubo una mujer muy brillante que trabajaba para una de nuestras compañías y ganaba aproximadamente veinticinco mil dólares al año. Al ver el trabajo que ella hacía, pude darme cuenta de que su talento estaba muy por encima de lo que necesitaba para el puesto que ocupaba. Le dije entonces que podría progresar trabajando en una profesión diferente, y le presenté a un amigo mío de otra empresa. Al cabo de noventa días ella ya tenía un nuevo empleo, ¡y ganaba un setenta y cinco por ciento más de lo que nosotros le pagábamos! Hoy es una consultora independiente, y de vez en cuando la contratamos para proyectos especiales. En mi condición de empleador, encaminarla hacia un empleo mejor era lo mínimo que podía hacer por ella.

Sin embargo, algunas veces la tarea de orientar conlleva disciplina y corrección, como una vez que llamé a mi oficina a un gerente que estaba teniendo serios problemas económicos. Le dije con toda franqueza:

–No voy a despedirte; quiero ayudarte a solucionar tus problemas.

Lo hice sentarse con un contador al lado que lo ayudó a encontrar una solución viable para lo que parecía estar arruinándole la vida. Él salió favorecido, y yo también.

Un empleador con corazón servicial solo tendrá en mente cosas buenas para sus empleados. Como decía Walt Wiley de Fellowship of Companies for Christ International:[10] "El principal objetivo de la labor conductora de un líder servicial es el bien de aquellos que vendrán después".

6 –DAR CAPACITACIÓN ES PREPARARNOS PARA EL ÉXITO

Tomo muy en serio los consejos y la capacitación, porque por medio de ellos mejoran los empleados, la compañía y el servicio a los clientes. Por lo tanto, si mis empleados necesitan más adiestramiento, hago lo necesario para que lo reciban.

Hace poco ayudé a una joven de una de nuestras empresas, financiándole sus clases nocturnas. Finalmente se graduó, y actualmente tiene un empleo mejor. Si le di tiempo, dinero y una oportunidad fue por mi bien, *porque una compañía que aprende también es una compañía que crece.* A raíz de esta iniciativa, también otras personas obtuvieron grados de CPA y MBA.

SI POR CULPA DEL EMPLEADOR LOS EMPLEADOS NO RECIBEN ADIESTRAMIENTO, ENTONCES LA SOLUCIÓN NO ESTÁ EN DESPEDIRLOS A TODOS.

De hecho, en mi ciudad natal han surgido más de cincuenta lucrativos negocios a partir de personas que alguna vez trabajaron para mí. Si hubiera tratado de "obligarlos" a que permanecieran conmigo, habría sido más perjudicial que favorable.

Estando en mi oficina, lloré cuando supe que mi hijo Larry había decidido dejar de trabajar para mí. Al cabo de diez años, le había ido muy bien, pero aun así quería lanzarse por su cuenta. Hoy es un exitoso hombre de negocios, pero para mí fue difícil dejar ir a una persona calificada como él, aunque sabía que era por su bien.

Para fomentar un ambiente donde se estimule el crecimiento, el aprendizaje y la libertad, el empleador debe primeramente creer en ello, y solo así se convertirá en realidad. Hay empleadores que no capacitan a su personal y luego se quejan de que este no vale lo que se le paga, y tienen que despedirlo. Pero si es culpa del empleador que los empleados no reciban adiestramiento, entonces la solución no está en despedirlos a todos. Siempre deben agotarse las posibilidades de entrenamiento antes de pensar en la posibilidad del despido.

He tenido muchos empleados que parecían estancarse en el departamento en que trabajaban. Luego de hablar con ellos y con su supervisor, me fue fácil comprender que si se los asignaba a otro departamento, se adecuarían mejor al trabajo. El permitir que se trasladaran a otro sector me favorecía, ya que ellos estarían más satisfechos, y yo tendría una compañía más eficiente.

LOS EMPLEADOS SIEMPRE SON MÁS IMPORTANTES QUE LA COMPAÑÍA, SUS BIENES O SUS ACCIONES.

Con el entrenamiento hay que ser creativo, porque las necesidades de cada persona son diferentes. Una vez pasé un fin de semana entero en un centro turístico con un gerente de ventas. Él necesitaba que yo lo ayudara a redactar una presentación muy importante, y al ayudarlo, me estaba ayudando a mí mismo. La suya se convirtió en la presentación de ventas más útil que nuestra compañía había realizado hasta entonces.

Resumiendo: los empleados bien entrenados son el bien más valioso de un empleador.

7 –CUESTE LO QUE COSTARE, DAR MÁS IMPORTANCIA AL RECURSO HUMANO QUE AL PRODUCTO.

La mayoría de los empresarios se interesan más en sus propios quehaceres que en las personas que trabajan para ellos, y ésta es una trampa en la que es muy fácil caer, porque sin el producto o sin el servicio, ni siquiera existiría el trabajo.

Es verdad que tanto el producto como la persona lógicamente son necesarios, pero si un empleado siente que es menos importante que el trabajo que realiza, estará insatisfecho y no será el empleado estrella que podría ser.

Al servir a un empleado, me resulta mucho más fácil mantener un contacto cercano con sus necesidades personales, y así es menos probable que dé más importancia a mi producto o servicio que a él. Mi interés está primeramente en la persona, y luego en lo que esta hace. Esto de ninguna manera minimiza el valor que tiene la calidad en el trabajo, sino que ofrece una forma única de hacer que el producto sea aún mejor.

A veces, anteponer el valor de la persona al del producto puede tener su precio. Personalmente he pagado decenas de miles de dólares para atender necesidades de los empleados, como por ejemplo, que se quedaran en sus casas ocupándose de algún asunto familiar, que completaran sus estudios o que viajaran a otra ciudad para tomar las vacaciones que necesitaban. No solo he gastado dinero; también he pasado una considerable cantidad de tiempo con las familias de los empleados para asesorarlos, aconsejarlos, entrenarlos, e incluso ayudarlos a conseguir un financiamiento para comprarse una casa.

Hace poco, Barbara Chesser, una de las empleadas más dedicadas que haya conocido, llamó para avisar que su esposo estaba saliendo de una cirugía de cuádruple bypass, y que pasaría más tarde por la oficina a ponerse al día con sus tareas. Yo le tuve que decir que se quedara en casa acompañando a su esposo:

–Delegue tareas, o simplemente dígales a sus clientes que su operaron a su marido y necesita algunas semanas más para terminar con lo que está pendiente. Su esposo está primero; la compañía está después.

Cualquiera que sea el precio o sacrificio que cueste al empleador, vale la pena, por lo que se obtiene a cambio.

APLICACIÓN DE LOS PRINCIPIOS

La aplicación de estos siete principios no es un requisito legal para los empleadores, pero lo que yo creo es que es un requisito moral para los que son cristianos. ¡Y también es una excelente manera de tratar a los clientes!

Personalmente he puesto lo mejor de mí para aplicar estos principios, y aunque he cometido mis errores, soy muy afortunado de trabajar con el grupo de personas más leales del mundo. No hay nada que ellos no harían por mí, y tampoco hay nada que yo no haría por ellos.

Creo que esta forma de mutuo servicio proviene de un genuino amor a Dios. Este es el punto de partida desde el cual comienzo mi servicio hacia los demás. De ahí proviene un deseo intenso de servirles, ayudarlos, bendecirlos, todo porque Dios ya ha hecho por mí todo eso y mucho más.

> "CUALQUIER DEFINICIÓN DE ÉXITO DEBE CONTENER EN ALGUNA PARTE EL CONCEPTO DE SERVICIO"
>
> —Ex presidente George Bush

Jesús llegó incluso a decir: *"Si alguno quiere ser el primero, que sea el último de todos y el servidor de todos"* (Marcos 9:35). El sentido de ser un empleador está en servir.

Luego de entrenar, enseñar, animar y corregir a sus discípulos, Jesús lavó sus pies –una declaración de humildad que hoy pocos harían– y después fue aun más lejos, hasta morir en la cruz por ellos.

Yo no puedo superar la magnitud del servicio de Jesús, pero la tomo como un riguroso parámetro para medir mi propia capacidad de servicio.

PARTE CINCO

CÓMO PONER LA VIDA EN ORDEN

UNA FILOSOFÍA PARA LA VIDA

–¿POR QUÉ NECESITAMOS UNA FILOSOFÍA DE VIDA?

Un asesor financiero dijo una vez que la gente por lo general pasa más tiempo planificando las próximas vacaciones de verano que preparándose económicamente para el futuro. Esta realidad que muestra la estadística, no se debe a que a los seres humanos no les importe su futuro, sus hijos o su bienestar económico, *sino que no tienen una filosofía de vida.*

Al tener una razón para hacer lo que uno hace, aunque no sea precisamente de orden económico, ya se ha ganado la mitad de la batalla que significa poder hacer algo en la vida.

Bosquejar una filosofía de vida propia lo ayuda a uno a garantizarse a sí mismo que está haciendo realmente lo que quiere y necesita hacer.

CÓMO DESCUBRIR NUESTRA PROPIA FILOSOFÍA DE VIDA

Todos somos diferentes, pero personalmente, soy amante de las metas. Eso quiere decir que con respecto a las metas, conozco lo que son, tengo presente lo que significa proponérselas, y ello determina mi comportamiento y mis costumbres. Hace mucho tiempo comprendí que la única manera en que podía estar seguro de lograr las metas que eran importantes para mí, era haciendo planes por anticipado con relación a ellas. Sin planificación, los objetivos y propósitos quedan postergados por circunstancias y horarios.

LA GENTE POR LO GENERAL PASA MÁS TIEMPO PLANIFICANDO LAS PRÓXIMAS VACACIONES DE VERANO QUE PREPARÁNDOSE ECONÓMICAMENTE PARA EL FUTURO. ¿TAMBIÉN A USTED LE SUCEDE ESTO?

Detrás de mis metas hay un fundamento espiritual, que no es otro que mi relación con Jesucristo y mi dependencia de Dios. He ido construyendo a partir de ahí, y a medida que trabajaba por poner en claro mis pensamientos sobre las metas, usaba porciones de la Biblia a manera de afirmaciones. Fue así como formulé una *filosofía de vida basada en cinco puntos*.

Estos cinco puntos no componen un esquema elaborado por el cual mido mis metas, pero cada uno constituye, individualmente, un aspecto o enfoque de la vida que considero valioso. Combinados, forman una filosofía de vida que me asegura poder vivir la vida como *quiero* y como *necesito* hacerlo.

Mi filosofía de vida concuerda con esa característica de mi personalidad que me inclina hacia la persecución de metas, pero puede fácilmente aplicarse, asimismo, al temperamento de otra persona. Considere qué es lo que saca a relucir lo mejor que usted tiene, y formule entonces una filosofía de vida que le garantice que llegará adonde espera llegar.

Los cinco puntos de mi filosofía de vida son los siguientes:

PUNTO # 1–UNA ACTITUD POSITIVA

Tengo una actitud positiva, y se me enseñó que el vaso está medio lleno, no medio vacío. He tomado este principio y lo he expandido de tal manera que veo el vaso lleno aun cuando no lo esté, y entonces busco maneras de hacer que rebose.

Alguien me dijo una vez que lo que los seres humanos somos capaces de realizar en la vida se compone de doce por ciento de educación y destrezas, y ochenta y ocho por ciento de actitud y habilidad para comunicarnos. He llegado a pensar que esta afirmación es absolutamente cierta, y esto me ha ayudado a imprimir en mi pensamiento con más fuerza aún la creencia de que el poder de una actitud positiva es ilimitado.

PUNTO # 2–NO PREOCUPARME

No me preocupo y no lo he hecho durante muchos años. En lugar de dejar que mis virtudes y capacidades se diluyan en preocupaciones, me lleno de paz y esperanza. La Biblia nos da la mejor enseñanza y afirmación en cuanto a nuestra tendencia a preocuparnos: *"Por nada estéis afanosos, sino sean conocidas vuestras peticiones delante de Dios en toda oración y ruego, con acción de gracias. Y la paz de Dios, que sobrepasa todo entendimiento, guardará vuestros corazones y vuestros pensamientos en Cristo Jesús"*. (Filipenses 4:6-7, RVR). En la filosofía de vida de cualquier persona, debe necesariamente incluirse este punto.

PUNTO # 3–PAZ Y SATISFACCIÓN

He aprendido a estar contento todos los días, porque cada día es un regalo que Dios me ha dado, y como Él me lo ha dado, debe ser bueno. Para ser realista, tengo que reconocer que si siempre hay Sol la vida es como un desierto, y eso significa que debe haber diferentes estaciones que abarcan tiempos de cambios climáticos, así como días de tormenta o de lluvia, épocas de crecimiento y de poda, etc. Algunos días puedo sentirme maravillosamente bien, mientras que otros me siento muy mal; unos son altos, y otros son bajos. El secreto está en tener paz y estar contento a pesar de cualquier situación, tal como dice Filipenses 4:11: *"He aprendido a contentarme, cualquiera que sea mi situación"*.

PUNTO # 4–FORTALEZA Y CAPACIDAD PARA EL TRIUNFO

Me considero emprendedor, un hombre al que le gusta correr riesgos, valiente, intrépido, enérgico y dispuesto a intentar ideas nuevas y buscar nuevos caminos. ¿Por qué no? Mi capacidad para el triunfo está respaldada por el poder de Cristo. Yo sé que si busco su voluntad y permito que Él sea constantemente mi compañero y mi socio, Él me dará la fuerza y el poder para creer. Después de todo, su palabra proclama con audacia: *"Todo lo puedo en Cristo que me fortalece"* (Filipenses 4:13 VRV).

> BOSQUEJAR UNA
> FILOSOFÍA DE VIDA
> PROPIA LO AYUDA A
> UNO A GARANTIZARSE A
> SÍ MISMO QUE ESTÁ
> HACIENDO REALMENTE
> LO QUE QUIERE Y
> NECESITA HACER.

PUNTO # 5–MAYORDOMÍA

Es indudable que todo le pertenece a Dios por ser el creador de todas las cosas. Por amor a mí, Él me ha permitido usar algunas de sus riquezas. Al encomendar mi vida a Cristo y ponerlo en el trono de mi vida (lo cual significa que es Él quien gobierna), sé que si hago o logro algo, se lo debo a Él.

Aun el gozo y el placer que encuentro en dar y compartir, son posibles gracias a Él. Pero Dios, que es el perfecto administrador, no deja que nuestros actos de mayordomía queden sin recompensa, sino que nos bendice más. El dijo: *"Dad, y se os dará; medida buena, apretada, remecida y rebosando darán en vuestro regazo; porque con la misma medida con que medís, os volverán a medir"* (Lucas 6:38, RVR). ¡Y precisamente *eso es* lo que hace!

¿QUÉ ES UNA FILOSOFÍA DE VIDA?

Toda persona debería tener una filosofía de vida. Pero no es suficiente crear dicha filosofía, sino *que debe ser escrita.* Yo creo firmemente en escribir las cosas, porque:

1. La escritura cristaliza el pensamiento (y lo obliga a uno a pensar las ideas con más claridad), y
2. El pensamiento cristalizado motiva a la acción positiva.

Tómese tiempo para escribir su propia filosofía de vida. Puede ser parecida a la mía o a alguna otra que usted haya conocido, o tal vez sea enteramente diferente. *Ella debe expresar, en su misma esencia, su singularidad individual y reflejar todos los aspectos importantes de su vida.*

Cuando haya escrito su filosofía de vida, afine las palabras hasta que sienta que reflejan exactamente sus deseos interiores. Una vez que esté completa, ponga una copia impresa en un lugar de fácil acceso. Necesitará volver a leerla periódicamente, hasta que se convierta para usted en algo totalmente natural que impregna sus pensamientos y actos.

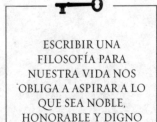

ESCRIBIR UNA FILOSOFÍA PARA NUESTRA VIDA NOS OBLIGA A ASPIRAR A LO QUE SEA NOBLE, HONORABLE Y DIGNO DE RESPETO.

Al fin y al cabo, ¿no es reconfortante saber hacia dónde se dirige y que algún día llegará allí? Pero no es ese el único propósito de la filosofía de vida, sino que las recompensas que esta le brindará tanto a corto como a largo plazo, son mucho mayores que el placer de unas vacaciones, aunque sean las mejores de toda su vida.

Comience hoy mismo a vivir según su propia filosofía de vida.

LA IMPORTANCIA
DE LAS
PRIORIDADES

–VIVIMOS DE ACUERDO CON NUESTRAS PRIORIDADES

El destino al que una persona se dirige, así como lo que pueda lograr en su vida, son influenciados directamente por su sistema de prioridades. Las metas que nos proponemos y los sueños que acariciamos son producto de nuestras prioridades; a fin de cuentas, si no las tuviéramos, ¿de qué valdrían esas metas y esos sueños?

Las prioridades son como barandas que nos mantienen en el camino de la vida, sobre todo cuando las circunstancias son difíciles, cuando las personas son duras y el cielo de las oportunidades luce oscuro. Ellas trabajan permanentemente para protegernos, dirigirnos e inspirarnos.

Cuando yo era joven y buscaba empleo, mi padre me llevó a una fundición donde se hacían patrones de partes de hierro para maquinarias. Aquello era todo lo que yo NO quería hacer ni ser en la vida, y aunque no tenía en mi mente una lista bien establecida de prioridades, en mi corazón sabía que yo nunca podría trabajar en un sitio como ese. Simplemente era demasiado oscuro, sucio y deprimente para mí.

Algunas personas toman cualquier empleo y hacen que les funcione mientras que otros se quejan y no hacen nada por cambiar. Aun siendo un adolescente, yo supe que en alguna parte había una profesión en la que yo encajaría a la perfección. Hasta que llegó ese momento, me rehusaba a dedicarme a algo que sabía que no me agradaría.

Entonces estaba aprendiendo que parte de la tarea de establecer prioridades consiste en fijar pautas que me protejan para no tomar decisiones equivocadas, y que al mismo tiempo me señalen la dirección correcta y me aseguren que llegaré a mi destino lo más pronto posible.

> EL TIEMPO ESTÁ
> SUPEDITADO A LAS
> PRIORIDADES,
> PORQUE PARA LO QUE
> QUEREMOS
> HACER, SIEMPRE
> PODEMOS
> ENCONTRAR
> TIEMPO.

LAS PRIORIDADES PRIMERO SE FIJAN Y LUEGO SE ACATAN

¿No es sorprendente que cuando uno consigue un libro que ha estado muriéndose por leer hace tiempo, repentinamente encuentra suficiente tiempo para leerlo? Ello se debe a que *nuestro tiempo está supeditado a nuestras prioridades, porque para lo que queremos hacer, siempre podemos encontrar tiempo.* Lo mismo sucede con las prioridades. Cuando uno sabe cuáles son sus prioridades, y se atiene a ellas, de repente aparece el tiempo suficiente durante el día para hacer lo que para uno es más importante. La verdad es que, como sabiamente señala Byron Weathersbee, presidente de Legacy Family Ministries,[11] "uno ni siquiera necesita saber cuáles son sus prioridades: ¡simplemente actúa según ellas!"

Sin embargo, no hay duda de que lo mejor es saber cuáles son, porque cuando una persona tiene prioridades poco definidas, le cuesta decir que no, aun cuando se le pida que haga algo que ya sabe que no quiere hacer. Si alguien me pidiera que hiciera algo en contra de mis prioridades, aun cuando fuera una cosa "buena", me negaría sin pensarlo demasiado.

Esto se aplica en todos los terrenos, desde la comida que como hasta las reuniones a las que asisto. Mis prioridades trabajan para protegerme y dirigirme.

A continuación enumero mis prioridades en orden de importancia:

1. DIOS. Cumplir su voluntad y profundizar mi relación personal con Él.
2. MI ESPOSA. Amarla, protegerla, cuidarla, orientarla, servirla, y ser su proveedor.
3. MI FAMILIA. Amarlos, educarlos, estimularlos y ser para ellos un ejemplo en todo.
4. MI SALUD Y ESTADO FÍSICO. Permanecer en buena forma y alimentarme correctamente.
5. EL TRABAJO. Ser un buen mayordomo, administrando lo que tengo y delegando lo necesario a personas talentosas, confiables y capaces.

Pienso que cada una de esas cinco prioridades es sumamente importante. El desafío es, evidentemente, mantenerlas en equilibrio al mismo tiempo, y es por esta razón que la gente usa la expresión "hacer malabarismos" para describir la forma en que manejan sus prioridades.

Usando esta misma analogía, las cinco pelotas con las que hago el malabarismo se llaman Dios, Esposa, Familia, Yo y Trabajo. He aprendido por experiencia que *no todas las prioridades son iguales.* Si uno deja de lado el trabajo, rebotará de vuelta como una pelota de goma, pero si uno abandona alguna de las otras, estas se romperán o, al menos, resultarán seriamente dañadas, porque están hechas de cristal.

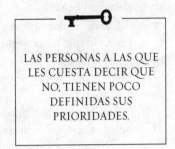

LAS PERSONAS A LAS QUE LES CUESTA DECIR QUE NO, TIENEN POCO DEFINIDAS SUS PRIORIDADES.

Recordemos que *las prioridades solo sirven en la medida en que se acatan.* El esposo promedio dirá que su primera prioridad es la familia, pero las encuestas revelan que el tiempo de buen compañerismo que los hombres viven con sus hijos va de treinta segundos a un par de minutos por día. ¿Cómo se explican entonces estos resultados? Por lo tanto no debe sorprendernos que los niños reciban de sus pares una influencia mucho más fuerte que la de su madre o su padre, sobre todo de este último.

Se dice con frecuencia que el problema está en que estos hombres tienen sus prioridades en desorden. Aunque pueda ser cierto en algunos casos, mi experiencia me dice que sus prioridades están bien, *solo que no las respetan.* Entonces el desafío será "¿cómo puedo respetar mis prioridades?"

CÓMO RESPETAR LAS PRIORIDADES

Dado que las prioridades solo sirven en la medida en que se acatan, este aspecto es evidentemente lo más importante. La clave está en lo que uno hace con sus prioridades.

Para que mis prioridades efectivamente sean tales, debo hacer lo siguiente:

1. Escribir mis prioridades.
2. Decidir que las respetaré (comprometerme).
3. Colocarlas en lugares muy visibles.
4. Comenzar con un acto muy pequeño que las refuerce todos los días.
5. Aprender a realizar enseguida ese acto pequeño.
6. No irme a dormir hasta haber hecho lo que tenía pensado.
7. Crear una lista de control o registro visible donde anotar lo necesario.
8. Buscar alguien de confianza con quien asociarme (con quien pueda ser sincero y que sea sincero conmigo).
9. Usar recordatorios gráficos.
10. Concentrarme en los beneficios.
11. Hacer revisiones regularmente y ver honestamente si estoy cumpliendo con lo previsto.
12. Decidir que no pondré excusas.

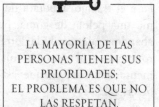

LA MAYORÍA DE LAS PERSONAS TIENEN SUS PRIORIDADES; EL PROBLEMA ES QUE NO LAS RESPETAN.

13. Redactar una declaración de propósito personal (más adelante se explica con más detalle).

Si por ejemplo, una de sus prioridades es pasar algún tiempo con sus hijos cada día, entonces los pasos activos que podría dar probablemente sean apartar un tiempo para reunirse, apagar el televisor, ayudarlos con sus tareas escolares, trabajar juntos en algo dentro del garaje, etc. Al tomar las oportunidades que vayan surgiendo, no dejando que se le interpongan distracciones, usted podrá cumplir con esta necesidad tan importante.

Algunos de mis momentos favoritos junto a mis hijos eran cuando hacía algo (¡cualquier cosa!) con ellos. Su sola compañía llenaba mi corazón de emociones. Aunque en efecto pasé mucho tiempo con mis hijos, me gustaría –al igual que la mayoría de los padres– haber pasado más momentos con ellos.

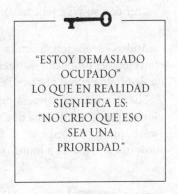

"ESTOY DEMASIADO OCUPADO" LO QUE EN REALIDAD SIGNIFICA ES: "NO CREO QUE ESO SEA UNA PRIORIDAD."

A decir verdad, *las prioridades constituyen costumbres.* Y como cualquier buena costumbre, lleva algún tiempo establecerlas en la mente consciente y la subconsciente, y de ello surge naturalmente la acción.

Las prioridades básicas no cambian demasiado a lo largo de la vida, de modo que el esfuerzo que requiere establecerlas y respetarlas es, en realidad, un compromiso de por vida. Por esta razón vale la pena empeñarse en establecerlas.

Uno de los aspectos más significativos de asegurar el respeto a las prioridades, es la creación de una declaración personal de propósito.

¿CUÁL ES LA DECLARACIÓN DE PROPÓSITO DE SU VIDA?

La declaración de un propósito para nuestra vida sirve de sostén a nuestras prioridades, y dado que en muchos sentidos va en línea paralela con ellas, sirve asimismo para animarnos y obligarnos a cumplirlas, y nos ayuda a estar seguros de que están en el lugar correcto. Mis padres me decían: "Lo que hagas, hazlo por los motivos correctos, y mantén firmes tus prioridades". Esa fue su forma de transmitirme su declaración de propósito y el justo lugar de cada cosa.

A veces la gente confunde la declaración del propósito con la filosofía de vida. La diferencia es la siguiente:

- ≈ DECLARACIÓN DEL PROPÓSITO DE LA VIDA: es la razón por la que uno hace lo que quiere hacer en la vida (el porqué).
- ≈ FILOSOFÍA DE VIDA: la forma de abordar lo que uno quiere hacer con su vida (el cómo).

Ambas se relacionan con las prioridades. Estas ayudan a crear la declaración del propósito de nuestra vida, mientras que la filosofía de vida determina cómo vivimos según tales prioridades.

Por ejemplo: mi primera prioridad es también mi primera declaración de propósito, y tiene que ver con mi relación con Dios. De esa relación, plena de obediencia a Dios y a su palabra, procede una de mis filosofías de vida: la administración económica de lo que Dios me ha confiado.

"PARA ESTABLECER PRIORIDADES Y HACER PRIMERO LO QUE ES MÁS IMPORTANTE, SE NECESITA DISCIPLINA Y UN LIDERAZGO FUERTE."

–Hei Arita, Japón

Alguien podrá preguntar: "¿Cuál está primero, las prioridades o la declaración de propósito?" Yo diría que ambas se forman simultáneamente, y aunque algunas personas solo hablan de lo que para ellas es más importante en la vida, si se tomaran el tiempo, encontrarían que su declaración de propósito de su vida se asemeja mucho a sus prioridades.

Mi recomendación es que cada persona se siente y elabore cuidadosamente una declaración de propósito para su vida. Entre otras cosas, ésta podría poner al descubierto algo que está faltando, o incluso permitirle que respete prioridades que había establecido con anterioridad.

FUNCIONAMIENTO DE UNA DECLARACIÓN DE PROPÓSITO

A continuación presento, con su autorización, la declaración de propósito de Charles Williams, un buen amigo mío y compañero de oración.

Él me ayudó a crear una para mí, similar a la suya:

EN CUANTO A MI RELACIÓN CON DIOS

≈ *"Mas buscad primeramente el reino de Dios y su justicia, y todas estas cosas os serán añadidas"* (Mateo 6:33, RVR)

EN CUANTO A MI RELACIÓN CON MI ESPOSA Y MI FAMILIA

≈ Efesios 5:23-17 (paráfrasis): Soy cabeza de mi esposa,, así como Cristo es la cabeza de la iglesia; por lo tanto, la amaré y me daré a mí mismo por ella, para que pueda ser santa y bendecida por la palabra divina que hable sobre ella. Ella y yo somos uno.

≈ Efesios 6:4 (paráfrasis): Amaré a mis hijos y nietos y los criaré en la disciplina e instrucción del Señor.

EN CUANTO A MI MINISTERIO

≈ *"Pues me propuse no saber entre vosotros cosa alguna sino a Jesucristo, y a este crucificado. Y estuve entre vosotros con debilidad, y mucho temor y temblor; y ni mi palabra ni mi predicación fue con palabras persuasivas de humana sabiduría, sino con demostración del Espíritu y de poder, para que vuestra fe no esté fundada en la sabiduría de los hombres, sino en el poder de Dios"* (1 Corintios 2:2-5, RVR)

LAS PRIORIDADES SOLO SIRVEN CUANDO SE RESPETAN.

EN CUANTO A MÍ MISMO

≈ Romanos 12:1-3 (paráfrasis): Yo deseo presentarme diariamente como un sacrificio vivo, aceptable a Dios, lo cual lo lograré por medio de la renovación de mi entendimiento, y no me amoldaré al mundo.

≈ *"Con Cristo estoy juntamente crucificado, y ya no vivo yo, mas vive Cristo en mí; y lo que ahora vivo en la carne, lo vivo en la fe del Hijo de Dios, el cual me amó y se entregó a sí mismo por mí" (Gálatas 2:20, RVR)*

EN CUANTO A MI TRABAJO

Yo deseo:

≈ Ser responsable ante Dios y ante los hombres.

≈ Interesarme en los resultados y dar la importancia que se merecen a los valores.

≈ Poder servir de manera eficiente y con dignidad.

≈ Tratar a aquellos para quienes y con quienes trabajo, así como a los que trabajan para mí, con amor, dignidad y respeto.

EN CUANTO A MI RELACIÓN CON EL CUERPO DE CRISTO

Gálatas 6: 1-5 (condensado)

≈ Enseñar la palabra de Dios.

≈ Equipar a otros dentro del cuerpo.

≈ Vivir y soportar las cargas de los otros.

EN CUANTO AL MUNDO

≈ Mateo 28:18-19 (paráfrasis): Vivir una vida que muestre la persona de Jesús a este mundo enfermo y agonizante.

CÓMO ESCRIBIR UNA
DECLARACIÓN DE PROPÓSITO

Charles Williams es el vivo reflejo de la declaración de propósito de su vida, tanto así que si tuviera que decir cómo es él, esta declaración sería una descripción suficiente y exacta. Él es una de las pocas personas que hace exactamente lo que dice, y es lo que dice ser.

Escribir una declaración de propósito es bastante sencillo. Se comienza poniendo las prioridades en orden descendente, y luego se responde la siguiente pregunta: "¿Qué quiero lograr en la vida por medio del cumplimiento de estas prioridades?" O bien, para expresarlo de otra manera, "¿Por qué estas cosas son las más importantes para mí?"

Ya sea que usted cite las Escrituras, como hizo Charles, o use sus propias palabras para responder a esta pregunta, lo que escriba debe ser el propósito más general en virtud del cual usted hace lo que hace. Si una de sus prioridades es ayudar a personas menos afortunadas que usted, su declaración de propósito deberá explicar en forma resumida la razón de ello. Si está casado y tiene hijos, o los tiene sin estar casado, pregúntese por qué usted considera a su cónyuge o a sus hijos una prioridad.

Repase todas las prioridades, y escriba de un modo reflexivo la razón de fondo de lo que se ha propuesto hacer en la vida. Esto pondrá en evidencia lo que hay en su corazón, o los motivos que hay detrás de sus actos, y también imprimirá con más fuerza en su mente el motivo por el que sus prioridades son tan importantes. Si estas son imprecisas y no están escritas, este procedimiento cristalizará su pensamiento y lo ayudará a enfocar su futuro.

Una vez que haya puesto por escrito la declaración de propósito para su vida, podrá ajustarla y mejorarla a medida que pasa el tiempo, y de esa manera estará al mismo tiempo corrigiendo el rumbo general de su vida.

Si las prioridades son las barreras de protección en una carretera, entonces la declaración de propósito es el carril en el que uno va conduciendo; mientras más atentamente uno siga la ruta trazada, menos correcciones tendrá que hacer y más pronto llegará al destino deseado.

BENEFICIOS DE UNA
DECLARACIÓN DE PROPÓSITO

La redacción de una declaración de propósito no es un ejercicio que se da por terminado y luego se olvida, porque ella siempre nos inspira y dirige, a la vez que nos protege e impide que desviemos la atención de lo que es más importante en la vida.

En pocas palabras, la función de una declaración de propósito es:

≈ proporcionar inspiración, dirección, precisión y coherencia a todos nuestros actos.

≈ Mantenernos encaminados hacia nuestras metas.

≈ Mejorar tanto nuestra eficiencia personal como nuestro liderazgo porque sabemos adónde vamos y el propósito por el cual deseamos alcanzar determinadas metas.

≈ Servir de motivador y como herramienta para simplificar la vida y reducir el estrés.

≈ Mejorar nuestra capacidad de evaluar las metas y de tomar decisiones buenas, rápidas y positivas.

"SI TIENES UN BLANCO
AL QUE APUNTAR TU
FLECHA,
ELLA NO PODRÁ
TRASPASAR ESE LÍMITE."

–Bob Richard, medalla de oro
de salto con garrocha
en los Juegos Olímpicos
de 1952 y 1956

Cada persona tiende a hacer realidad la definición que ha hecho de sí misma, sencillamente porque aquello que uno hace de su vida recibe la poderosa influencia de sus palabras.

Cuando hayamos evaluado cuidadosamente nuestras prioridades y declaración de propósito, y las hayamos escrito, tendremos una buena definición sobre la cual basar nuestras esperanzas, aspiraciones y sueños.

El próximo paso es convertirlos en realidad, pero si tenemos nuestras prioridades y declaración de propósito bien establecidas ¡no habrá nada en nuestro camino que pueda detenernos!

SUEÑOS QUE SE CONVIERTEN EN REALIDAD

–DESCUBRIENDO LA IMPORTANCIA DE FIJARSE METAS

El establecimiento de metas es el aspecto más importante de todo plan de mejoramiento y desarrollo personal; es la clave de cualquier realización y logro. La seguridad es importante, la determinación es vital, ciertos rasgos de la personalidad contribuyen a lograr el éxito, pero todo se define más claramente cuando se establecen metas.

Probablemente un 75 por ciento de mi éxito personal ha sido producto de las metas que me he propuesto, y el otro 25 por ciento sería una combinación de atención, deseo, preparación y trabajo duro. *He descubierto que si no estoy progresando como quisiera y como soy capaz de progresar, es simplemente porque mis metas no están definidas con claridad.*

Una meta es más que simplemente un objetivo hacia el cual nos movemos. Hay algo casi místico en una meta que se cristaliza cuando uno ha desarrollado un plan y se ha puesto un plazo para alcanzar el objetivo deseado.

Dicha aspiración nos produce un deseo ardiente, intensa confianza en nosotros mismos, y una firme determinación a seguir adelante. Una cosa es tener una imaginación exuberante, pero lo que hace que una persona se distinga del resto es la virtud de ser muy disciplinada y organizada. *Muchos sueñan, pero pocos son los que cumplen sus sueños.*

CUALQUIER COSA ES POSIBLE

Para proponerse metas no hay más que escribir los sueños a los que aspiramos, fijarlos en nuestro pensamiento, y luego desarrollar un plan con su correspondiente plazo para alcanzarlos. Así como no se puede detener a una persona que desea ir a un lugar, tampoco puede vencerse al que no quiere ser vencido. Al usted fijarse una meta, saldrán a relucir las actitudes correctas y la confianza, haciendo que cualquier cosa sea posible.

En el camino hacia el logro de sus metas, usted *enfrentará* obstáculos. ¡Así es la vida! Venciendo los obstáculos, adversidades y derrotas temporales, usted se hará más fuerte, y esto significa que, para cuando haya llegado a su meta, habrá logrado mucho más que lo que se había propuesto hacer en un principio. Es como si su logro se hubiese multiplicado.

> CUANDO UNO ESCRIBE SU META SE MANTIENE ENCAMINADO, LO ESCRITO LE SIRVE COMO PAUTA DE CONTROL, Y LE IMPIDE QUE SE SIENTA ABRUMADO POR LAS DISTRACCIONES EXTERNAS.

Cuando comencé por primera vez con el negocio de los seguros, tenía como meta cerrar negocios por un millón de dólares, *¡pero de catorce presentaciones solo pude conseguir una venta!* Por esta razón, mi ingreso mensual más alto durante los primeros nueve meses fue de ochenta y siete dólares. Pero yo creía en mi meta. Cuando finalmente comencé a adquirir la destreza que necesitaba para las ventas, aquel mes esperaba ganar ciento cincuenta dólares, pero en cambio gané tres mil.

Me mantuve fiel a mi meta el suficiente tiempo como para que se concretara. Logré el objetivo del millón de dólares, y el segundo año vendí casi cuatro millones. Estoy agradecido por cada uno de los impedimentos, obstáculos y adversidades que pude encontrar en el camino.

Si una persona está interiormente motivada y bien dirigida hacia su meta, los obstáculos solamente intensificarán su deseo, multiplicarán su energía y obtendrá diez veces más de sí mismo de lo que podría obtener de otra manera. Cultive la costumbre de agradecer los obstáculos, porque lo único que ellos hacen es acercarlo más a sus metas.

EL PRIMER SECRETO DE LOS QUE CUMPLEN SUS SUEÑOS

Una encuesta realizada hace algunos años mostró que un tres por ciento de la gente tiene metas específicas escritas y se está encaminando directamente hacia ellas. El otro diez por ciento, con el mismo nivel de instrucción y la misma determinación, piensa tanto en sus metas como los del primer grupo, con una única diferencia: aquellos han *escrito* sus metas específicas, mientras que los del segundo grupo simplemente piensa en ellas. Las personas que las escriben logran mejores resultados que las del segundo grupo en un orden que se ubica entre diez a uno y cien a uno, lo cual significa que los del segundo grupo obtienen apenas una fracción del éxito que disfruta el grupo sobresaliente conformado por el tres por ciento.

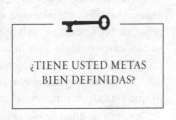

¿TIENE USTED METAS BIEN DEFINIDAS?

He ahí el poder de una meta escrita. Cuando uno escribe su meta se mantiene encaminado, lo escrito le sirve como pauta de control, y le impide que se sienta abrumado por las distracciones externas.

El tercer grupo de la encuesta estaba compuesto por más del sesenta por ciento de la población, es decir, la gente común. Ellos se fijan metas, en la mayoría de los casos, relacionadas con objetivos de muy corto plazo: el próximo aumento de sueldo, el próximo ascenso, etc. Van arreglándoselas económicamente y rara vez se toman el trabajo de pensar algo que esté fuera de la rutina diaria.

El resto de los encuestados –casi el treinta por ciento– nunca había considerado lo que quería en la vida, y dependen de otros –aunque sea parcialmente– para su subsistencia.

Lo que diferencia a los que estaban en mejor situación (el tres por ciento) de todos los demás es que *los de este grupo minoritario había escrito sus metas*. Algunos podrán llamarlo un detalle menor, pero la diferencia entre los que están en el máximo nivel de realización y el resto de la sociedad, es cualquier cosa menos algo menor.

Las metas que no se escriben quedan desdibujadas, y una meta indefinida producirá, en el mejor de los casos, un resultado indefinido.

LA TENDENCIA A NO FIJARSE METAS

Frecuentemente encontramos que aquellos que no se fijan metas son precisamente los que más necesitan tenerlas. Aunque tienen un gran potencial y podrían llegar a alturas sorprendentes, nunca lograrán una plena realización, porque tienen la mala costumbre de no establecerse objetivos.

Larry Burkett, conocido escritor y conductor de radio, ha pasado miles de horas –literalmente– aconsejando a la gente cómo debe manejar su economía, su vida y matrimonio. Él dice: "La falta de metas se está aproximando a un límite crítico. El nivel de bienestar económico que disfrutamos [en América del Norte] nos permite adecuarnos al comportamiento general con relativa facilidad y comodidad. Cristo dijo que esta situación sería el mayor peligro para los cristianos".

Después de años de observación, puedo decir honestamente que los cristianos parecen tener una gran dificultad para fijarse metas, a pesar de los muchos ejemplos y mandamientos dados por la Biblia en cuanto a preparar, planificar con antelación, y dar el ejemplo. Noé pasó años construyendo la primera embarcación *antes* de que la humanidad siquiera hubiera conocido lo que era la lluvia (Génesis 6 y 7), y con ello salvó a su familia y todos los animales terrestres. En el caso de la hormiga, esta almacena su alimento en el verano y lo *"recoge durante la cosecha"* (ver Proverbios 6:6-8).

Hay múltiples ejemplos (Nehemías, Ester, Salomón, Jesús, etc.) que los cristianos harían bien en considerar, pero ninguno se compara al ejemplo de Dios como el máximo impulsor de este concepto. Cuando Adán y Eva pecaron en el jardín del Edén, el objetivo de Dios de restaurar la relación entre Él y la humanidad quedó establecido. Tomó miles de años, pero sucedió exactamente como Él lo planeó, a través del nacimiento, vida, muerte y resurrección de Jesucristo. No se me ocurre un mejor ejemplo de lo que significa establecer una meta de largo plazo.

Nuestra máxima aspiración como cristianos debería ser *"agradarle a Él"* (ver 2 Corintios 5:9) al reconocer y vivir la realidad de que *"los planes del Señor quedan firmes para siempre; los designios en sus mentes son eternos"* (Salmos 33:11). Dios está a favor del crecimiento permanente, el dominio de las situaciones y el trabajo duro, y lo mismo deberíamos hacer nosotros.

Pero en lugar de tomar el mando, muchas veces lo abandonamos, al dejar que se formen malos hábitos mentales. Por ejemplo: constantemente oigo que la gente dice: "No quiero tomar el lugar de Dios, le di a Él mi vida, así que Él está al mando", o: "Jesús va a venir pronto, así que no me molesto en hacer planes a largo plazo".

En cuanto *a la primera excusa*, quisiera decirles: "Hasta que usted muera, es responsable de su propia vida". Y si es su responsabilidad, entonces necesita trabajar mucho y ser fiel con lo que Dios le ha dado.

> "LOS QUE TIENEN ÉXITO EN CUALQUIER TERRENO SON LOS QUE SE PROPONEN METAS, PORQUE COMBINAN DESEO DE TRIUNFAR Y DISCIPLINA."
>
> —Larry Burkett

El camino cristiano es emocionante y está lleno de metas que conquistar, desde lo espiritual y lo físico hasta lo económico y lo mental. Si negamos esto es porque no leemos la Biblia, o porque otros nos han confundido, o simplemente por pereza. Entonces ya es hora de que actuemos inmediatamente y procuremos cambiar.

En cuanto *a la segunda excusa*, me gustaría recordarles el caso de aquel grupo de cristianos que escalaron hasta la cumbre de una montaña en Nueva Zelanda; habían jurado en la televisión nacional que no bajarían hasta que Cristo volviera. ¡Eso fue en 1990! Afortunadamente luego regresaron a la civilización, a sus ocupaciones y a sus familias.

Creer que Jesucristo volverá algún día es correcto, pero si la Biblia dice que no sabemos el día ni la hora del regreso de Cristo (Mateo 25:13), debemos tranquilizarnos y vivir la vida como si Él *no fuera* a regresar durante nuestra vida en la Tierra. Si lo hace, ¡maravilloso! Si no vuelve, ¡estupendo! De cualquier manera ganamos, *porque cuando vivimos solo en función de su venida, nos perdemos lo que Él tiene guardado para nosotros.*

Dios nos ha dado habilidades, sueños y metas de largo alcance que solo se harán realidad si nos proponemos objetivos y los perseguimos ahora. Si enfocamos nuestra atención en el regreso de Jesucristo, nos perderemos el máximo potencial que nuestra vida tiene aquí en la Tierra: el futuro.

OBJETIVO GENERAL: EL ÉXITO

Existen cuatro tipos de metas diferentes y cada uno de ellos tiene una función específica en el éxito general. El primer tipo de meta es el más común: *las metas a corto plazo*. Abarcan el período desde hoy hasta dentro de seis meses. Para interiorizar el proceso, es útil prestar atención a los pasos que hay que dar diariamente para lograr estas metas.

CUALQUIERA QUE SEA LA META QUE USTED SE FIJE, ASEGÚRESE DE QUE SEA COMPATIBLE CON LA PALABRA DE DIOS.

El segundo tipo de meta surge naturalmente del primero: son las *metas a largo plazo*. Estas abarcan un período de un año hasta la vida entera, y expresan el propósito de la vida de una persona.

El tercer tipo de meta lo constituyen las *metas tangibles*, que son las necesidades y deseos, tales como un mayor ingreso, cierto viaje con la familia, etc. Son "tangibles" porque se pueden ver y tocar, lo cual es útil para alcanzar ciertos objetivos.

El cuarto tipo lo conforman las *metas intangibles*, y aunque se pasan por alto con frecuencia, son las más importantes. Se trata de metas personales que influyen en el carácter y pueden ser de orden espiritual, mental, emocional, etc. Generalmente, este tipo de metas (por ejemplo, cambiar algún rasgo del carácter) es necesario conquistarlas antes de perseguir una de tipo tangible. Por ejemplo, cuando no se han desarrollado apropiadamente el carácter y la honradez, el objetivo tangible de poseer un negocio propio o de manejar un ingreso mayor de dinero es, por lo general, de corta duración.

Si espera alcanzar una meta, esta debe ser algo que usted verdaderamente desea. Escriba sus metas, sin importar lo tontas que puedan parecer. No escuche esas voces internas que dicen "no puedo hacer esto". *Usted puede hacer absolutamente cualquier cosa que desee.* Y no permita que los impedimentos que en el pasado frenaron su motivación pongan límites a sus sueños.

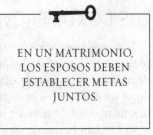

EN UN MATRIMONIO, LOS ESPOSOS DEBEN ESTABLECER METAS JUNTOS.

Una vez que están registrados los sueños, es hora de moverse para desarrollar un plan que tenga como fin realizarlos. Algunos pueden lograrse rápidamente, otros deberán postergarse hasta un momento más conveniente, e incluso habrá otros que haya que eliminar de la lista por diversas razones.

Al moverse en dirección a sus metas, utilice los cinco puntos que yo llamo el "Plan Paul J. Meyer de Éxito Personal", es decir, el criterio de medición que uso cada vez que emprendo el camino hacia un objetivo. No voy en pos de ningún sueño hasta que me hago estas cinco preguntas:

1. ¿Tengo pensamientos claros y definidos acerca de esto?
2. ¿Tengo un plan y un plazo para lograr mi objetivo?
3. ¿Tengo un deseo ardiente? (Esa pasión febril muy dentro de mí que me dice que debo seguir adelante).
4. ¿Tengo confianza en mí mismo y en mi capacidad de triunfar?
5. Entonces, ¿tengo una determinación y voluntad de hierro que me dice que pagaré el precio que sea necesario para ir hasta el fin, a pesar de las circunstancias, las críticas o lo que otros puedan decir, pensar o hacer?

Cuando la respuesta a estas cinco preguntas es "sí", entonces hágase una más:

6. ¿Vale esto la pena para mí?

Si está realmente dispuesto a invertir el tiempo, dinero y esfuerzo que se requieren, entonces ¡adelante! Usted tiene lo que se necesita para realizar su sueño, sin importar lo que pase, ni quién lo critique, sin importar si tiene o no el dinero, ni la experiencia que le falte en este momento. Cuando se fija metas sin ponerse límites arbitrarios, es libre de moverse e ir tan lejos como quiera ir.

¿DE DÓNDE PROVIENE SU MOTIVACIÓN?

Los *resultados* y los *beneficios* derivados de las metas son nuestra motivación. Lo único que motiva a los que no tienen metas es la idea de no cambiar, lo que significa que solo hacen lo que les resulta cómodo. A menudo se los ve jugar a un solo deporte, y tienen siempre una misma manera de trabajar o de tratar a la gente simplemente porque nunca lo han hecho de otra forma y no quieren cambiar ahora.

Usted debe estar dispuesto a cambiar. Para triunfar en el logro de *sus* metas, considere estos cinco factores:

1. Deben ser *sus propias* metas personales. ¡Esto es imprescindible!
2. Debe *expresarlas en términos positivos* y no negativos.
3. Deben *estar escritas y ser específicas*. Los sueños son de naturaleza general, pero el plan para realizarlos se va haciendo progresivamente más específico.
4. Deben ser *realistas, coherentes y alcanzables*. Para saber cuándo planificar y cuándo abandonar un sueño dentro del marco de su diario vivir, usted tiene que ser realista. Sus sueños son coherentes si se ajustan a su sistema de valores.
5. Deben incluir *cambios básicos en la personalidad*. El "ser" está antes que el "tener", lo cual significa que se requieren hábitos y actitudes correctas ANTES de poder alcanzar un objetivo.

Si en el pasado ha sido obligado a quedar enmarcado dentro de determinados límites, entonces prepárese para liberarse. No importa de quién o de qué es la culpa. Lo que importa es que sea liberado. No mire hacia atrás a menos que quiera ir en esa dirección, y si no es así, entonces mantenga su mirada directamente hacia adelante.

En lo personal, me siento seguro de que cumpliré mis aspiraciones porque practico Proverbios 3:5-6, que dice: *"Confía en el Señor de todo corazón, y no en tu propia inteligencia. Reconócelo en todos tus caminos, y él allanará tu senda"*.

"EN ESTE MUNDO NO EXISTE SEGURIDAD. SOLO HAY OPORTUNIDADES."

–Douglas MacArthur

Estas palabras son tranquilizadoras y verdaderas, de modo que no me preocupo, y me concentro ciento por ciento en las tareas que tengo por delante.

Cualquiera que sea el blanco al que usted esté apuntando, manténgalo en su mira. Asuma la responsabilidad, no dé lugar a la posibilidad de una derrota, vea los obstáculos como pasos en la dirección correcta, y continúe alimentando su mente con pensamientos positivos.

Si yo hubiese permitido que mi mente se quedara detenida en lo negativo de mi deplorable desempeño cuando era nuevo en el negocio de los seguros, habría renunciado al poco tiempo de empezar. En cambio, creí que podía hacerlo, establecí metas concretas que perseguí cada día, y lo que esperaba no tardó en suceder: ¡mis ventas comenzaron a aumentar!

El establecimiento de metas toma los sueños y los convierte en realidad. Ahí radica su poder.

PARTE SEIS

PARA VIVIR LA VIDA A PLENITUD

PERDÓN Y MÁS PERDÓN

—ALGUNAS COSAS SON TAN BUENAS QUE HAY QUE DECIRLAS DOS VECES

El perdón es una cosa extraordinaria, sobre todo si es uno el que es perdonado por el mal que cometió. No solo es estupenda la sensación de recibir el perdón, sino que nos sentimos igualmente bien al perdonar a los que nos han hecho mal a nosotros. Digo esto porque conozco las dos formas de experimentar el perdón.

Para mí, perdonar a los demás es como si después de ser obligado a una tarea imposible, me eximieran de cumplirla. En una época, aunque por poco tiempo, tenía tres camiones para despacho de tierra, grava, etc. Se me ocurre la falta de perdón como si alguien hiciera que uno de esos camiones vertieran varios miles de kilos de tierra, pero no en el suelo, ¡sino sobre mis hombros!

Es una carga imposible de soportar y, sin embargo, a menudo nos armamos de valor para tratar de vivir con el peso y la presión crecientes de la falta de perdón.

Lo maravilloso es que *no tenemos que cargar con el peso de la falta de perdón*. Hace mucho tiempo aprendí que podía decirle al conductor del camión: "Me niego incluso a tener ese camión en mi propiedad. ¡Deposite la carga en otra parte!"

Aunque es completamente liberadora y estimulante, este tipo de mentalidad no surge fácilmente, ni de modo natural, ni rápido. Desarrollar un modo de pensar del tipo "te perdono, no me importa lo que me hiciste" toma tiempo, pero la recompensa es incalculable.

EL PRECIO DEL PERDÓN

Para los que han sufrido una severa ofensa y responden diciendo: "Antes muerto que perdonarte", *generalmente esa frase se cumple.* Hay muchos hombres y mujeres amargados que resueltamente se llevan sus heridas a la tumba. Lamentablemente, a menudo mueren prematuramente a consecuencia de los efectos del resentimiento que han guardado, el enojo y la falta de perdón hacia otra persona.

EL PRECIO QUE SE PAGA POR PODER PERDONAR ES SIEMPRE MENOR AL QUE SE PAGA POR NO PERDONAR.

Todos hemos conocido a personas que recuerdan algo que les duele como si les hubiese ocurrido ayer, aunque ya hayan pasado cinco, diez o hasta cincuenta años. ¿Por qué lo hacen? ¿no saben que su falta de perdón los aflige tanto a ellos como a los que los rodean?

La razón por la que se niegan a perdonar es que el perdón requiere que mueran a su "derecho" a estar enojados. En efecto, fueron lastimados y tienen el derecho de tenerlo en cuenta, pero también tienen el derecho a perdonar y quedar libres. El perdón tiene un precio, que es la muerte de algo, y esto por lo general provoca dolor.

De hecho, *si no hubiese que pagar ningún precio por perdonarnos mutuamente, ¡entonces no sería perdón en absoluto!* Pero a pesar del peso del precio que el perdón carga sobre sí, el precio de no perdonar es mucho mayor. Aquella persona que aun después de cincuenta años no perdona, hace la misma cantidad de tiempo que está cautiva, metida en una prisión que se construyó para sí misma. Sus emociones, creatividad, paz, alegría, esperanza, sueños, risas y felicidad, han quedado *reducidos al mínimo* por su incapacidad de perdonar.

El verdadero precio del perdón redunda justamente en lo contrario: la creatividad, la paz, el gozo, etc. son *elevados al máximo*. La decisión de perdonar o no perdonar siempre estará en nuestras manos. En cuanto a mí, siempre ha sido una de esas decisiones que se toman en la vida sin pensarlo mucho.

EL CAMINO HACIA EL PERDÓN

Yo me crié entre dos polos opuestos: mi madre perdonaba a todos, y mi padre no perdonaba a nadie. Dado que los padres son el mejor ejemplo para aprender sobre la actitud de perdonar, yo tenía que elegir a cuál de los dos imitar.

Cuando era joven, una noche mi madre había preparado una cena deliciosa, y había trabajado la mayor parte del día para que quedara bien. Cuando mi padre llegó a casa, estaba de mal humor por alguna razón desconocida, y decidió echar fuera su frustración a la hora de la cena. Volcó el plato de comida sobre la servilleta y la arrojó por la puerta trasera.

Yo no podía creer lo que estaba viendo. Cuando le pregunté a mi madre por qué no le lanzó una sartén por la cabeza, me dijo: "Hace veinte años que estoy casada con él, y siempre le he

> EL PERDÓN NO ES ALGO QUE OCURRE ESPONTÁNEAMENTE, SINO UN ACTO DE LA VOLUNTAD.

ofrecido la otra mejilla". Y luego añadió, citando un versículo bíblico (Mateo 18:22) que significaba mucho para ella: "Aún me falta mucho para llegar a 'setenta veces siete'". Me costaba creer lo que oía, pero nunca olvidé sus palabras.

Ella podía perdonar porque había elegido perdonar, y su vida rebosaba de tanta paz y gozo que esta actitud le brindaba. Por el contrario, mi padre simplemente eligió no perdonar, a pesar de lo dura o incómoda que esto pudiera hacerle la vida a él o a su familia. Creo que esta actitud de no perdonar provenía de costumbres que había aprendido de joven en Alemania, y aunque no excuso con ello sus actos, este pensamiento me ayuda a comprenderlo un poco más.

No obstante, sus palabras y sus actos eran con frecuencia impetuosos e ilógicos, como que un día yo estuviera jugando con un amigo (hijo de un conocido de mi padre), y al día siguiente él pusiera a mi amigo en una lista de esas que significaban "no le puedes hablar nunca más", todo sin razón aparente. Muchas amistades se rompieron como resultado de su negativa a perdonar.

"SI NO CAMBIAS DE DIRECCIÓN, TAL VEZ TERMINE LLEGANDO AL LUGAR AL QUE TE DIRIGES."

– Proverbio chino

Enfrentado a dos alternativas, yo tomé la decisión consciente de ser una persona perdonadora, y fue bueno, porque cuando me fui de mi hogar tuve que soportar en forma permanente prejuicios, injusticias, desprecio, celos, odio y traiciones.

A medida que maduraba, mi necesidad de perdonar iba en aumento, y decidí que, sin importar lo absurdo que fuera el acto cometido contra mí o cuan herido me sintiera, yo siempre perdonaría. Esta es una decisión que pone cordura donde reina la insensatez, amor donde hay sentimientos de odio, y paz donde podría producirse la guerra.

EL MÁXIMO EJEMPLO DE PERDÓN

En la cruz, Jesús murió por pecados que no cometió. Él decidió, por obediencia a Dios, morir por nuestros pecados para que pudiéramos recibir perdón y nuestra relación con Dios quedara restaurada.

No hicimos nada para merecer Su perdón, pero el precio requerido para pagar los pecados fue pagado, *"la paga del pecado es muerte"* (Romanos 6:23) y legitimó de esta manera nuestro perdón.

Jesús pagó el precio por todos nosotros, lo que significa que nuestros pecados no tienen que ser retenidos en contra nuestra para siempre. Si confesamos nuestros pecados, Él dice que nos perdonará (ver 1 Juan 1:9). *¡Eso sí que es* sorprendente!

Al rechazar el perdón que ofrece Cristo, rechazamos el precio que Él pagó en la cruz; pero si elegimos aceptar su perdón, *entonces también estamos eligiendo perdonar a los demás por sus acciones.* Esto forma parte del trato, porque *"si no perdonan a otros sus ofensas, tampoco su Padre les perdonará a ustedes las suyas"* (Mateo 6:15).

Esto significa, entre otras cosas, que los cristianos deberían ser las personas más alegres, pacíficas, felices, amorosas y perdonadoras del mundo. Pero lamentablemente no es siempre así.

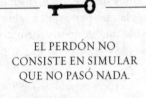

EL PERDÓN NO CONSISTE EN SIMULAR QUE NO PASÓ NADA.

APRENDIENDO A PERDONAR

El perdón, en realidad, es para *nuestro* propio bien, pero debemos estar decididos a perdonar y no permitir que nada nos lo impida. Es, en primer lugar, una opción, y luego es un acto.

A veces se requiere mucho perdón, otras veces solo un poco, pero personalmente, no pongo límites cuando perdono a los demás (Dios no me puso límites a mí). Hablando en términos prácticos, nunca entenderé por qué las personas prefieren tener úlceras, infartos, problemas emocionales o mentales, solo porque se niegan a perdonar a los que les hicieron algún mal. Yo perdonaré a todos, sin importar lo que me hayan hecho, porque me rehúso a perder los beneficios que puedo obtener al perdonar.

Si a usted le cuesta perdonar, le doy los siguientes siete pasos, que serán un buen comienzo:

≈ PASO # 1: Reconozca que ha sido lastimado.

≈ PASO # 2: Reconozca que su pecado contra Dios es mucho mayor que el peor daño que algún ser humano le podría hacer a usted.

≈ PASO # 3: Decida resueltamente perdonar a su ofensor.

≈ PASO # 4: Acepte la parte que le corresponde del conflicto, en caso de que así sea.

≈ PASO # 5: Trate de comunicarse y despejar el aire, con la esperanza de la restitución.

≈ PASO # 6: Entonces, si no se ve ningún cambio, deslíguese de la persona y del daño.

≈ PASO # 7: Siga adelante.

A todo lo largo de este proceso, oro por la persona que me hizo daño. Quiero perdonar y he comprobado que es difícil estar disgustado con alguien cuando uno ora por esa persona. La restitución queda en manos de la parte ofensora, y aunque la recibo con agrado, dejo que sea la otra parte quien tome la iniciativa, pues es su responsabilidad, y no la mía. A mí me corresponde perdonar. Oro por la persona regularmente y le deseo lo mejor, pero cuando sigo mi camino, no miro hacia atrás.

La incapacidad de perdonar, sin importar por donde se la mire, significa cautiverio, pero el perdón es libertad. Algunos de los que me han hecho daño murieron como consecuencia de sus actos, mientras que otros siguieron viviendo sin ningún cambio aparente. Cualquiera que sea el caso, no les deseo mal, sino que me concentro en perdonarlos y vivir libre de la herida y del dolor que me han causado y que sé que ellos padecen. Los que ofenden, por lo general han sido ofendidos, y no quiero formar parte de ese ciclo.

> DIOS NOS PERDONA, NO POR NOSOTROS, SINO POR AMOR A SÍ MISMO. "YO SOY EL QUE POR AMOR A MÍ MISMO BORRA TUS TRANSGRESIONES Y NO SE ACUERDA MÁS DE TUS PECADOS."
>
> —Isaías 43:25

Las personas que dicen que el perdón es para los débiles, los cobardes y los inseguros, evidentemente nunca han perdonado a nadie. El perdón requiere agallas, determinación, perseverancia, valor y amor. Prueba nuestro temple, pero cuando nuestro deseo ferviente es perdonar a toda costa, lo hacemos sin dificultad.

El perdón no consiste en simular que no pasó nada, como algunos equivocadamente piensan. El perdón consiste en la decisión de perdonar *después* de haber considerado responsable al otro y haber enfrentado el propio dolor con toda honestidad.

Si uno simplemente desestima el agravio, actuando como si nunca hubiera ocurrido, está haciendo cómplice a Dios del mal cometido. En cambio, Él desea que vivamos libres y sanos, no que seamos una alfombra que se puede pisar, atropellar, restregar y maltratar. A través del perdón podemos recibir todos los beneficios que Él tiene guardados para nosotros, pero de nuestra decisión depende que esto ocurra.

Si elegimos no perdonar, la herida encontrará alguna extraña manera de corroer nuestra mente y corazón. Una vez oí que Leonardo Da Vinci, cuando trabajaba en su famosa obra maestra *La última cena,* pintó en el personaje de Judas el rostro de su enemigo. Estoy seguro de que habrá disfrutado pensando que estaba inmortalizando a su adversario para siempre por medio de su arte, pero al hacerlo, ocurrió algo extraño: no pudo terminar la figura de Cristo hasta que perdonó a su enemigo. La misma noche que borró aquel rostro, fue la noche en que terminó el de Cristo. *El perdón abrió la puerta a la plenitud de su potencial, que estaba encerrado.*

Hay quienes no tienen dificultad en perdonar a otros, pero lo que más les cuesta es lograr perdonarse a sí mismos. Si primero aceptamos el perdón de Dios, entonces tendremos todo el derecho de perdonarnos.

¿ES POSIBLE LA RESTAURACIÓN? TRES PASOS HACIA LA RESTAURACIÓN:

1) Ofrecerle al ofensor oportunidades para hacer borrón y cuenta nueva.
2) Dar tiempo para que Dios obre en la vida de la persona (no esperar cambios instantáneos).
3) Evaluar a lo largo del camino (cuidar lo que se va obteniendo).

Los resultados de la incapacidad de perdonar nos afectan de forma negativa, independientemente de quién hizo el mal (esto nos incluye a nosotros). Debemos decidirnos a perdonar, y luego resolver el asunto, a pesar de todo.

A LA LARGA, EL PERDÓN NOS BENEFICIA

En todo lo que hago, procuro obrar teniendo en mente el futuro. En cada una de las casas que he tenido, solía plantar un seto, y aunque yo pudiera disfrutarlo solamente durante una temporada, sabía que otra persona lo haría después de mi partida.

Lo mismo puede aplicarse al perdón, excepto que yo (y cualquier otra persona) podremos gozar de los beneficios ¡durante toda la vida!

Debo reconocer que la decisión de perdonar no resulta fácil en el momento de la herida y del dolor, pero a la larga, es el único camino que nos queda. La reacción natural es enojarse, actuar con odio y negarse a perdonar, pero aunque todo ello resulte más cómodo, *el camino más fácil no es este* sino el opuesto, que producirá, *al final*, los resultados más favorables, y siempre será la senda del perdón.

Charlie "Tremendous" Jones dijo una vez: "Cuando nos han herido profundamente, nuestra incapacidad de perdonar solo engendra autocompasión y amargura".

¡Qué gran verdad! Pero también es cierta la afirmación opuesta: al perdonar, nos estamos entrenando para ser fuertes, seguros, alegres, pacíficos, felices y amorosos. Estos atributos positivos acaban por influir en todos los otros aspectos de nuestra vida.

Verdaderamente, ¡el perdón es sorprendente!

ANTES DE PREOCUPARSE, PIÉNSELO BIEN

–UN MÉTODO INFALIBLE PARA VIVIR SIN PREOCUPACIONES

Más daño causa la preocupación que aquello que la motiva, porque el noventa por ciento de todas las razones para preocuparse son cosas que nunca llegan a ocurrir.

Conocí a un hombre que era un preocupado crónico; se preocupaba por absolutamente todo. El hábito de la preocupación estaba tan insertado en su sistema interno que se había vuelto algo "normal". Pero la preocupación no es normal ni necesaria.

Con los años me he propuesto decididamente no preocuparme. Si sucede algo en el trabajo o en mi hogar que podría convertirse en un motivo de inquietud, he aprendido a dirigirme a la situación y decirle: "Antes de preocuparme, voy a esperar". Luego, cuando atiendo el asunto de forma objetiva y realista, la "obvia" necesidad de preocuparme desaparece.

De hecho, cuando paso el motivo de ansiedad por las tres pruebas siguientes, *me cuesta encontrar algo por lo que verdaderamente valga la pena preocuparse.*

PRUEBA # 1– ¿TENGO TODA LA INFORMACIÓN PERTINENTE?

Es la prueba más básica, y generalmente la que echa por tierra casi todas las potenciales preocupaciones. La sencilla pregunta es: "¿Entiendo claramente lo que se pide, se necesita, lo que es aconsejable hacer, etc.?"

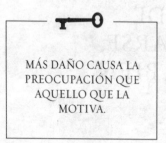

MÁS DAÑO CAUSA LA PREOCUPACIÓN QUE AQUELLO QUE LA MOTIVA.

Si usted no tiene todo el conocimiento que necesita, ¿cómo puede tomar la decisión correcta? Después que recabe todos los datos pertinentes, hable con todas las personas cuyo juicio sobre el asunto le parezca válido, y lea todos los informes, *entonces, y solo entonces,* podrá usted actuar objetivamente y con la perspectiva correcta.

Después de contestar sinceramente esta pregunta, por lo general la preocupación se disipa y salimos de la prueba convertidos en una mejor persona, habiendo crecido en conocimiento y vencido un gran obstáculo. El hecho de asumir imprevistamente una responsabilidad y responder una pregunta difícil, generalmente produce un beneficio importante, ya sea de orden físico, mental, emocional, social, espiritual o económico.

PRUEBA # 2 – ¿REALMENTE ME QUIERO PREOCUPAR POR ESTO?

Para disfrutar la vida, permanecer sano y estar lleno de paz, no puedo dar cabida a la preocupación en mi rutina diaria. Debo ir en pos de lo que deseo obtener, pero lo que no deseo, debo evitarlo en forma decidida.

La preocupación tiene una alta prioridad en la lista de cosas negativas que quiero evitar, y está bien que así sea, puesto que he visto sus desastrosos efectos en las vidas de otras personas *así como en* las de sus hijos. A continuación presento algunos de los efectos colaterales de la preocupación:

≈ DUDAS SOBRE UNO MISMO. Es una espiral descendente que enfoca lo negativo, contraponiendo a la posibilidad de hacer algo, la imposibilidad de hacerlo. Es una actitud de sumidero, debilitante, y un hábito terrible.

≈ MEDIOCRIDAD. Cuando una persona capaz se preocupa, se la considera incapaz de lograr la meta que persigue. La preocupación hace que ella permanezca picoteando en la tierra como una gallina, mientras que fue destinada para elevarse como un águila.

≈ MIEDO. Las personas que se preocupan no lo hacen por ser cautelosas o porque piensen dos veces las cosas; simplemente, están asustadas. El miedo es enemigo del éxito, la paz, el contentamiento, la felicidad, el gozo, la risa, etc.

≈ LA "CHISPA" SE PIERDE. La emoción se desvanece. Como cuando un globo se desinfla, la preocupación hace desaparecer la emoción, gracia y alegría de todo cuanto uno hace.

≈ AUSENCIA DE CREATIVIDAD. La preocupación sofoca la libertad de ser creativo. Simplemente no puede desarrollarse con excelencia ningún potencial si la preocupación controla los pensamientos.

"UNA MENTE INVADIDA POR LA ANGUSTIA CONDUCE INEVITABLEMENTE AL DETERIORO DEL CUERPO."

–John Edmund Haggai

≈ DEFORMACIÓN. Nuestro pensamiento es el que modela y da forma a nuestro ser, y la preocupación no debe deformar nuestro futuro.

≈ RESULTADOS CONFUSOS. La persona que se preocupa se está anticipando a los hechos, y esto le produce zozobra, la cual a su vez le impide ver con claridad. Los resultados de una visión borrosa serán asimismo confusos.

≈ MALOS HÁBITOS. La preocupación es un hábito, producto de un condicionamiento previo y de años de práctica. El destructivo hábito de la preocupación convierte a las personas en prisioneras.

≈ DOLENCIAS FÍSICAS. El cuerpo presenta una reacción adversa a las preocupaciones internas. John Haggai lo expresó con perspicacia en esta afirmación: "una mente invadida por la angustia conduce inevitablemente al deterioro del cuerpo".

≈ TIEMPO MALGASTADO. Más del noventa por ciento de los motivos por los que uno se preocupa son eventos que nunca llegan a ocurrir. Preocuparse es malgastar el tiempo; por lo tanto, mientras más se preocupe usted, menos cosas realizará.

Cuando surge una preocupación por algo, la pregunta básica es: "¿realmente puedo ganar algo preocupándome?" La respuesta siempre será un rotundo "¡No!"

PRUEBA # 3 – ¿ES ACEPTABLE PREOCUPARSE SEGÚN LA BIBLIA?

Esta es la última prueba y la definitiva. Si una situación puede pasar esta prueba, entonces, en efecto, vale la pena preocuparse por ello. Sin embargo, la Biblia expresa claramente en múltiples ocasiones, *"no se angustien"* (Mateo 6:34). Y *hacer* lo que la Biblia dice que *no se haga* es, simple y llanamente, un pecado.

La preocupación no solo demuestra una falta de confianza en Dios, sino que contradice directamente lo que la Biblia aconseja en Filipenses 4:6–7, que dice: *"Por nada estéis afanosos, sino sean conocidas vuestras peticiones delante de Dios en toda oración y ruego, con acción de gracias. Y la paz de Dios, que sobrepasa todo entendimiento, guardará vuestros corazones y vuestros pensamientos en Cristo Jesús"* (RVR).

"LA PREOCUPACIÓN NO SIRVE DE NADA PORQUE LO QUE UNO TEME, DESPUÉS DE TODO, NUNCA SE HACE REALIDAD."

—Consejo de una mujer de 83 años

Suena suficientemente claro, sin embargo los seres humanos por lo general decidimos hacer lo contrario de lo que dice la Biblia, y luego nos quejamos de los efectos adversos de la preocupación. La pura verdad es que *la preocupación demuestra que no creemos en la palabra de Dios*. Si nos atenemos a la lógica, es imposible nadar en dos ríos al mismo tiempo, o mirar al norte y a la vez al sur, o que una misma mente albergue simultáneamente dos pensamientos distintos, o dos emociones opuestas como el miedo y la fe.

De la misma manera, la preocupación no debe tener cabida en nuestra vida. *La preocupación y la fe son opuestos.* Si pusiéramos arena en una caja que pudiera contener un volumen de treinta centímetros, esa es la cantidad exacta de espacio disponible, de modo que si quisiéramos incorporar una porción más de arena, tendríamos que sacar otra. De la misma manera, si en nuestra vida damos lugar a la confianza en Dios y su palabra, la preocupación se disipará en forma natural.

CÓMO VENCER LA PREOCUPACIÓN

Hay dos razones para hacer las cosas: obtener un beneficio o evitar una pérdida. Pero en lo concerniente a la preocupación, parece entrar en juego una fuerza aun más poderosa, y no es otra que los malos hábitos. Entonces uno se preocupa porque ya se ha formado un hábito, y sea que lo aprendió de sus padres o que haya dominado este arte por sí mismo, es un hábito que debe ser destruido. La pregunta inevitable es *cómo hacerlo.*

Se han escrito libros enteros sobre este tema, pero yo he llegado a la conclusión de que a pesar de toda la información que uno pueda tener sobre este u otro tema, *terminará haciendo siempre lo que desde un principio había decidido hacer.* En una palabra, la única manera de producir el cambio es que cada persona voluntariamente decida modificar su modo de pensar.

No hay mejor lugar para comenzar que la palabra de Dios. Como pudo verse, la tercera prueba no deja cabida a la inquietud, pero muchas personas se angustian constantemente, aun sa-

LA PREOCUPACIÓN ES EL PREÁMBULO DE LA DERROTA. QUIEN SE HACE ESCLAVO DE LA PREOCUPACIÓN, PASA LA VIDA ENTERA VIENDO CÓMO SUS ESPERANZAS, FELICIDAD Y SUEÑOS SE DESMORONAN ANTE SUS OJOS.

biendo que no deberían hacerlo. El primer paso es aceptar que la preocupación es un pecado, y el segundo es arrepentirse, es decir, dar un giro de ciento ochenta grados.

Siga estos pasos con un esfuerzo consciente de llenar su mente de verdades importantes, *"consideren bien todo lo respetable, (…) justo, (…) puro, (…) amable, (…) digno de admiración, en fin, todo lo que sea excelente o merezca elogio"* (Filipenses 4:8), y estas verdades lo equiparán para resistir la habitual tentación de preocuparse.

Y a medida que usted lee, estudia y absorbe los principios de la palabra de Dios, sea obediente a lo que el Espíritu Santo le diga que haga. Él lo conoce mejor que usted mismo, y desea –aún más que usted– que quede libre de la preocupación.

También se necesitan ejercicios de fortalecimiento físico y mental para tomar la decisión de no ceder a la inquietud. En mi hogar me enseñaron a no preocuparme. Mi madre decía todo el tiempo que no había que inquietarse por nada, y de esa manera me estaba adiestrando mentalmente para no considerar siquiera la posibilidad de preocuparme, ya que con la preparación adecuada, podía controlar cada situación que enfrentara: en la escuela, haciendo mi tarea para estar preparado para exámenes, presentaciones, etc., y en mi trabajo, tal preparación consistía en anticiparme a entrevistas, investigar, conocer a la competencia, dominar ciertas destrezas, etc.

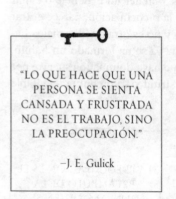

"LO QUE HACE QUE UNA PERSONA SE SIENTA CANSADA Y FRUSTRADA NO ES EL TRABAJO, SINO LA PREOCUPACIÓN."

–J. E. Gulick

Puede aplicarse este enfoque a todos los aspectos de la vida. Muchos se preocupan simplemente porque no están preparados adecuadamente para lo que tienen que hacer, ser, o decir, pero en mi caso, siempre me enseñaron a anticiparme, y de esa manera no dejaba lugar a la preocupación.

Aprendí a tener una visión positiva de la vida que impregna todo lo que hago, por más "pesada" que pueda ser una carga. Claro que algunas decisiones y problemas tienen más importancia que otros y me ocupo debidamente de ellos, pero ocuparse no es lo mismo que preocuparse.

Se puede vivir de una forma maravillosa *incluyendo* una actitud positiva, y *excluyendo* la preocupación. No espero que suceda algo malo, pero si ocurre, me ocupo de ello y sigo adelante. Deseo de todo corazón que la libertad que proviene de no preocuparse se le pudiera dar a cualquier persona como se entrega una carta o un paquete, pero tal cosa no es posible. A pesar de todo el estímulo y enseñanza que se ofrezca, en definitiva es una decisión voluntaria que cada individuo debe tomar por sí mismo.

Todos conocemos la realidad, pero no es la realidad sino la persona la que toma las decisiones. Decida usted mismo vivir una vida libre de preocupaciones. No solo es posible, sino que es *muy placentero.*

RIÁMONOS DE LA VIDA

–PORQUE TODOS TENEMOS LA TENDENCIA A TOMARNOS LA VIDA DEMASIADO EN SERIO

No importa si usted piensa que la vida es buena, mala o fea: lo cierto es que está viviendo. A pesar de lo que usted haga, siempre habrá cosas alrededor que estén completamente fuera de su control, como que se le otorgue algún premio inesperado, o que algún avión aterrice sobre el techo de su casa, o ver que sus acciones de la bolsa pierden la mitad de su valor de la noche a la mañana.

> "SI SE PIERDE LA CAPACIDAD DE REÍR, SE PIERDE LA CAPACIDAD DE PENSAR."
>
> –Clarence Darrow

Hay cosas que ocurren que uno no puede solucionar, manipular, predecir ni impedir. ¡Así es la vida!

Sin embargo, de las cosas que sí se pueden controlar, hay una que tiene la capacidad de ejercer una influencia positiva en todos los ámbitos de la vida, incluso durante los tiempos difíciles: es la capacidad de reír.

DE NADA VALE LLORAR POR LA LECHE DERRAMADA

La risa no es un rasgo de la personalidad. Por el contrario, es necesario buscar intencionalmente algo de lo que reírse. Claro está que hay *"un tiempo para reír; un tiempo para estar de luto"* (Eclesiastés 3:4), pero uno en definitiva encuentra lo que busca.

Personalmente, me he entrenado para buscar un toque de humor en todo lo que la vida me presenta, aun en las situaciones aparentemente carentes de humor. Encuentro humor en funerales, en la iglesia, en mi trabajo, en mi hogar, etc. Y no es que esté desconectado de mis emociones o tenga una mente retorcida, sino que a propósito busco algo de lo cual reírme. Una vez que la bola está rodando, se hace mucho más fácil encontrar humor en lo que sucede a nuestro alrededor, diariamente.

> "DE TODOS LOS DÍAS VIVIDOS, AQUÉL EN EL QUE UNO NO SE HA REÍDO ESTÁ IRREMEDIABLEMENTE PERDIDO."
>
> –Proverbio francés

Los franceses tienen un excelente adagio que dice: "De todos los días vividos, aquél en el que uno no se ha reído está irremediablemente perdido". Me gusta ese pensamiento, y trato de hacer que cada día cuente.

Uno de mis constantes motivos de risa soy yo mismo. Alguien dijo: "Si aprendes a reírte de ti mismo, siempre tendrás algo de qué reírte", y tenía razón. Si me tomo demasiado en serio, comienzo a pensar cada vez más en las situaciones negativas que me rodean, y en esa tónica mental, les doy ventaja y plena cabida al desaliento, a la falta de fe, a la desesperanza y a la amargura.

En cambio, la risa me permite conservar una perspectiva saludable. Hace algunos años llevé a mi compañero de vuelo de muchos años, Gene Franklin, en mi avioneta Piper Cub. Antes de despegar, le pregunté al encargado de cuidar mi avioneta si estaba todo listo para volar, y me dijo que sí.

Aproximadamente diez minutos después de estar en el aire, ¡se nos acabó el combustible! Miré a Gene, que estaba en el asiento trasero, y con una sonrisa le dije:

–¿Qué sueles hacer cuando se le acababa el combustible a tu automóvil? Aprovechar los restos ¿verdad?

De modo que eso hicimos. Hice un giro con la avioneta y fui en la dirección contraria, inclinando el avión para hacer pasar al carburador los restos de combustible que quedaban en los tanques, cada vez que el motor comenzaba a hacer explosiones. Pudimos llegar a un aeródromo y estábamos a punto de aterrizar cuando recordé que allí no vendían gasolina, así que me reí y le dije a Gene:

–Tal vez podamos hacer cinco kilómetros más.

Para ese momento los tanques estaban vacíos hacía rato, pero repitiendo el procedimiento de un tanque al otro alternativamente, pudimos hacer esos cinco kilómetros. Cuando estábamos acercándonos a tierra, finalmente el motor cesó de funcionar, así como la hélice. Planeamos hasta los surtidores de gasolina y nos quedamos sin impulso ¡justo a un metro de distancia! Mientras le ponía combustible al avión, el empleado que servía comentó:

– ¡No sabía que a estas avionetas tan pequeñas les podía caber tanto combustible!

Ante aquel comentario, soltamos una buena carcajada.

La situación era seria y podía haber sido desastrosa, pero con preocuparme o estresarme no habría hecho absolutamente nada por mejorarla, sino que, por el contrario, esto habría afectado mi capacidad de pensar con claridad y probablemente todo habría empeorado. Me reí de mí mismo por no haber verificado el indicador de combustible (siempre es responsabilidad del piloto hacerlo), ¡y es una lección que sé que nunca olvidaré!

Hasta Gene se rió, y aunque yo *nunca* habría vuelto a volar con un piloto a quien se le olvida comprobar el combustible de su propio avión, él ha volado conmigo muchas veces desde entonces. Además de ser un buen compañero de vuelo, es un buen compañero de risa; algo que todos nosotros necesitamos en la vida.

¿POR QUÉ NO REÍRSE?

Siempre hay una razón para reír. Claro que probablemente haya una razón para no reír, pero uno debe elegir, entre las dos opciones, qué es lo que quiere hacer. A continuación presento cinco razones por las que es bueno cultivar la costumbre de reírse diariamente:

1 –REÍR ES MEJOR QUE LLORAR.

Mi madre podía reírse de cualquier cosa, no porque su vida fuera perfecta, sino más bien porque ella prefería la risa a la tristeza, el resentimiento o el desaliento. Toda moneda tiene dos caras, lo mismo que toda situación.

Ella veía el mejor lado de una situación y en eso se concentraba, y a veces, encontraba humor o percibía algo especial en algo que a otra persona la habría dejado atónita. Muchas veces, cuando yo era testigo de algún comentario o acto de crueldad, ella me decía que viera el lado positivo y, al hacerlo, el dolor o el enojo desaparecían. Mi madre me enseñó a reír y a encontrar humor en la vida.

Como siempre hay dos opciones, hay que elegir siempre la risa.

2 –LA RISA ES BUENA PARA LA SALUD

La risa no es tan solo una buena alternativa o el mal menor. De hecho, es buena para la salud, como dice Proverbios 17:22: *"Gran remedio es el corazón alegre, pero el ánimo decaído seca los huesos"*.

Se ha destacado en numerosos estudios, artículos, libros y conferencias el hecho de que, por medio de la risa, hay quienes se han recuperado de enfermedades graves. Lamentablemente, el poder contenido en la risa solo se aprovecha en forma esporádica.

SI TE RÍES DE TI MISMO,
SIEMPRE TENDRÁS ALGO
DE LO CUAL REÍRTE.

Se ha demostrado, asimismo, que la risa puede reducir la presión sanguínea y mejorar el sistema inmunológico, pero ¿se traduce eso en una vida más larga? Una vez leí acerca de una universidad en la que probaron esta teoría pidiéndole a un grupo de hombres y mujeres, con setenta y dos años de edad promedio, que compararan su sentido del humor con el de algún hermano ya fallecido (en promedio, a la edad de sesenta y cinco años). No cabe duda de que la mayoría dijo que reía más de lo que alguna vez había reído su hermano, lo cual sugería que el que más ríe, más vive.

Los seres humanos suelen tomar muy en serio el asunto del dinero, y hasta cierto punto esto está bien, pero ni siquiera el dinero es tan importante que no podamos reírnos por ganarlo o por perderlo. A veces, al levantarme un lunes por la mañana, me he enterado de que algunas de mis acciones en la bolsa han sufrido una brusca caída o aumentado estrepitosamente.

Es natural que prefiera los aumentos, pero cuando hay una pérdida, me encojo de hombros y digo: "Algunas se ganan, algunas se pierden, y en otras hay empate". Las ganancias me hacen reír, y digo: "Qué peligroso sería si supiera lo que estoy haciendo".

En la vida nos inquietamos en exceso por cosas que realmente no son tan importantes, tanto que el estrés se ha convertido en el mayor causante de enfermedades en el mundo industrializado. Las personas están comenzando a descubrir la significativa relación que existe entre la mente y el cuerpo. ¡La risa es muy buena para la salud!

3 –LA RISA ES PODEROSA.

Los que conocen cómo usar con eficiencia el humor, también saben persuadir a los demás. La habilidad de hacer reír a otros y de emplear el humor como herramienta para calmar situaciones potencialmente problemáticas o difíciles, es un valioso recurso personal. Zig Ziglar, autor de *best-séllers* y famoso orador de conferencias sobre motivación, usa este método con su público, e incluso les dice: "Cuando uno se está riendo de una persona, es difícil estar disgustado con ella".

"LA VOLUNTAD DE DIOS NO ES SOLAMENTE QUE SEAMOS FELICES, SINO QUE NOS HAGAMOS FELICES."

–Emanuel Kant

¡Y es cierto! Si una persona se está riendo de usted, podrá decirle casi de todo, pero si está disgustada, aunque le diga una frase agradable como "encantado de conocerlo" lo podría sacar de quicio. El humor es una actitud que puede aprenderse y practicar.

Una vez que se aprende, puede marcar una diferencia importante en el concepto que uno tiene de sí mismo, en el establecimiento y logro de metas, y en el manejo de las relaciones interpersonales.

La risa tiene, asimismo, el poder de cambiar nuestro propio mundo, permitiéndonos ver las cosas en su justa perspectiva y seguir adelante, aun cuando la oposición parezca insuperable.

Cuando era joven y trabajaba a tiempo completo como vendedor, solía sonreírme a mí mismo diciendo: "A todo el mundo alguien le puede vender algo... ¿por qué no yo?" En lugar de tomarme la vida con tanta seriedad, usaba la risa para motivarme a desarrollar mis capacidades.

Una vez fui a encontrarme con un potencial cliente, pero yo *llevaba puesto* mi producto –una bebida de chocolate–, y lo lucía en todo el traje. Me había resbalado bajando un tramo de las escaleras, y me derramé encima todo el contenido de la máquina portátil para fabricar bebidas. Aunque no pude venderla, los dos disfrutamos de una buena carcajada.

4 –LA RISA ATRAE COMPAÑÍA

El humor llama la atención y congrega a las personas. Aparte de ser un elemento obligatorio para quien habla en público –ya que el objetivo es mantener su atención–, simplemente es divertido estar cerca de alguien que se ríe mucho, y que en lugar de expresar desaliento y criticar, se muestra optimista y positivo.

Bill Hinson es mi amigo desde que tenía veinte años, y es un maestro del humor. Lo he visto utilizar el humor para aplacar discusiones, para explicar una situación delicada y para hacer que alguien se sienta cómodo.

Teniendo ese humor y capacidad de reír, no me sorprende que haya ocupado tantos puestos de liderazgo a lo largo de su vida. Cuando Bill entra en un lugar, todos se dan cuenta; sus llamadas telefónicas son estimulantes y su presencia levanta el ánimo. Se puede sentir cuando él está cerca; él es una bendición.

Salomón, considerado uno de los hombres más sabios de todos los tiempos, dijo: *"Mejor son dos que uno"*, y luego añadió: *"si caen, el uno levanta al otro"* (Eclesiastés 4:9-10). Creo que esto puede aplicarse también a la risa, ya que cuando uno está desanimado, el otro puede animarlo a través de la fuerza y el poder de la risa.

La risa alegra nuestros buenos momentos y aligera el peso de los malos. Ya que vamos por la vida junto a otras personas, podríamos aprovechar y disfrutar del viaje. La risa es la vida de una fiesta, y si los otros no la quieren, debemos tomar la porción de ellos.

Proverbios 15:15 dice que *"para el que es feliz siempre es día de fiesta"*. Ahora bien, he podido comprobar por experiencia que donde hay comida, la gente se reúne. Y si siempre es un día de fiesta, seguramente tendremos una multitud. ¿Por qué no ser entonces el anfitrión de la fiesta?

5 –LA RISA ES BUENA MAESTRA

La risa es una de las mejores maestras que hayan existido. Si usted se ocupa de enseñar, especialmente a niños, entonces tendrá que usar la risa para su provecho.

Oí hablar de un padre que usó el humor para enseñar a su hija una valiosa lección. Ella había empacado para una corta estadía con su prima, pero su equipaje era excesivo. En lugar de sermonearla, le puso la cara más lastimosa y de preocupación que pudo, por lo que ella le preguntó:

–¿Qué pasa, papá?

A lo que él respondió:

–Creí que te ibas por un par de días. ¡No sabía que te estabas mudando!

Ella se rió, y estuvo de acuerdo.

Si usted ha viajado al extranjero, sin duda habrá descubierto las diferentes costumbres que tiene cada país. Infringir normas que son tabú para una cultura, puede ser una experiencia de las más embarazosas pero también cómica. Aunque resulte natural enseñar estas costumbres mediante el uso del humor, este método es útil para aplacar la probable mala voluntad hacia el extranjero, y a la vez permite que este nunca olvide la torpeza que cometió.

Cualquier cosa que usted haga, incluya en ello un poco de risa y verá mejores resultados.

LA RISA EN EL HOGAR

Una vez alguien le preguntó a mi esposa qué era lo que más le gustaba de mí, y ella, al instante, contestó:

—Que me hace reír.

Nunca la había oído decir eso, pero por supuesto, me hizo sentir bien.

El matrimonio es un buen lugar para fomentar de por vida la costumbre de reír. Ya sea que usted esté casado o no, le haría bien atender el siguiente consejo de la escritora Barbara Chesser, a quien conozco desde hace años; puedo avalar lo que ella dice, ¡porque funciona!

"LA FORTUNA LES
SONRÍE A AQUELLOS
QUE SONRÍEN."

– Proverbio japonés

Sabemos que el sentido del humor ayuda a poner las cosas en perspectiva, pero algunas veces no es tan fácil. Sin la risa, uno puede llegar a ahogarse en un vaso de agua y saldrían a relucir todos los defectos del matrimonio, que debe ser más bien divertido, y esto es posible si se cultiva la práctica de la risa.

A continuación enumero las sugerencias de la doctora Chesser para hacer que la risa sea un ingrediente principal en su matrimonio:

≈ Aprenda a relajarse, vivir un poco y reír mucho.

≈ Sea sensible con las diferencias en cuanto al humor, sobre todo si usted y su cónyuge difieren en este aspecto.

≈ Considere si su intervención humorística es oportuna.

≈ No se ría *de* la persona sino *con* ella.

≈ Establezca sus propias reglas de juego.

Luego, podrá reírse en ocasiones como estas:

≈ Cuando no quede otra alternativa que reírse.

≈ Cuando uno de ustedes o ambos no sepan qué hacer en el momento siguiente.

≈ Cuando uno de ustedes tiene un deseo avasallante de matar al otro.

≈ Cuando necesiten poner su mente en condiciones para manejar positivamente una situación potencialmente negativa.

≈ Cuando necesiten una válvula de escape para contribuir a sanar heridas o dolores.

La risa es más que una buena medicina, ¡es la *mejor* medicina! Independientemente de lo que usted haga, aprenda a reírse de la vida.

Por usted mismo y por todos los que lo rodean, ¡su deber es no tomarse la vida tan en serio!

PARTE SIETE

EL MÁS GRANDE
DE TODOS
LOS LEGADOS

EL MEJOR LEGADO DE TODOS: CONOCER A DIOS

–A PARTIR DE ESTE, CUALQUIER OTRO LEGADO COBRA SIGNIFICADO Y PROPÓSITO

Cuando era niño, nunca estábamos bien económicamente. Sin embargo, durante la Segunda Guerra Mundial, de lo que teníamos, mandábamos un poco a nuestros parientes que estaban tratando de sobrevivir en Europa, en medio de los estragos de la guerra. Mi padre me pedía que lo ayudara a preparar pequeñas cajas de cartón que contenían fruta deshidratada, mermeladas, frutas secas, etc., y que luego enviábamos por correo a sus familiares. Al cabo de varias semanas mandábamos otro paquete, aunque nunca sabíamos si llegaban a su destino.

Tal vez la comida terminaba en la mesa de un soldado enemigo, o en las manos de algún cartero hambriento. Nunca nos enteramos, pero mi padre pensaba que era importante hacer los envíos, de manera que yo lo ayudaba.

LOS COMPONENTES DE LA CONFIANZA

Pasaron más de cincuenta años, y después de seguir el rastro a algunos de los antepasados de mis padres en Francia y Alemania, un día fui a parar a la casa de unos parientes de mi padre. Se trataba de la misma familia a quienes habíamos enviado los paquetes hacía tantos años. Mientras charlábamos, en algún momento de la conversación se tocó el tema de la Segunda Guerra Mundial; por curiosidad le pregunté a mi primo si habían llegado a recibir alguna de las cajas que mi padre y yo les habíamos enviado.

"DIOS QUIERE QUE LO CONOZCAMOS PROFUNDAMENTE, PORQUE SABE LO QUE PARA NOSOTROS SIGNIFICARÁ CONOCERLO."

–Peter V. Deison

Él hizo una pausa, y cuando me miró noté que sus ojos se llenaban de lágrimas. Con la voz quebrada me dijo:

—Pudimos sobrevivir gracias a lo que ustedes nos enviaban. De otra manera no estaríamos aquí para contarlo.

Habían pasado tantos años ¡y yo nunca lo había sabido! Me dio un abrazo lleno de tanta calidez y gratitud que ese mismo instante verificaba que todo el trabajo y esfuerzo había valido la pena, y yo también comencé a llorar.

Aquel día sentí que la confianza que tenía en mi padre había crecido. Si él aún viviera y me pidiera que enviara a alguien un paquete de ayuda, no dudaría en hacerlo. ¿Por qué? Porque lo conocía lo bastante bien como para confiar en él completamente.

De la misma manera, mientras más conozcamos a Dios, más confiaremos en Él; este es un recorrido que lleva tiempo, y hay indicadores en el camino que nos van diciendo cuánto progresamos.

INDICADOR # 1 –CONFIAR EN DIOS

La confianza que tenía en mi padre se debía a que lo conocía, y a mi experiencia junto a él. En la relación con Dios, no hay dos personas iguales, lo cual significa simplemente que ninguno de nosotros tendrá una experiencia de Dios exactamente de la misma manera que otra persona (la experiencia no es la única forma de conocer a Dios, pero ciertamente puede funcionar).

J. I. Packer, autor de *Conociendo a Dios,* dice que Dios lleva a los seres humanos (por ejemplo Jacob, José, entre otros) a lo más bajo de la vida para que puedan vivir en la cumbre. ¿Por qué hace esto? Porque tiene grandes cosas guardadas para nosotros y desea llevarnos a la experiencia que nos conviene vivir, *y para ello necesita de nuestra confianza en Él.*

No puedo decir si esta experiencia de ser llevados al nivel más bajo para poder luego disfrutar de la cima es un paso obligado para todos, pero lo que sí sé es que yo mismo he estado en el fondo en varias ocasiones y *siempre valió la pena.* Lo que adquirí en cuanto a mi conocimiento de Dios y mi confianza en Él, no lo cambiaría por nada de este mundo.

Claro que no fue algo fácil, pero seguramente era bueno para mí. Mi conclusión es que Dios quiere que confíe en Él. Aunque nunca me forzará, hará todo lo que esté a su alcance para que yo confíe en Él, y hace lo mismo por todos.

Henry T. Blackaby y Claude V. King, autores de *Mi experiencia con Dios,* explican que cuando verdaderamente estamos preparados, Dios nos usa para algo "grande". Siempre debe haber una preparación primero, pero a través de ella conocemos a Dios y desarrollamos nuestra confianza en Él.

Abraham es uno de mis personajes bíblicos favoritos. Aunque cometió bastantes errores, nunca se dio por vencido. Era tenaz en su deseo de conocer a Dios y obedecerle. Cuando Dios le dijo que sacrificara a su hijo Isaac (ver Génesis 22:2, 13), él obedeció. En el último minuto, un ángel le mostró un carnero atrapado en un matorral y Abraham sacrificó al animal en lugar de su hijo. Por medio de la obediencia descubrió más acerca del carácter de Dios, y llamó a Dios por un nuevo nombre: *"El Señor proveerá".*

"AGRADEZCO A DIOS POR LOS TIEMPOS DUROS, QUE CON SU RIGOR Y ASPEREZA LIMPIARON MIS EMOCIONES, SACANDO TOTALMENTE DE MI INTERIOR AQUELLO DE LO QUE ESTABA DEPENDIENDO, PARA QUE NO ME QUEDARA NADA, SINO SÓLO DIOS."

–Chuck Swindoll

Como Abraham, he visto la provisión de Dios muchas veces, y mi fe y confianza en Él se han acrecentado en cada ocasión. También como Abraham, a veces no veo el resultado final de mis actos, pero obedezco por fe. Por ejemplo, cuando he sentido que debía ayudar económicamente a alguien, para luego descubrir que esa persona se estaba aprovechando de mí. ¿Acaso Dios no lo sabía? Por supuesto que sí, *pero mi deber no era conocer todas las respuestas, sino ser obediente*. Sin embargo, por medio de mi obediencia, conozco mejor a Dios, lo cual es, probablemente, el principal objetivo.

Así como lo hizo con Abraham, Dios me demostró que es *completamente* fiel, veraz, y confiable, y sin duda también se lo demostrará a usted.

Recordemos que Abraham conocía a Dios personalmente; comprendía su carácter, y descubrió que era quien decía ser. De hecho, Abraham de ahí en adelante se llamó el amigo de Dios (ver 2 Crónicas 20:7). ¡*Eso sí* que es un legado!

¿ADÓNDE NOS LLEVA LA CONFIANZA?

Para confiar en Dios hay que tomar voluntariamente dos decisiones que nadie puede tomar por uno. Los padres *pueden* y *deben* conducir a sus hijos hasta la puerta de cada una de estas decisiones, pero como sucede con cualquier legado, la respuesta final queda en manos del hijo.

La primera decisión es la más importante:

1–¿LE CONFÍA USTED A DIOS SU VIDA ETERNA?

A MENUDO NO
CONFIAMOS EN DIOS.
SIN EMBARGO ÉL...

–nunca llega tarde
–nunca deja de ser fiel
–nunca es cruel
–nunca está ausente
–nunca le falta amor
–nunca está equivocado.

Cierto día, cuando tenía dieciséis años, me encontraba solo en medio de un viñedo, y allí tomé esa decisión. Jesús dice: "*Yo soy la puerta; el que por mí entrare, será salvo*" (Juan 10:9, RVR), y mi madre me condujo a esa puerta. Yo tomé voluntariamente la decisión de confesar mis pecados y pedirle a Jesús que entrara en mi vida, y entré por la puerta.

En toda relación, lleva tiempo conocer a la otra persona. Lo mismo sucede con Dios: mientras más aprendo sobre su carácter y su amor por mí, mayor es mi confianza en Él. Luego vino el momento de la segunda decisión:

2 – ¿LE CONFÍA USTED A DIOS SU VIDA DIARIA?

La eternidad dura por siempre, mientras que un período entre setenta y noventa años sobre la Tierra, en comparación, no es más que una pequeña gota del agua de todo un océano. ¿Por qué nos disponemos fácilmente a confiarle a Dios nuestra vida eterna, y sin embargo nos cuesta confiar en Él para nuestra vida diaria?

Esta decisión es la más difícil para muchas personas, porque es aquí donde comienzan a tratar asuntos muy prácticos y personales, tales como: actitudes, deseos, pensamientos, emociones y dinero. Yo creo con todo mi corazón que Dios simplemente quiere que confiemos en Él.

¿Qué es lo que impide que una persona confíe en Dios a pesar de que Él nunca llega tarde, nunca es infiel, nunca es cruel, nunca está ausente, nunca nos priva de su amor y nunca se equivoca? *¿Es porque hemos sido condicionados de antemano a creer otra cosa?*

Si usted –como yo– ha tenido suficientes experiencias que han destruido su confianza, no culpe a Dios. El hecho es que podemos confiar en Dios porque Él es *"la Roca, sus obras son perfectas, y todos sus caminos son justos. Dios es fiel; no practica la injusticia. Él es recto y justo"* (Deuteronomio 32:4).

Pase lo que pasara y digan lo que dijeren, lo perfecto es perfecto. Y además, Dios desea que experimentemos *"vida, y vida en abundancia"* (Juan 10:10). Dios es digno de confianza, perfecto, y está de nuestro lado; ¿cómo no amarlo?

INDICADOR # 2 –AMAR A DIOS

Dios no ofrece la oportunidad de conocerlo solo a personas escogidas, sino que quiere tener una relación personal con cada individuo, aunque nunca se impondrá por la fuerza.

He tratado algunas veces de *hacer* que otras personas sean mis amigas, pero pronto descubrí que no funciona. Tiene que haber un deseo de las dos partes. Pero en el caso de Dios, Él se anticipó, y nos está esperando.

¿Es posible conocer a Dios como uno conoce a su mejor amigo? Creo que la respuesta es sí, aunque obviamente, uno no puede sentarse con Dios a tomar juntos un pocillo de café. La relación es diferente y al mismo tiempo igual, ¡solo que mejor!

El *método* que utilizo para conocer mejor a mi esposa es salir a dar una caminata con ella. Lo que hagamos no importa tanto como el hecho de estar juntos, y de que yo la escuche, viéndola como ella realmente es, y tratando de comprenderla.

Los cristianos han procurado conocer a Dios durante muchas generaciones; sin embargo, se esfuerzan por resolver preguntas como: "¿Cuántos capítulos de la Biblia necesito leer … durante cuánto tiempo debo orar… qué pasaría si me pierdo un día… ¿diez minutos serán suficientes?"

Dichas preguntas no vienen al caso, *porque prestan atención al* método *en lugar de la* razón *para estar juntos.* Esta atención mal enfocada es legalista y, como es de esperarse, tiende a sofocar cualquier intento de relación.

Si paso tiempo junto a Jane, no es porque me han dado la orden de hacerlo, sino porque la amo. Con respecto a Dios, nuestro amor por Él no está limitado a algo que nos hace sentir bien, como un éxtasis emotivo derivado de cierta experiencia. Por el contrario, Jesús dio el mandamiento: *"Ama al Señor tu Dios con todo tu corazón, con todo tu ser y con toda tu mente"* (Mateo 22:37).

"BUSQUEMOS CONOCER A DIOS POR REVELACIÓN, NO POR EXPERIENCIA NI POR ESTUDIAR ACERCA DE ÉL. SI BASAMOS NUESTRO CONOCIMIENTO DE DIOS SOLAMENTE EN LA EXPERIENCIA O EN EL ESTUDIO, ENTONCES LOS JÓVENES NO PUEDEN CONOCER A DIOS, Y LOS ANCIANOS DEBERÍAN SER LOS QUE MÁS LO CONOCEN, Y NINGUNA DE LAS DOS COSAS ES VERDAD."

–F. Nolan Ball, pastor, 73 años

Es bastante sencillo: hemos de amar a Dios con todo lo que somos, entera y completamente. Y mientras más lo amemos, más lo conoceremos, y al conocerlo más, más lo amaremos.

INDICADOR # 3 –OBEDECER A DIOS

Naturalmente, la obediencia es el segundo paso en la relación con Dios, pero sin duda hay que conocer lo que Él dice antes de poder obedecerle. Por lo tanto, oír su voz es una parte fundamental de conocerlo, ya que no hay ninguna relación que consista en una comunicación unilateral.

Dios rara vez habla de forma audible, aunque habla constantemente por medio de su palabra y su Espíritu Santo (también se expresa a través de otros medios, como personas o circunstancias, y todo lo que dice se ajusta a su carácter y a su palabra).

Cuando le di a Dios el señorío sobre mi vida, renuncié al derecho a decir no a sus mandamientos, de modo que cuando Él habla tengo que obedecer. De esto proviene el crecimiento, el progreso y la bendición.

Hace muchos años tuve una experiencia que significó un importante adelanto para mí, ya que a pesar de que las circunstancias no eran cómodas ni particularmente agradables, mi conocimiento *acerca* de Dios se transformó en conocimiento *de* Dios, y eso fue significativo y duradero.

> "EL HOMBRE AMA A QUIEN VERDADERAMENTE CONOCE. Y SI LO AMA, LE SERVIRÁ."
>
> –Dr. Dwight Pentecost

Yo había invertido mucho tiempo, energía y dinero en un negocio que ya estaba listo para lanzarse en forma portentosa. Sin embargo, en aquel momento me encontré en una situación difícil: debía escoger entre proceder contra mi moral y mi ética de trabajo basadas en la palabra de Dios, o dejar que el negocio se diera por terminado aun antes de comenzar. Escogí la segunda opción.

Solo habían transcurrido algunos días cuando se me ofreció una oportunidad que, al cabo del tiempo, me condujo a mi situación actual. Si aquella empresa hubiese sido un éxito, solo Dios sabe lo que sería mi vida hoy.

A través de aquella experiencia, llegué a comprender que Dios estaba mucho más interesado en mi bienestar que incluso yo mismo. Al obedecerle, salí favorecido de todas las formas posibles.

INDICADOR # 4 –SERVIR A DIOS

A medida que va evolucionando la relación que entablamos con Dios con el fin de conocerlo, hay una razón importante para ponerle al *último* indicador el título de "Servir a Dios". Los que se lo ponen al primero, a menudo logran grandes cosas para Dios, aunque muchas veces no tienen una relación personal con Él a lo largo del camino.

La Biblia expresa claramente: *"Y esta es la vida eterna: que te conozcan a ti, el único Dios verdadero, y a Jesucristo, a quien has enviado"* (Juan 17:3). Dado que conocer a Dios es vida eterna, es razonable que pongamos nuestra atención en conocer a Dios antes que en servirle.

Esto de ningún modo minimiza la importancia de lo que hacemos por Dios. Generalmente, cuando le obedecemos, terminamos sirviéndole. De hecho, Efesios 2:10 nos revela que Dios preparó buenas obras *"de antemano a fin de que las pongamos en práctica"*. A Dios le importa mucho lo que hagamos por Él, y a nosotros también debería importarnos.

Algunos de los momentos más significativos y hermosos de mi vida los viví al servir a mis semejantes en obediencia a Dios.

≈ Di mi abrigo a alguien que lo necesitaba más que yo; yo estaba tan caliente por dentro, ¡que podría haber estado afuera en el frío todo el día!

≈ He ayudado a cientos de jóvenes a estudiar una carrera universitaria. Me emociona extraordinariamente su futuro ¡y me encanta poder ser parte de él!

≈ He ayudado a empleados míos de muchas maneras. Soy afortunado de poder hacer algo por ellos, y siempre termino siendo más bendecido.

≈ He donado dinero a organizaciones que ayudan a personas sin hogar, a los excluidos, los hambrientos, y a los perdidos, y cuando ayudo, al mismo tiempo que me humillo resulto fortalecido.

La felicidad que produce el servicio nacido de la obediencia es tan intensa que no hay palabras que puedan describirla adecuadamente. *Usted tendrá que experimentarlo por sí mismo.*

> "ES FÁCIL SABER MUCHO ACERCA DE DIOS Y AL MISMO TIEMPO NO CONOCERLO MUY BIEN. PODEMOS INCLUSO SER BUENOS Y, SIN EMBARGO, NO CONOCER A DIOS."
>
> –J. I. Packer

EL CORAZÓN DE DIOS

Peter V. Deison, en su libro *La prioridad de conocer a Dios*, escribió: "Dios quiere que lo conozcamos profundamente, porque Él sabe lo que para nosotros significará conocerlo".

Ese es, precisamente, el corazón de Dios; nos da mucho más de lo que alguna vez le podríamos dar a Él. Le agrada bendecirnos, ser pródigo con nosotros y acompañarnos, simplemente porque Él es nuestro Padre. Como padre, sé lo que es querer bendecir a mis hijos y nietos, *solo que Dios quiere hacer lo mismo por nosotros de una manera mucho mayor.*

Conocer a Dios es el mayor de todos los legados.

CAMINANDO
CON CRISTO

–EL VIAJE QUE DURA TODA LA VIDA Y NO TIENE FIN

Recuerdo el día que le pedí a Jesucristo que entrara en mi vida. No tenía idea de la repercusión que ese paso tendría en mi vida (y creo que nadie lo sabe hasta después de un tiempo), pero a pesar de ello podía ver que seguir a Dios sería como una especie de viaje.

"¿Es difícil seguir a Dios?", me han preguntado. Eso depende de lo que usted entienda por "difícil". ¿Que si seguir a Dios tiene un precio? *Indudablemente lo tiene.* ¿Hay necesidades y deseos a los que se renuncia a lo largo del camino? *¡Todo el tiempo!* Pero ¿es difícil seguir a Dios? La respuesta es un rotundo "¡No!"

No puede decirse que algo es difícil solo porque cueste o porque haya que sacrificarse. Nadie se lamenta por el atleta que gana una medalla olímpica, aunque esa persona haya pagado un precio incalculable: un esfuerzo agotador detrás de la escena, privarse de ciertas cosas, probablemente durante varios años, todo por la esperanza de un breve momento de gloria. La medalla, una vez conseguida, hace que todos los costos y sacrificios parezcan poca cosa.

En muchos aspectos, seguir a Dios es algo similar. Hay que pagar el precio y hacer los sacrificios que conlleva seguirlo, pero no por ello es difícil. Difícil es competir y nunca ganar, invertir y perder todo, trabajar sin recibir nada por el esfuerzo, o mostrar amor y recibir odio a cambio. *Eso sí* sería una vida difícil, pero no es la vida que yo he vivido.

Lo que he tenido que pagar o sacrificar es insignificante si lo comparo con lo que he recibido hasta ahora y lo que todavía recibiré a cambio.

> NO PUEDE DECIRSE QUE
> ALGO ES DIFÍCIL SÓLO
> PORQUE CUESTE O
> PORQUE HAYA QUE
> SACRIFICARSE.

¿QUÉ SIGNIFICA SEGUIR A DIOS?

Yo veía que seguir a Dios era lo que me correspondía como cristiano. A fin de cuentas, yo soy la oveja y Él es el Pastor, yo soy el siervo y Él el Amo, yo la criatura y Él el Creador. En todos los ejemplos, yo soy el que sigue y Él es el que conduce.

Es cierto que Dios es todas esas cosas: Pastor, Amo y Creador, ¡pero Él es mucho más que eso! La Biblia dice que Dios es:

≈ Mi padre (Romanos 8:15).
≈ Mi hermano (Hebreos 2:11).
≈ Mi intercesor (Romanos 8:34).
≈ El sacrificio expiatorio por mis pecados (1 Juan 2:2).

Y dice que yo soy:

≈ Hijo de Dios (Romanos 8:16).
≈ Una nueva criatura (2 Corintios 5:17).
≈ Coheredero con Cristo (Romanos 8:17).

A medida que comencé a ver que Cristo era mi Señor y mi salvador, *y además* mi hermano, intercesor, padre, y aun amigo, mi percepción de Cristo y mi relación con Él, cambiaron radicalmente. Ahora sí era posible realmente caminar *juntos*.

Existe en algunos países la costumbre cultural de que cuando un hombre y su esposa caminan juntos, vayan a varios pasos de distancia, el hombre adelante, y la mujer atrás. Esta imagen refleja para mí la forma en que me imagino caminando con Dios.

Jesús, en un principio, saludó a sus discípulos diciéndoles "vengan, síganme", pero Él no les decía lo mismo todos los días, porque ellos *ya* estaban con Él. La Biblia dice que *"Él [Jesús] permanece en nosotros"* (1 Juan 3:24). Si Él ya está en mí, no necesito salir a perseguirlo, porque estamos inseparablemente unidos. Jesús dice, incluso:

EL VIAJE DEL CRISTIANO NECESITA UN BOLETO QUE NO PUEDE COMPRAR Y TIENE UN DESTINO AL QUE NO MERECE LLEGAR.

"Nunca te dejaré, jamás te abandonaré" (Hebreos 13:5).

Indudablemente, Dios quiere que su relación con nosotros sea mejor que la que tiene un esclavo con su amo o un rey con sus súbditos. Me parece asombroso que a mí, un hombre que se crió como recolector de fruta en California, que a veces era tan malhablado, y que nunca se graduó en la universidad, Dios me permita heredar *todo* lo que Él tiene dispuesto para mí. ¿Por qué querría Dios darme lo que no merezco y nunca podría ganar?

Hay una sola palabra que lo explica: gracia.

BAJO LA GRACIA

Gracia es una palabra que usamos pero rara vez comprendemos. La gracia no puede confundirse con la misericordia, porque misericordia es que nos saquen del atolladero a pesar de que la falta sea nuestra o estemos obteniendo nuestro justo merecido. Por el contrario, la gracia consiste en que Dios le da al ser humano algo que no merece y que no podría obtener, comprar, adquirir ni ganar, por mucho que se esfuerce. Steve McVey, autor de *Tierra de Gracia,* lo expresa de esta forma: "La gracia significa que Dios lo hace todo".

Dios me ha dado mucho, y no merezco nada de ello, por muy recto que trate de ser en mi comportamiento moral. La Biblia dice: *"Pues todos han pecado y están privados de la gloria de Dios"* (Romanos 3:23). Como pecador que soy, mi destino debería ser la muerte, pero Dios me ha dado vida, una vida a la que Él luego le añade tanto, que sobreabunda de su bondad, amabilidad y generosidad. Dios no hace nada a medias. Él dijo: *"He venido para que tengan vida, y la tengan en abundancia"* (Juan 10:10, énfasis mío).

LA GRACIA CONSISTE EN QUE DIOS LE DA AL SER HUMANO ALGO QUE NO MERECE Y QUE NO PODRÍA OBTENER, COMPRAR, ADQUIRIR NI GANAR, POR MUCHO QUE SE ESFUERCE.

Pero Jesús no se detiene allí. Él tomó la imagen que yo tenía de mí mismo, esa de una oveja obediente que lo sigue, y la puso al revés cuando dijo: *"Yo soy el buen pastor. El buen pastor da su vida por las ovejas"* (Juan 10:11).

Él me da lo que no merezco, desea bendecirme más allá de lo que mi capacidad podría abarcar, ¡y además murió por mí! ¿Qué clase de relación unilateral es esa?

A lo largo del viaje con Cristo, hay incontables desvíos que prometen un camino mejor, un recorrido más fácil, o un sendero menos escarpado. Sin embargo, *ningún desvío del camino de Dios nos encaminará de vuelta a su senda.* La Biblia dice que *"angosto es el camino que conduce a la vida, y son pocos los que lo encuentran"* (Mateo 7:14). Una vez que lo encontramos, no hay razón para dejarlo, a pesar de los obstáculos aparentemente insalvables que aparezcan en nuestro camino, o de lo atractiva que luzca la oportunidad de alejarnos de él.

Personalmente me he encontrado con muchos desvíos en mi camino, incluyendo los tres siguientes:

1. El camino del menor esfuerzo.
2. Soy salvo por gracia pero vivo por obras.
3. Querer ser como Cristo.

Estos tres desvíos, por otra parte, aparecen una y otra vez, y toman a la persona por sorpresa cuando menos lo espera. Gracias a Dios, que previendo esto nos dio el Espíritu Santo para mantenernos conscientes del lugar donde estamos y permitirnos regresar al camino a través del arrepentimiento y el perdón.

DESVÍO # 1 –EL CAMINO DEL MENOR ESFUERZO

Si elijo *no* obedecer a Dios, y hacer en cambio lo que yo quiera, entonces estoy tomando el camino del menor esfuerzo, que se convierte en una vía alterna disponible cuando comienzo a pensar: "Estoy cansado de renunciar a mis deseos y a mis sueños. Lo que yo quiero es más importante".

Dios no nos pide que renunciemos a todo en la vida, pero hay ciertas épocas en que sus planes y los nuestros no encajan. Cuando morimos a nuestro propio programa y obedecemos lo que Él dice que hay que hacer o dejar de hacer, nos mantenemos encaminados. La verdad es que cuando desobedezco y hago lo que yo quiero, termino más perjudicado a la larga que si hubiera obedecido a Dios desde el principio.

Esta renuncia a los propios deseos por obedecer a Dios (morir al yo) no garantiza una travesía tranquila; aun así habrá escollos en el camino, pero cuando transitamos el camino de Dios, la resistencia es una virtud que está destina-

CUANDO TRANSITAMOS EL CAMINO DE DIOS, LA RESISTENCIA ES UNA VIRTUD QUE ESTÁ DESTINADA A HACERNOS MADURAR; PERO SI NOS RESISTIMOS A LA VOLUNTAD DE DIOS DESVIÁNDONOS DE SU CAMINO, ESTA RESISTENCIA ESTÁ DESTINADA A DESTRUIRNOS.

da a hacernos madurar; pero si nos resistimos a la voluntad de Dios desviándonos de su camino, esta resistencia está destinada a destruirnos.

Cuando yo era joven no entendía que morir al yo era simplemente el primer paso de toda una cadena de preparativos, y que la segunda parte consistía en la reconstrucción que Dios hacía con mi persona. Este proceso se repite una y otra vez, como el trabajo del alfarero con un trozo de arcilla. Isaías 64:8 dice: *"nosotros somos el barro, y tú [Dios] el alfarero"*.

El propósito de este procedimiento de reconstrucción continua es que nos hagamos puros, limpios y sanos, lo cual es posible solamente cuando Dios elimina nuestro egoísmo de la ecuación.

Tomar el camino del menor esfuerzo no siempre es un acto desafiante de rebeldía o el resultado de ir tras algo dañino. Puede ser que yo quiera cumplir la voluntad de Dios, pero cuando lo hago en mi propia fuerza, estoy tomando el camino del menor esfuerzo y por lo tanto, me estoy desviando. Dios quiere hacerlo a su manera a través de mí, y esto quiere decir que aunque yo tenga talento, habilidad, empuje, determinación y disciplina, de nada valdrán estas virtudes.

Mientras mejor entendamos en qué consiste la preparación, más fácilmente dejaremos morir nuestras ambiciones egoístas. El resultado, en mi caso, es que he estado dispuesto a realizar los siguientes intercambios:

≈ Mis deseos por sus deseos.

≈ Mis "grandes" sueños por sus sueños.

≈ Mis planes por sus planes.

≈ Mis metas por sus metas.

≈ Mis capacidades por sus habilidades.

≈ Mis talentos por sus dones.

≈ Mis esperanzas por sus esperanzas.

≈ Mi vida por su vida.

> "EL CAMINO DEL MENOR ESFUERZO PRODUCE RÍOS TORCIDOS Y HOMBRES TORCIDOS."
>
> –William Danforth

En cada uno de los casos que he citado, he salido mejor que antes. Dios no toma, sino que da; su reciprocidad siempre es mayor.

Cuando dejo que Él obre por medio de mí, sucede algo admirable. Romanos 8:19 dice: *"La creación aguarda con ansiedad la revelación de los hijos de Dios"*. A través de la salvación me convertí en un hijo de Dios, pero no seré "revelado" hasta que no haya aprendido a morir a mí mismo. Solo entonces Él será libre de usarme como le plazca y quedará al descubierto la verdad acerca del camino del menor esfuerzo: que no es más que un callejón sin salida.

DESVÍO # 2–SOY SALVO POR GRACIA PERO VIVO POR OBRAS

La Biblia dice: *"Por gracia ustedes han sido salvados"* (Efesios 2:5). Nadie merece la salvación y no hay una sola persona que pueda ganarse el cielo con su esfuerzo. No obstante, las buenas obras han sido, durante miles de años, la mejor alternativa que ha propuesto el hombre para obtener su salvación.

Cuando una persona encuentra la salvación en Jesucristo, la cual reconoce como un resultado de la gracia, con frecuencia cambia de óptica y comienza a confiar en sus buenas obras como base para sentirse justa delante de Dios. Es bastante improbable que un cristiano lo reconozca, ¡pero es cierto! Lo sé porque yo mismo me he extraviado muchas veces por ese camino erróneo. Cuando me daba cuenta de la verdad, enseguida me arrepentía y regresaba al camino correcto.

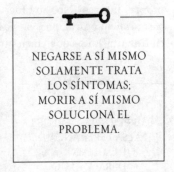

NEGARSE A SÍ MISMO SOLAMENTE TRATA LOS SÍNTOMAS; MORIR A SÍ MISMO SOLUCIONA EL PROBLEMA.

A decir verdad, no puedo vivir una vida cristiana perfecta: cometeré errores; nunca seré lo bastante bueno ni haré suficientes buenas obras para agradar a Dios, *¡no es posible hacerlo!* La confianza en las buenas obras no es más que un desvío que realmente me aparta de Cristo.

Dios es perfecto y exige perfección, lo que significa que tenemos todas las de perder. Pero si rendimos nuestra vida a Jesucristo, Dios nos acepta. Debemos descansar en la realidad de que no podemos mejorar nuestra situación actual. Claro que lo que hacemos es importante, pero nuestra justicia no proviene de lo que hagamos, sino que es el resultado de *quienes somos* como creyentes que seguimos a Jesucristo.

Personalmente, cada vez comprendo mejor la gracia que Dios da tan generosamente. Es en virtud de esa gracia que Dios hace lo siguiente:

≈ No espera nada a cambio por lo que Él ha hecho por mí.

≈ Nunca renunciará a mí.

≈ Me ve justo.

≈ No desea que conduzca a otros al cumplimiento de pautas morales, sino a Cristo.

¿Es posible que lleve la gracia demasiado lejos y comience a hacer como me plazca, viviendo de una manera que avergüence a Cristo? No, si verdaderamente amo Dios, porque si lo amo, haré lo que le agrada. En esencia, soy libre de hacer lo que quiera siempre y cuando lo que yo quiera sea también lo que Dios quiere.

¿Soy débil porque reconozco que no puedo hacer las cosas con mis propias fuerzas? No. Soy fuerte, porque, como Dios mismo dice: *"Te basta con mi gracia, pues mi poder se perfecciona en la debilidad"* (2 Corintios 12:9). Los que creen otra cosa esperan que las buenas obras los ayuden, siendo que nunca ayudaron a nadie.

Me ha costado aceptar y aplicar la idea de que Dios se vale de mis debilidades. Tuve un padre alemán que en más de una ocasión me dijo: "Dios te dio un cerebro, ¡úsalo!" Obviamente, el mensaje subconsciente era que me volviera autosuficiente. Al crecer en mi camino junto a Cristo, he tenido que considerar detenidamente ese mensaje subconsciente y luego revertirlo.

"LA RELIGIÓN OFRECE LA FALSA ESPERANZA DE QUE, DE ALGUNA FORMA, ALGO PODREMOS HACER PARA IMPRESIONAR A DIOS LO SUFICIENTE PARA QUE NOS ACEPTE POR NUESTROS ACTOS."

–Steve McVey, Grace Land

También mi madre me decía: "Aquí, sobre tus cejas, está todo lo que necesitas para triunfar". El mensaje era que yo era un terreno fértil; solo tenía que sembrar las semillas correctas. Esto significaba igualmente que podía ejercer mi iniciativa para hacer que las cosas sucedieran, lo que hasta cierto punto es correcto, pero si se tiene una visión desequilibrada, puede hacer más daño que bien.

Con toda justicia para mis padres, entiendo que venían de países distintos, de épocas y circunstancias diferentes. No obstante, algunas de las cosas que me enseñaron fueron un obstáculo en mi vida cristiana.

Hoy reconozco que me es simplemente imposible vivir el cristianismo con mis propias fuerzas. La lucha que significa vivir una vida piadosa es un doloroso desvío que me aleja cada vez más del gozo y la libertad que Cristo desea. Necesito confiar en que Jesucristo será Él mismo, manifestándose *en* mí, y *a través* de mí.

Esto no solo me quita la presión de encima, sino que me entusiasma por ver cómo me usará Dios. Durante años he orado pidiendo que Dios me permita, cada día, influir en mis semejantes para que se acerquen a Él, y a veces los resultados me dejan asombrado.

Una vez me desperté en mitad de la noche y escribí una nota para una mujer que estaba intentando entrar en la universidad. Le incluí un cheque, y al día siguiente por la tarde envié el sobre por correo. Algunas semanas más tarde recibí una carta de ella en la que me decía que el dinero le había llegado en el preciso momento en que más lo necesitaba. ¿Cómo podría yo haberlo sabido? ¿Fui yo o fue Cristo por medio de mí?

En otra ocasión hablé con un hombre y le dije algo que produjo un extraordinario cambio en su vida. ¿Era yo o era Cristo a través de mí?

En otra oportunidad, me senté a hablar con un hombre, y compré la propiedad que estaba vendiendo por mucho menos dinero del que pedía, ¡aunque él se negaba a vendérmela! ¿Fue por mi propia habilidad o fue Cristo obrando a través de mí?

Este tipo de cosas me han sucedido innumerables veces. ¿Qué tengo que hacer por Dios a cambio de las muchas bendiciones que Él derrama en mi vida? Jesús respondió a esta pregunta diciendo: *"Esta es la obra de Dios: que crean en aquél a quien él envió"* (Juan 6:29). Todo lo que hay que hacer ¡es tener fe en Jesucristo!

Pero por si fuera poco, no solo tenemos esa libertad, sino que la misma fe que tenemos es *"don de Dios"* (Efesios 2:8). Resumiendo: no hay absolutamente nada que podamos dar para estar seguros de Dios, de su bondad o su amor por nosotros. E incluso lo que le podemos dar –nuestra fe– ¡es un don que recibimos de Él!

Eso es la gracia de Dios. Cada vez que nos alejamos de la gracia de Dios, terminamos donde no queremos estar. *¡Tomemos su gracia cada día!*

DESVÍO # 3 –QUERER SER COMO CRISTO

Durante años, mi mayor deseo en mi camino junto a Cristo era ser como Él. Quería amar como Él amó, dar como Él dio y servir como Él sirvió. Deseaba imitarlo en todo. ¿Y por qué no? Después de todo, Él es el ejemplo perfecto.

Aunque es un propósito noble y suena muy "cristiano", no está de acuerdo con la Biblia. Dios no quiere que seamos como Cristo, por varias razones:

1. Es imposible ser perfectos como Cristo.
2. Querer ser como Cristo excluye su obra en nuestra vida.
3. Nos conduce a las buenas obras como medio de salvación, lo cual no obedece a la Biblia, y es una actitud religiosa.
4. Nos prepara para la derrota.

Tratar de imitar a Cristo no solo es un esfuerzo inútil, sino que, además es una idea equivocada. Yo sabía que para salvarme necesitaba recibir a Cristo por fe, pero tratar de ser como Él parecía ser una meta válida como cristiano. Lo que no entendía era que Cristo colocó Su vida *dentro de mí* para que Él viviera su propia vida *a través de mí*. Mi camino junto a Cristo no tiene nada que ver con imitarlo, sino más bien con que yo ande, viva y respire *con* Él. La Biblia dice: *"Hemos llegado a tener parte con Cristo"* (Hebreos 3:14).

Ni siquiera tenemos que fijarnos la meta de hacer lo que Él hizo, porque es imposible no lo podemos hacer. Nadie puede. ¿Qué hacer entonces? Esta realidad nos pone en una situación mejor de la que hubiéramos podido imaginar. Efectivamente, Dios no quiere que seamos como Cristo, y esto significa que nuestro corazón, mente y alma quedan libres de las cadenas con que nos ataba nuestra dependencia de un desempeño perfecto y del cumplimiento con la religión.

En este desvío de querer ser como Cristo creía que lo que necesitaba era tratar de parecerme a Cristo, *pero por la gracia de Dios, no necesito hacer nada.* Hay que acostumbrarse un poco a la idea de que no somos presionados para hacer algo que agrade a Dios o para demostrar nuestro cristianismo, pero esa es la realidad de la gracia.

La verdad es que, al andar con Cristo y permitirle obrar en mí y a través de mí, ¡de todas maneras termino actuando como Él! No necesito *intentar* ser como Él: *soy* como Él porque Él está en mí.

≈ ≈ ≈ ≈

Mientras más camino con Cristo, más comprendo su gracia, más cambios se producen en mí, y veo mejor lo que Él quiere que yo sea y haga. ¿He llegado ya? *¡Ni en sueños!*

El camino junto a Cristo es un viaje que dura toda la vida y no tiene fin, y yo no quiero que tenga fin.

LA VOLUNTAD DE DIOS PARA MI VIDA

–LA RESPUESTA A LA PREGUNTA QUE TODOS NOS HICIMOS ALGUNA VEZ

Debo ser sincero: no me fue fácil descubrir la voluntad de Dios para mi vida. No porque Dios estuviera guardando el secreto o porque yo no quisiera seguirlo, sino más bien que porque yo *simplemente no sabía cómo lograr que su voluntad fuera parte de mi vida y hacer que funcionara.*

Mi forma de abordar la vida siempre ha sido "adelante, a toda velocidad". Tanto mi temperamento como la manera en que fui enseñado me hacen lanzarme con todo mi ser a la realización de una meta. Si a eso le sumamos la determinación de carácter de mi madre (escocesa), ¡nada podía interponerse en mi camino! Quizás esto explique por qué gané todas las competencias de ventas en las que participé.

Pero descubrí que con mi impulso interno y mis talentos naturales, se me hacía fácil dejar a Dios fuera de la escena. Puedo fijarme cualquier meta y lograrla, pero no sabría si es o no la voluntad de Dios.

Antes de dedicarme a cumplir su voluntad, necesitaba primero aprender cómo dominar mi propia individualidad.

SU VOLUNTAD, MI VOLUNTAD Y YO

Resulta muy práctica la combinación de un carácter que se inclina a la persecución de metas con una determinación obstinada y una fuerte motivación, aunque también tiene sus desventajas, pero lo mismo sucede con todas las personas. Algunos tienen un problema intelectual, otros un conflicto de autoridad o un sentimiento de inferioridad. Si a ello le sumamos el hecho de que todos los cristianos tenemos una lucha interior entre nuestros propios deseos y los del Espíritu Santo, ya tenemos obstáculos más que suficientes para impedirnos hacer la voluntad de Dios.

No fue fácil para mí entregar mi voluntad a Dios. Mental y emocionalmente podía hacerlo, pero la realidad era otra cosa. Buscaba la voluntad de Dios aproximadamente la mitad de las veces, y la otra mitad no la buscaba.

Cada vez que se esfumaba alguna idea que había tenido para un gran negocio, al menos aceptaba la responsabilidad de mis actos (eso sí me lo habían enseñado muy bien mis padres), pero luego me odiaba por no haberle preguntado a Dios primero cuál era su voluntad. Estaba atravesando el proceso de someter mi voluntad a la suya.

Un buen amigo me hizo una vez la siguiente confidencia:

—Me ha costado descubrir la voluntad de Dios para mi vida, porque yo quería que Él me ayudara con lo que me indicaba mi propia voluntad en lugar de ayudarlo yo a Él a cumplir la suya.

A medida que veamos mejor la realidad de nuestro ser –limitado en todos los aspectos–, y la de Dios –ilimitado en todo–, menos exigiremos que se hagan las cosas a nuestro antojo.

Las respuestas comenzaron a surgir cuando comencé a aplicar diariamente las verdades de la Biblia a mi vida de oración, a mi modo de pensar, y luego a mi vida física. El fundamento de todo está en Mateo 6:33 que dice: *"Busquen primeramente el reino de Dios y su justicia, y todas estas cosas les serán añadidas"*. Este versículo lo acompaño con los dos primeros mandamientos: no tener otros dioses aparte de Dios, y no hacernos ídolos (ver Éxodo 20:3-4).

Asimismo, oraba al comenzar cada día pidiendo sabiduría, y luego procedía como si Dios hubiese contestado mi oración, confiando en que era cierto lo que dice Proverbios 3:6: *"Reconócelo en todos tus caminos, y él allanará tus sendas"*.

A lo largo de mi preparación para conocer y cumplir la voluntad de Dios, aprendí cómo descubrirla.

LA VOLUNTAD DE DIOS PARA NUESTRA VIDA

¿Cómo podemos descubrir la voluntad de Dios para nuestra vida? Hay más libros, grabaciones y seminarios sobre este tema de lo que ha habido en toda la historia humana; sin embargo, la pregunta continúa en el tapete.

¿Por qué? La razón es –al menos desde mi punto de vista– que en nuestra búsqueda de la voluntad de Dios hay siete partes que se relacionan entre sí (como las piezas de un rompecabezas) y que deben ensamblarse, pero *la mayoría de las personas no han reunido las siete partes*.

Si se deja una afuera, el rompecabezas no está completo, así que ¡será mejor que ni siquiera soñemos con perder una pieza!

1 –GRANDES PLANES

Si usted es cristiano, por el hecho de pertenecer a la familia de Dios, debe *creer* que Él tiene un plan para su vida. Es así de simple. Él lo creó, lo adoptó e incluyó en su familia, y lo convirtió en hijo suyo (Efesios 1:5). Y como heredero que ahora es, Dios tiene grandes planes para usted.

2–LA VOLUNTAD DE DIOS

El *deseo* sincero de hacer su voluntad significa que cuanto usted establece sus metas, necesita proponerse que Dios esté incluido en ellas. Para esto se requiere una actitud del corazón que diga: "No se haga mi voluntad, sino la tuya".

Luego escuche, observe, espere pacientemente, y deje que Él muestre su voluntad *a medida que realiza su rutina diaria*. Podría surgir una respuesta específica a través del consejo de un amigo que usted aprecia o de un encuentro fortuito. ¡A mí me ha pasado!

Lo interesante es que mientras estoy buscando su voluntad, Él está obrando en mi carácter. Luego, al andar en ella, Él continúa trabajando en mí, por lo cual pienso que, ya sea que esté buscando su voluntad o ya me encuentre dentro de ella, soy favorecido.

ESTÁ BIEN SER TERCO
COMO UNA MULA,
PERO SOLO MIENTRAS
DIOS ESTÉ AL MANDO.

3 –LA PALABRA DE DIOS

Usted debe indagar continuamente en su palabra (La Biblia), en busca de dirección, y ella le señalará continuamente el camino correcto, es decir, hacia Cristo. Así, Dios le permitirá conocer el plan perfecto que tiene para su vida y vivir según este plan.

4 –ACEPTAR LA RESPONSABILIDAD

He escuchado toda clase de oraciones, desde "Dios, ¿de qué color debería pintar mi dormitorio?" hasta "¿Llevaré paraguas hoy?" A pesar del fervor que puedan tener tales oraciones, personalmente no creo que a Dios le importe en lo más mínimo el color de nuestra habitación o si llevamos o no el paraguas.

Hablando en términos prácticos, si a usted no le gusta el color con el que pintó la habitación, entonces píntela de otro color, y si salió sin el paraguas y llueve, seguramente se mojará. Preguntar a Dios qué hacer en cada pequeño detalle no es en absoluto fe sino inmadurez, y muestra que la persona que hace esto prefiere que se le diga qué hacer antes que asumir la responsabilidad de sus actos.

La verdadera fe es no saber exactamente lo que hay que hacer, pero aun así seguir andando en la sabiduría y conocimientos que se tienen, creyendo que Dios está dirigiendo nuestros pasos. De eso se trata la fe.

Al estar demasiado preocupado por estar exactamente "en el centro" de la

PREGUNTARLE A DIOS
QUÉ HACER EN CADA
PEQUEÑO DETALLE NO
ES EN ABSOLUTO FE,
SINO INMADUREZ.

voluntad de Dios, uno puede fácilmente volverse extremista y destruir la relación con los que lo rodean. Existe un equilibrio que da el sentido común, y que se obtiene con la experiencia.

5–RENUNCIAR AL CONTROL

Renunciar al control no significa que usted deba someterse a otra persona y haga exactamente lo que ella dice; ni tampoco significa quedarse por ahí, a la espera de que Dios le diga qué hacer. Quiere decir, más bien, que se haga dúctil a la conducción de Dios, lo que a su vez supone:

A. Estar en movimiento (dirigiéndose hacia sus metas).

B. Estar dispuesto a hacer lo que Él indique (humildad y aptitud para ser enseñado).

Confíe en que Dios se comunicará con usted a través de su Espíritu Santo que mora en su interior, y lo conducirá. (Usted tiene ese "sistema incorporado de dirección" destinado a llevarlo a donde tiene que ir).

Algunos suelen preguntarse: "¿Qué pasa si lo arruino todo?" Dios es lo suficientemente grande para conducirnos y también para arreglar todo los desastres que ocasionemos en el camino. No se obligue a ser perfecto. Si se equivoca, aprenda del error para no cometerlo de nuevo. Luego siga adelante, hacia Dios.

SI USTED COMETE UN ERROR, APRENDA DE ÉL PARA NO COMETERLO DE NUEVO, Y SIGA ADELANTE.

Siempre podrá descansar en la seguridad de que *"a los que aman a Dios, todas las cosas ayudan a bien, esto es, a los que conforme a su propósito son llamados"* (Romanos 8: 28, RVR).

6 –AÚN EN LOS TIEMPOS DIFÍCILES

La permanencia en la voluntad de Dios es objeto de una búsqueda que dura toda la vida, y durante todo ese tiempo *Dios continuará guiándolo*. Él nunca se va de vacaciones, no duerme la siesta ni se toma el fin de semana libre. Siempre está observándolo y dirigiendo sus pasos, aún en los tiempos difíciles.

A veces Dios nos impide hacer algo que queremos porque Él sabe que sería perjudicial para nosotros. Hace años quise entrar en cierto negocio, e hice todo lo imaginable para poder hacerlo realidad. Confieso que no le pregunté a Dios cuál era su voluntad al respecto; simplemente procedí, pero Dios continuaba cerrándome la entrada de un portazo.

A medida que comencé a dedicar más tiempo a la lectura de la Biblia y a la oración, Dios comenzó a revelarme cuáles eran sus planes perfectos. Mis grandes proyectos resultaron minúsculos en comparación con los suyos, y la puerta que Él abrió nadie pudo cerrarla, tal como dice su palabra: *"Delante de ti he dejado abierta una puerta que nadie puede cerrar"* (Apocalipsis 3:8).

Puedo decir honestamente que ni en un millón de años habría podido imaginarme lo que Dios había destinado para mí ¡y eso que tengo una imaginación bastante buena! Él me ha dirigido en cada paso a lo largo del camino, en las duras y en las maduras, en altos y bajos, tanto así que he tenido que reconocer la verdad del versículo: *"Los pasos del hombre los dirige el Señor. ¿Cómo puede el hombre entender su propio camino?"* (Proverbios 20:24, énfasis mío).

7 –CONFIAR EN DIOS

La última pieza del rompecabezas, aunque es tan importante como todas las otras, es a menudo la más difícil de aplicar, y se resume en lo siguiente: ¿confiamos realmente en Dios?

"EN LA VOLUNTAD
DE DIOS ESTÁ
NUESTRA PAZ."

–Dante

He tenido experiencias, tanto muy buenas como muy malas, que podrían haberme hecho daño (a mí, a mi esposa, o a mi familia, mi trabajo, etc.) si yo no hubiera confiado en Dios y le hubiera obedecido. Otras veces Él me ha dicho que haga cosas que cuando las interpretaba según la sabiduría convencional no tenían ningún sentido, pero he aprendido a confiar en Él a pesar de mi opinión o la de otros. A través de todo ello, Él ha mostrado todas las veces, que es digno de confianza.

Creo firmemente que Dios tiene algo especial guardado para usted. Creo también que Él no solo lo cuidará, sino que su voluntad para su vida es mucho mejor que lo que usted pudiera alguna vez pedir o imaginar.

Solo espere y lo verá.

¿CÓMO ESTAR SEGURO?

¿Cómo puede usted estar seguro de que está cumpliendo la voluntad de Dios? Hay solo una forma. Convierta a Dios en el Señor de su vida y ponga su voluntad bajo la de Él. De ahí en adelante, Él puede dirigir los deseos que Él mismo le da, o los que le dio en el pasado.

Al darnos sueños y visiones para nuestro futuro, Dios asume el riesgo de que nos adelantemos para tratar de lograrlos por nuestra cuenta. Pero si verdaderamente queremos hacer su voluntad (y somos lo suficientemente inteligentes para darnos cuenta de que solos no podemos), entonces debemos hacerlo a la manera de Dios.

Finalmente yo logré que en mi impetuoso cerebro entrara la realidad de que si quería cumplir la voluntad de Dios, tenía que caminar a su lado. En mi caso particular, significaba que debía desacelerar, ser paciente, y andar según su sabiduría. Cuando lo hice, me encontré exactamente donde quería estar.

¿POR QUÉ NO ES LA VOLUNTAD DE DIOS INSTANTÁNEA, FÁCIL E INDOLORA?

Indudablemente, descubrir la voluntad de Dios es importante, pero siempre tenemos la tendencia a pensar en términos de lo que *hacemos* por Dios. Al fin y al cabo, es a Él a quien buscamos, por lo tanto, todo lo que queremos es cumplir su voluntad.

Sería mucho más fácil si Dios simplemente nos diera a cada uno un bosquejo de nuestro futuro con instrucciones precisas escritas y ordenadamente numeradas. *Pero si él hubiera querido tener robots, los habría creado.*

En cambio, Dios nos capacita por medio del libre albedrío porque desea tener una relación con cada uno individualmente. Si no existe el libre albedrío, no puede haber una relación. A Dios le agrada ver que decidimos someter nuestra voluntad a la suya, y a nosotros también nos gusta ver cómo nos bendice con paz, sentido de realización, y mucho más de lo que podríamos imaginar, y Él comparte nuestro agrado.

Podemos concluir que Dios está realmente más interesado en nuestro corazón que en lo que pudiéramos hacer por Él. Esta es la razón por la que la búsqueda de su voluntad para cumplirla nos lleva toda la vida, porque Él obra en nosotros (en nuestra identidad), al mismo tiempo que obra a través de nosotros (en lo que hacemos por Él).

USTED TIENE UN DESTINO. NO TIENE QUE ROGARLE A DIOS QUE SE CUMPLA. SIMPLEMENTE TRANQUILÍCESE Y PROCURE CONOCERLO MEJOR Y OBEDECER SU VOZ, Y SE ENCONTRARÁ EN EL PLENO CENTRO DE SU VOLUNTAD.

Henry T. Blackaby y Claude V. King, en su libro *Mi experiencia con Dios*, escriben: "Primero necesitamos conocerlo a Él, antes de conocer su voluntad", porque Dios está más interesado en relacionarse con nosotros que en cualquier cosa que pudiéramos hacer por Él.

Apreciado lector: *en el cuadro que representa su vida, la voluntad de Dios es solo una parte,* así que disfrute el viaje y los medios por los que Él le habla, porque el resultado final superará sus más grandes expectativas.

¿QUÉ RECORDARÁN DE MÍ CUANDO YA NO ESTÉ?

–VIENDO DE CERCA EL CUADRO TERMINADO

Hay un antiguo dicho que dice que si quieres saber lo que la gente dirá de ti cuando ya no estés, escribe tu propio epitafio y vive según lo que hayas escrito. No es una mala idea.

Y yo le pregunto a usted: ¿qué diría su epitafio? ¿cómo le gustaría ser recordado?

Los epitafios suelen ser textos de una línea que contienen la esencia de la vida de una persona. Dado que no existe una regla que diga que uno no pueda tener más de un epitafio, aquí expongo trece epitafios (mi número favorito) que dicen cómo quisiera ser recordado.

1. AMABA A DIOS EN PRIMER LUGAR

Sin Dios, no soy nada y no tengo nada de valor que transmitir como legado. Yo amo a Dios porque Él me ama más de lo que pueda imaginar, y por todo lo que ha hecho por mí.

2. AMABA A SU FAMILIA

No puede pedirse algo más precioso que la familia. Están junto a uno cuando las cosas van bien y cuando van mal. ¡Amo a mi familia!

3. AMABA A SUS AMIGOS

Todavía escribo a los directores de primaria y secundaria de mi escuela, que ahora sobrepasan los ochenta años, a muchos de mis profesores, compañeros de clase, amigos del servicio militar, compañeros de trabajo y otras personas que modelaron mi vida.

4. ERA UN DADOR.

Gladys Hudson, amiga de muchos años y asociada, solía decir que para mí, ver una necesidad era ver una oportunidad para ayudar. ¡Claro que sí! Al satisfacer alguna necesidad tengo la oportunidad de devolver, ayudar, servir, bendecir, *y por si fuera poco, ¡lo disfruto muchísimo!*

5. LE GUSTABA ANIMAR

Quiero que después de conocerme, la gente se sienta más animada y entusiasmada con la vida, que antes.

6. PERDONABA

No hay nada en el mundo que sea tan grave como para no poder perdonarlo. La libertad que produce el perdón es indescriptible, y hago todo lo que puedo por liberar también a otros.

7. CUMPLÍA SU PALABRA

(Creo que cumplir mi palabra es sumamente importante. He hecho promesas hace muchos años que figuran en mi testamento. Cuando muera, se seguirán cumpliendo).

8. HONRABA A DIOS CON SU VIDA

Mi esperanza es que todo lo que hago en la vida sea un testimonio de la bondad de Dios. La Biblia dice que Él es digno de *"recibir la gloria, la honra y el poder"* (Apocalipsis 4:11). Dios merece ser honrado con todo lo que soy y lo que seré.

9. SIEMPRE TENÍA UNA ACTITUD POSITIVA

Mi actitud "debe ser como la de Cristo Jesús" (Filipenses 2:5), la cual creo que incluye: nunca desistir, servir, amar, dar, ver lo mejor de cada persona, y mucho, mucho más.

10. NO SE AVERGONZABA DEL EVANGELIO DE JESUCRISTO

Reconozco que todo es suyo y que todo lo que soy, lo soy gracias a Dios. Intento difundir el evangelio de Cristo a través de mis palabras, actos y apoyo económico.

11. ERA UN EJEMPLO A SEGUIR

Tengo el propósito de preparar a mis hijos y nietos para el mejor futuro que pueda imaginarse, en todo el sentido de la palabra, y esto significa acercarlos siempre a Cristo, cada vez más.

12. AYUDABA A SU COMUNIDAD

Ayudo a mi comunidad y animo a otros a tener esa misma visión, y así se ayuda a muchas más personas. Nuestras fundaciones aportan a la obra de numerosas organizaciones benéficas y personas necesitadas.

13. ERA CONSECUENTE CON SU AYUDA

Una mano tendida para dar una limosna es una cosa, pero si se la tiende para ayudar a alguien a que se levante, es mucho mejor. Un regalo o acto de servicio una vez por año está bien, pero generalmente los cambios suceden por medio de la ayuda continua, y creo que es lo mínimo que puedo hacer.

LA OPINIÓN DE LOS OTROS

Debo reconocer que lo que verdaderamente pone a prueba un epitafio es lo que los demás efectivamente dicen de uno. Aunque quisiéramos que se dijeran cosas muy buenas acerca de nosotros, la realidad se ve, definitivamente, en nuestros actos. Lo que hacemos deja una huella más duradera que cualquier cosa que pudiéramos decir.

"LA REGLA DE ORO NO SIRVE ABSOLUTAMENTE DE NADA SI NO ME DOY CUENTA DE QUE ME TOCA A MÍ DAR EL PRIMER PASO."

–Dr. Frank Cane

A lo largo de los años he guardado las notas de agradecimiento, cartas y tarjetas que me han enviado. Los comentarios contenidos en ellas me estimulan más de lo que podría explicar, y aunque muchos han dicho haber sido bendecidos por algo que hice, *puedo decir con toda sinceridad que fui más bendecido yo al dar que ellos al recibir.*

A continuación transcribo una muestra de las amables notas que he recibido:

"Usted no me conoce, y yo nunca lo he conocido personalmente, pero me dio la mejor oportunidad de continuar mis estudios. No habría podido estudiar sin su ayuda. Nunca podría hacerle saber con palabras cuánto significa la ayuda que usted me brindó".

–Wendy

"Muchas gracias por el donativo de quinientos dólares que envió cuando se incendió nuestra casa. Fue realmente lo más lindo que alguien haya hecho por nosotros".

–Sandy

"Gracias por todo el material sobre cáncer que nos envió. He tratado de leer la mayor cantidad posible sobre dietas y tratamientos alternativos. Hoy comencé el tercer tratamiento de quimioterapia de una serie de seis. Uno tiene que tratar de mantener una actitud positiva. El

domingo comencé a leer de nuevo el libro que usted envió. Por favor siga orando por nosotros".

–Millie

"Muchas gracias por su ayuda para que pudiéramos ir al campamento. Fue maravilloso".

–Kristin

"La semana pasada recibimos nuestros libros de oración, y nuestros hijos sus 'programas para campeones'. Los niños estaban tan emocionados que los dejé irse a acostar escuchando la primera cinta. Estoy tratando de leer mi libro de oración todas las noches, y sé que con el tiempo se convertirá en una parte de mi vida. Muchas gracias".

–Bob

"Gracias por su generoso apoyo para el lanzamiento de nuestro departamento de Desarrollo. Nuestro director de Desarrollo ya produjo un tremendo efecto en las finanzas. Su 'dinero-semilla' ya está rindiendo mucho fruto para el Reino de Dios".

–Dean

"Quiero comenzar diciendo cuánto agradezco su generosa donación para mi reciente viaje misionero a Argel y España. Me permitió tener una experiencia transformadora que nunca olvidaré".

–Jared

"UNA DE LAS DECLARACIONES MÁS SORPRENDENTES QUE ALGUNA VEZ SE HAYAN HECHO SOBRE LA TIERRA, LA HIZO JESÚS CUANDO DIJO: 'EL QUE QUIERA HACERSE GRANDE ENTRE USTEDES DEBERÁ SER SU SERVIDOR'. NADIE TIENE UNA POSIBILIDAD EN UN MILLÓN DE QUE, DESPUÉS QUE HA PASADO UN SIGLO, SE LE CONSIDERE REALMENTE GRANDE, EXCEPTO EL QUE HA SIDO SIERVO DE TODOS. AQUEL HOMBRE DE BELÉN, EXTRAÑO Y REALISTA, LO SABÍA.

–Harry Emerson Fosdick, D.D.

"En 1988 usted generosamente pagó los servicios de un abogado para salvar una propiedad de mi pertenencia, y para que mi hija menor no

fuera a la cárcel, por lo que le estoy por siempre agradecida. Gracias a usted, su vida dio un giro completo, y hoy está muy cambiada".

–Sarah

"Quiero que sepa que leo y repaso todos los artículos, libros y cintas que usted me envía para mi crecimiento personal y espiritual. Me conmueve profundamente que usted se interese tanto como para enviar a sus empleados este tipo de material".

–Amy

"No sé cómo agradecerle lo que ha hecho [pagar los estudios de su hijo en un instituto bíblico universitario]. *Tampoco sé cómo agradecer a Dios, pero sé que ustedes dos han estado trabajando juntos en esto. ¿Cómo podría agradecerle por hacer algo tan grande? Estaré siempre agradecida. Lloro cada vez que pienso en ello... Gracias desde el fondo de mi corazón".*

–Inez

Con todas estas cartas, no puedo menos que detenerme a pensar en el futuro que estas personas tienen por delante. Es un honor para mí, haber puesto mi grano de arena para ayudar a que sus vidas fueran un poco mejores.

Si ellos están agradecidos, yo lo estoy más. Si ellos lloran, yo he llorado más. Aunque rían, yo he reído más, y si están emocionados, yo lo estoy aún más que ellos. Cada acto de ayuda me beneficia más a mí que a ellos, siempre.

En realidad, ¡debería ser yo quien les escribiera a ellos!

¿CÓMO ME RECORDARÁN DENTRO DE CIEN AÑOS?

Ninguno de nosotros estará aquí dentro de cien años, y pocos podrían pensar algo así, pero para mí la pregunta es: "¿Qué dirá la gente de mí dentro de cien años?"

Harold Kewon Sr., amigo de mucho tiempo, es tal vez una de las personas más amables y estimulantes que haya conocido. Dentro de cien años, probablemente no sea recordado por tener la colección de libros sobre desarrollo personal más grande del mundo, aunque eso es verdad, sino por su bondadoso trato con las personas.

Conozco a Harold y podría hablar de él durante horas, pero nunca conoceré a mis tatarabuelos que vivieron hace cien años. ¿Cuáles eran sus esperanzas y sueños? ¿en qué creían? ¿qué propósito querían lograr? ¿qué los motivaba?

Me contaron bastante acerca de la familia de mi madre, pero infelizmente para mí, mi padre trató intencionalmente de borrar su pasado. Hay períodos enteros de su vida de los cuales nunca nos habló. He invertido mucho tiempo y dinero tratando de seguirle el rastro a mi familia por el lado paterno. Aunque supe algunas cosas, incluyendo que las diez generaciones pasadas de mi familia por ambos lados eran cristianas (¡y *eso sí* que es un legado!), reconozco que se perdió mucha más información de la que podría imaginar.

"LAS SEMILLAS QUE SEMBRAMOS CONTINUARÁN TOCANDO LAS VIDAS, PORQUE EL EFECTO DE LA BONDAD SE MULTIPLICA MUCHAS VECES CON EL TRANSCURSO DEL TIEMPO."

–Wanda Henderson

Mi esperanza es que mis biznietos tengan las respuestas que yo nunca tuve. A los que vienen detrás de nosotros les debemos las respuestas a las mismas preguntas que nos gustaría haber podido hacerles a nuestros ancestros, y poner tales respuestas en libros, videos o algún otro formato que ellos puedan usar. Tenemos que comenzar por decidir cómo queremos que nos recuerden.

OTRA OPORTUNIDAD

Cuando tenía doce años y pertenecía a los Boy Scouts, mi mejor amigo, Billy Farnham, y yo fuimos a acampar con otros tres mil Scouts en las montañas de California. Durante la noche, Billy encendió una vela dentro de nuestra carpa (tal vez porque estaba asustado), y luego se quedó dormido. La vela incendió su saco de dormir y él murió quemado, pero yo no tuve ni un rasguño. Le prometí al padre de Billy, que también era el jefe del grupo, que yo crecería y sería Scout por los dos, pero eso no me impidió preguntarme "¿por qué a él y no a mí?"

No siempre tenemos una segunda oportunidad. De adultos, con frecuencia nos perdemos lo que es más importante en la vida hasta que ya es demasiado tarde. Conozco a muchas personas que podrían ver su vida retratada en el siguiente relato:

"QUIZÁS LA RAZÓN NOS
CONVENZA,
AUNQUE TAL VEZ
DEMASIADO TARDE,
DE LA INSENSATEZ DE
MALGASTAR EL TIEMPO."

– George Washington

Mientras Joe se encontraba en su lecho de muerte, su familia le preguntó qué le habría gustado hacer mientras todavía podía. En lugar de enumerar todas las cosas que pasó años persiguiendo y soñando, como una casa más grande, el trabajo ideal, mejores vacaciones, etc., John expresó los deseos más cortos y sencillos: Le habría gustado pasar más tiempo reunido con su familia, haber viajado a Europa con Marge, su esposa, haber ido a los juegos de pelota de los niños, haber almorzado más a menudo con sus nietos, y no haber trabajado tanto. En todo lo que dijo; la única vez que se refirió a su trabajo fue para decir que le hubiera gustado trabajar menos.

¿No es interesante que en los momentos de mayor prueba en la vida, lo que es más importante instantáneamente sale a la superficie y lo que no lo es, de repente se vuelve intrascendente? Desdichadamente, la mayoría de los seres humanos no tienen una segunda oportunidad, porque llegan a descubrirlo cuando ya es demasiado tarde.

Hace mucho tiempo, *decidí que haría hoy lo que mañana me gustaría haber hecho.* Esta perspectiva me ha permitido disfrutar muchos momentos especiales con otras personas. Hace poco tomé un día libre en el trabajo para pasar un rato con tres de mis nietas: estuvimos en el campo, paseando en carreta junto a mi casa de campo y saltando las piedras en el arroyo. Ellas dijeron que la habían pasado genial, pero no sé quién se divirtió más, si ellas o yo.

Conozco a un hombre, padre de dos niños pequeños, quien recientemente revisó la colección de películas de 8 mm de su padre, y las hizo convertir a formato VHS. Su comentario fue: "La colección entera de película duraba apenas veinte minutos, y lo más decepcionante fue que encontré un rollo de película de 8 mm que estaba *vacío*".El potencial para captar más de la historia de su vida estuvo allí, muchos años atrás, pero la oportunidad ya se había perdido, y eso era irreversible.

No creo que podamos darnos el lujo de perder un solo momento; ¡la vida es demasiado corta! Quedé vivo después de accidentes aéreos y otros peligros en los que me salvé por muy poco, y fueron demasiadas veces para ignorar lo que significa vivir un nuevo día. Quiero aprovechar al máximo cada día, porque el mañana no está garantizado. Es por ello que uno de mis dichos favoritos es *"carpe diem"*, que significa "atrapa el día".

"CUANDO ERA NIÑO, ALGO TAN SENCILLO COMO SALIR CON MI PADRE A DARLE VUELTA A LA MANZANA EN LAS NOCHES DE VERANO, SURTIÓ UN EFECTO MARAVILLOSO EN LA PERSONA QUE AHORA SOY COMO ADULTO."

—Andy Rooney

COSTUMBRES QUE NOS AYUDAN A "ATRAPAR EL DÍA"

Creo que hay ciertos hábitos que, si los cultivamos, nos permitirán vivir la vida en plenitud, sacando el mayor provecho de cada oportunidad. Estos hábitos no son características de la personalidad. Son más bien pequeñas decisiones que, una vez interiorizadas, se convierten en hábitos.

A continuación veamos trece de mis costumbres favoritas; ellas me han servido para atrapar cada día:

1. SER UN PARANOICO A LA INVERSA. Creer que el mundo entero está conspirando para hacerme solo el bien.

2. PERDONAR ENSEGUIDA. Sé que se me ha perdonado mucho, y por lo tanto, quiero perdonar mucho. Además, no tengo tiempo que perder con la falta de perdón.

3. SER OPTIMISTA. Creer lo mejor de cada persona y circunstancia es una manera segura de encontrar lo mejor. Los pesimistas ¡por lo general encuentran lo que buscan!

4. SER AGRADECIDO. Al dar gracias siempre, mis ojos permanecen en Dios como mi proveedor, y la sonrisa en mi rostro. Por otra parte, es mucho más placentero estar cerca de las personas agradecidas.

5. ANIMAR. Los que animan me hacen sentir mejor, más fuerte y más capaz de realizar mis sueños. Quiero hacer lo mismo por cada persona que se cruce en mi camino.

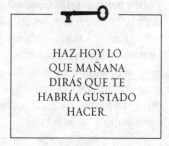

HAZ HOY LO
QUE MAÑANA
DIRÁS QUE TE
HABRÍA GUSTADO
HACER.

6. SER ESPONTÁNEO. Aprovechar situaciones y circunstancias. He conocido personas en cualquier lugar imaginable que al final dejaron una profunda huella en mi vida, y viceversa. Tengo un sentido de urgencia, y una actitud de "hazlo ahora".

7. SER UN DADOR. A todos les digo: "Si puedo servirte en algo, a ti o a tus hijos, en cualquier momento, en cualquier lugar, en donde sea, por favor avísame". Esto me permite ser un dador, ¡y esa es mi mayor alegría! El único problema es que no me avisan con mucha frecuencia.

8. SER POSITIVO. Todo lo que se pueda decir acerca de los beneficios de una actitud positiva, nunca será suficiente, porque una persona positiva tiene en sí misma el potencial de transformar las peores situaciones en victorias.

9. SONREÍR MUCHO Y REÍRME DE LA VIDA. La adversidad no es un obstáculo que nos impide llegar al final del camino, sino un peldaño que nos acerca más a ese final, y los errores no son señales de fracaso sino oportunidades de aprender. ¿Por qué no reír en medio de las pruebas, si están para favorecernos?

10. VIVIR LA VIDA CON ENTUSIASMO. Vivo solo una vez, de modo que ¿por qué no darle a la vida todo mi ser? Creo que puedo hacer mucho más de lo que pienso, y el entusiasmo me ayuda a esforzarme más en el intento.

11. DISFRUTAR DE LA VIDA. Disfruto la vida. Durante muchos años he coleccionado ejemplares Ford 1936, rastreado la genealogía familiar, y trabajado para establecer la biblioteca de libros de desarrollo personal en nuestra compañía. Todo ello lo he hecho con gusto y he compartido este placer con muchas otras personas.

> "SI USTED ES AFORTUNADO, ALGUIEN CON AUTORIDAD MORAL LE HARÁ ESA PREGUNTA [CÓMO QUISIERA QUE LO RECUERDEN] LO SUFICIENTEMENTE TEMPRANO EN SU VIDA COMO PARA QUE USTED SIGA PREGUNTÁNDOSELO TODA LA VIDA."
>
> –Meter F. Drucker

12. ENCONTRAR UN PASATIEMPO AGRADABLE. Hacer caminatas, bucear, jugar al tenis o al golf, andar en bicicleta y pescar, son algunos de mis pasatiempos. De esa manera, sin importar en qué lugar me encuentre, siempre puedo hacer algo que disfruto.

13. BUSCAR A ALGUIEN A QUIEN AYUDAR. Me levanto todas las mañanas emocionado ante la posibilidad de ayudar a alguien ese día. La ayuda concreta puede prestarse de muchas maneras, pero cuando busco activamente a alguien, rara vez me equivoco.

RESPUESTAS A LAS ÚLTIMAS PREGUNTAS DE LA VIDA

Nate Meleen, un viejo amigo y buen vecino de mi infancia, una vez me dijo:

–Mi meta en la vida es que cuando muera, nada de lo que Dios haya dispuesto para mí quede inconcluso.

¡*Eso sí* que es una buena perspectiva!

Cuando nuestra meta es realizar la voluntad de Dios y oírle decir: "*¡Hiciste bien, siervo bueno y fiel!*" (Mateo 25:21), preguntas como: "¿qué te gustaría haber hecho mientras todavía podías?" y "¿qué quisieras que diga tu epitafio?" quedarán respondidas por sí mismas.

Después de todas las respuestas, queda una última pregunta: "¿cómo quisiera que me recuerden?" La respuesta que demos constituirá nuestro legado.

EPÍLOGO

–LA PARTE QUE NOS CORRESPONDE

A l final de la vida cada uno de nosotros dejará solo cuatro cosas:

1. LA EVOCACIÓN: lo que otros pensarán acerca de nosotros.
2. LOS RECUERDOS MATERIALES: la prueba de nuestra existencia.
3. LOS TROFEOS: registros de nuestros logros.
4. LOS LEGADOS: todo lo que uno es y posee actualmente.

En algún momento la evocación se desvanecerá y los recuerdos y trofeos desaparecerán (por pérdida, robo o venta de artículos usados). Todavía conservo las herramientas de carpintería de mi padre, los diplomas de mi madre y un sinfín de fotos en blanco y negro, pero el valor sentimental solo puede llegar hasta allí. Lo que dejó en mí una impresión más profunda ha sido lo que mis padres me transmitieron como legado, ya sea de índole social, física, mental, espiritual, económico o emocional.

Yo también quiero transmitir un legado duradero a través de lo que deje aquí, pero he aprendido por experiencia propia que tanto para preparar un legado como para recibirlo, podríamos necesitar años; no es algo que se obtiene instantáneamente. Por esta razón, la transmisión de un legado es de importancia vital.

LA TRANSMISIÓN DEL LEGADO

Indudablemente, no está mal disfrutar de las reminiscencias, recuerdos y trofeos, pero nuestra atención debe estar enfocada en la transmisión de un legado que continúe vivo por generaciones. Dennos Peacocke, presidente y fundador de Strategic Christian Services[12], señala que "la riqueza duradera abarca múltiples generaciones y no está orientada hacia el corto plazo, sino al largo plazo".

Es por ello que la riqueza de una generación a menudo desaparece en otras dos o tres. No la roban, pero la administran mal… y lo mismo ocurre con el legado.

Cuando murió el rey Salomón, el hombre más sabio y posiblemente más rico que haya existido en toda la historia, su trono pasó a su hijo Roboán. A pesar de la sabiduría, riqueza y fama de su padre y abuelo (el rey David, *"un hombre más de su agrado [de Dios]"*, 1 Samuel 13:14), el rey Roboán tomó una serie de decisiones que provocaron una revuelta en el reino.

El pueblo de Israel, sobrecargado de trabajo, se reunió poco después de que fuera nombrado rey y le rogó misericordia, pero Roboán rechazó el consejo de los ancianos, prestó oído a lo que le dijeron sus amigos, y les respondió: *"Si él [su padre] les impuso un yugo pesado, yo les aumentaré la carga"* (1 Reyes 12:10-11)

Desde aquel día Roboán estuvo en guerra con su propio pueblo, y la guerra continuó también a todo lo largo del reinado de su hijo. La

"NUESTRO LEGADO TRASCENDERÁ HASTA AQUELLOS QUE NUNCA VEREMOS, Y ESTO ME HACE TENER UNA MENTALIDAD QUE SE PROYECTA MÁS ALLÁ DE LA MUERTE. LA MAYORÍA DE LAS PERSONAS TRATAN DE SOBREVIVIR A LA MUERTE; SI DE ESO SE TRATA, ENTONCES LA MUERTE YA GANÓ."

–Ron Hyatt, pastor

mayor parte de la prosperidad, bendición, sabiduría y paz que habían formado parte del legado de la familia, desapareció.

Claro está que nosotros decimos que no cometeríamos los mismos errores de Roboán, pero actos como los suyos, que simplemente reflejaban lo que tenía en su corazón, hoy son comunes. Internamente, él albergaba los siguientes sentimientos:

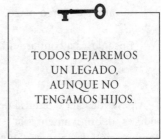

TODOS DEJAREMOS
UN LEGADO,
AUNQUE NO
TENGAMOS HIJOS.

≈ No creía que el carácter o la integridad fueran importantes.

≈ Era orgulloso, egoísta, exigente y cruel.

≈ No era humilde, receptivo a la enseñanza ni responsable.

≈ Ansiaba tener riquezas, fama y poder.

Si el rey Salomón hubiese preparado a su hijo para sus funciones como rey, creo que la historia sería diferente. O ¿fue tal vez el rey David quien no educó a Salomón para asumir el trono? No importa de quién sea la culpa, el hecho es que la posibilidad de transmitir un buen legado se perdió.

A lo largo de la historia, muchos grandes reinos e imperios se han perdido en las generaciones posteriores, pero esto no debería ser así. Por medio del legado que dejamos, tenemos la oportunidad de cambiar el futuro

MÉTODO PARA DEJAR UN LEGADO

Como ya sabemos, no hay garantías ni "diez pasos fáciles" para asegurar que el legado será transmitido con éxito a la siguiente generación.

En este sentido, hay muchas cosas que deben hacerse y otras que deben evitarse, como por ejemplo:

LO QUE DEBE HACERSE	LO QUE DEBE EVITARSE
≈ Dar cabida a los errores.	≈ Comparar lo que uno hizo con lo que ellos hacen.
≈ Animarlos en todos los aspectos.	≈ Esperar perfección.
≈ Enseñarles a pensar en términos de largo plazo.	≈ Presionarlos para que triunfen.
≈ Enseñarles a confiar en Dios.	≈ Esperar que sean iguales a uno.

A pesar de esta sabiduría derivada del sentido común, el mejor método es, definitivamente, la participación activa; esto consiste en una combinación de acciones: equipar, enseñar, preparar y mostrarse como ejemplo.

Creo que todos, sin excepción, podemos dejar a aquellos que vendrán después un legado capaz de cambiar vidas. Es mi deseo sincero que las llaves que anteriormente he presentado hayan ayudado al lector a establecer su legado, porque haga lo que hiciera, llegará el día, inevitablemente, en el que su legado se convertirá en el legado de otra persona.

NADIE DIJO QUE SERÍA FÁCIL

Aunque todo es posible, nadie dijo que sería fácil preparar y educar a los que vendrán después de uno para que reciban y vivan el legado que uno les dejará. La Biblia dice que *"El hombre de bien deja herencia a sus nietos; las riquezas del pecador se quedan para los justos"* (Proverbios 13:22). Aparte de ser algo que desearíamos que nuestros padres hubieran hecho por nosotros, también tiene un sentido lógico. Sin embargo, para usted y para mí, tendrá un costo en el presente.

Debemos reconocer que una herencia para los hijos de nuestros hijos abarca mucho más que dinero, pero el *principio es que hoy pagaremos un precio por algo que nuestros hijos y sus hijos disfrutarán en el futuro.* Cuando uno vive así, con el futuro en mente, casi se siente como si estuviera viviendo para otra persona, y en realidad, ¡es así!

El precio que pagaremos constituye una parte natural de la transmisión de un legado. El escritor Scott Peck, en *El camino menos transitado*, hacía esta sabia declaración: "La vida es difícil. Esto es una gran verdad, una de las más grandes. Es muy cierto porque una vez que nos damos cuenta de esta verdad, la trascendemos. Cuando la comprendemos y aceptamos, entonces la vida ya no es difícil, porque una vez aceptada, ya no importa que la vida sea difícil".

De manera semejante, cuando entendemos y aceptamos que dejar un legado no es fácil y que nos costará un precio, entonces, como dice Peck, "ya no importa". ¡Hace que todo valga la pena!

¿Qué habría pasado si todos los que nos precedieron hubiesen tomado en serio la posibilidad de dejar un legado? Lo más probable es que la vida sería muy diferente. Pero si recibimos o no dicho legado, no es lo que importa.

Lo mucho o poco que nos dieron, ya sea en el orden mental, físico, económico, emocional, social o espiritual, no importa. La Biblia dice: "*Más vale tener poco, con temor del Señor, que muchas riquezas con grandes angustias*", y "*más vale comer verduras sazonadas con amor que un festín de carne sazonada con odio*" (Proverbios 15:16-17).

"CUANDO CONSTRUYAMOS, PENSEMOS QUE CONSTRUIMOS PARA LA ETERNIDAD. QUE NO SEA PARA UN PLACER MOMENTÁNEO, NI PARA EL USO ACTUAL SOLAMENTE; QUE SEA UNA LABOR TAL QUE NUESTROS DESCENDIENTES NOS LA AGRADEZCAN."

—John Ruskin (1819 –1900)

Lo único que puede restringir la transmisión de un buen legado son las limitaciones que nosotros mismos nos ponemos. El legado que dejemos, algún día podría cambiar el mundo.

LO QUE REALMENTE CUENTA

Cuánto tenemos, a quién conocemos, qué profesión tenemos o cuántas fundaciones iniciamos por caridad, no tendrá absolutamente ningún valor cuando nuestra vida se termine. Lo único que importará es si establecimos o no una relación personal con Jesucristo. Yo creo que todos, cristianos y no cristianos por igual, nos detendremos temporalmente en el mismo lugar: a los pies de Dios.

"NADA QUE VALGA
LA PENA SE CONCLUYE
EN EL LAPSO DE
UNA VIDA."

–Reinhold Niebuhr

Dice la Escritura que allí, *"toda lengua confesará que Jesucristo es el Señor, para gloria de Dios Padre"* (Filipenses 2:11)

De ahí en adelante, se separarán nuestros caminos.

Mientras todavía tenemos aliento, preparémonos para la eternidad –y la de los que nos sucederán– acercándonos a Jesucristo para conocerlo y ser salvos.

Ese es el legado definitivo.

PREGUNTAS DE REPASO

PARTE I EL PUNTO DE PARTIDA DE TODO BUEN LEGADO

L L A V E # 1–EL AMOR–EL PUNTO DE PARTIDA DE TODO BUEN LEGADO

- ≈ ¿Cuál de estas tres clases de amor le cuesta más? a) amor a sí mismo; b) amor a sus semejantes; 3) amor a Dios. ¿Por qué?
- ≈ ¿De qué manera práctica puede demostrar el amor que más le cuesta dar?
- ≈ ¿Ha experimentado la magnitud del amor de Dios por usted? ¿Cómo influyó esta experiencia en su vida?
- ≈ ¿Qué medidas está tomando para asegurarse de que el amor sea parte de su legado?

L L A V E # 2 –TODOS SOMOS IGUALES

- ≈ ¿Cree realmente que todos somos iguales?
- ≈ ¿Ha viajado alguna vez a un país con idioma, cultura y color de piel diferentes a los suyos? (Se lo recomiendo).
- ≈ ¿Le enseñaron sus padres, maestros, etc. que todos somos iguales? ¿cómo influyó esta enseñanza en usted?
- ≈ ¿Qué piensa hacer para incluir en su legado esta importante verdad?

L L A V E # 3 – HABLAR CON OTROS ACERCA DE NUESTRA FE

- ≈ ¿Ha sido presionado para convertirse al cristianismo o para hablar a otros acerca de su fe? ¿cómo lo afectó esta presión?
- ≈ ¿Por qué el mejor y definitivo legado que se puede dejar es una relación personal con Jesucristo?

≈ ¿Cuál de sus talentos e intereses podrían ser un medio perfecto para hablar de Cristo a otras personas?

≈ ¿De qué manera el testimonio de su fe puede ser, en la práctica, parte integrante del legado que dejará?

L L A V E # 4–RECORRIENDO EL CAMINO DE LA ORACIÓN

≈ ¿Qué es la oración y por qué ora usted?

≈ ¿Cree sinceramente que Dios oye sus plegarias y las responderá? ¿por qué?

≈ ¿En qué ocasión adquirió la oración un mayor significado en su vida?

≈ ¿Qué piensa hacer para combinar en forma práctica la oración con su legado?

PARTE II – ACTITUDES PARA VIVIR LA VIDA CRISTIANA

LLAVE # 5–EN LA ACTITUD ESTÁ TODO

≈ ¿Cómo se ve usted mismo, en forma negativa o positiva?

≈ ¿Qué hizo para verse a sí mismo y al mundo que lo rodea en esa forma?

≈ Si en alguna área de su vida hay una actitud que no le agrada, ¿qué hace para cambiar?

≈ ¿Cuál es la mejor manera de transmitir su actitud positiva a los que vendrán después de usted?

L L A V E # 6–LA GRATITUD SE APRENDE

≈ ¿De qué manera alimenta usted el sentimiento de gratitud?

≈ ¿Cuál es su mayor motivo de agradecimiento?

≈ ¿Qué ventajas cree que se asocian con un corazón agradecido? ¿se está beneficiando de ellas?

≈ ¿Qué está haciendo para infundir un sentimiento de gratitud en su vida y en su legado?

L L A V E # 7 –EL REFLEJO POSITIVO DE NUESTRA PROPIA IMAGEN

≈ ¿Cómo describiría la imagen que tiene de sí mismo?

≈ ¿Cómo adquirió la autoimagen que actualmente tiene?

≈ Si su autoimagen no es tan positiva como desearía que fuera, ¿qué pasos está dando para mejorarla?

≈ ¿Qué pasos da para reafirmar la imagen positiva de aquellos que recibirán su legado?

PARTE III —CÓMO SER FIEL A UNO MISMO

L L A V E # 8 –CONSECUENCIAS DE LAS DECISIONES

≈ Si ha recibido las consecuencias de la decisión incorrecta de alguien, ¿en qué ha actuado de manera diferente como para no cometer el mismo error de esa persona?

≈ Cuando oye mencionar la palabra *consecuencia*, ¿tiene para usted una connotación negativa o positiva? ¿cómo lo afecta esa forma de percibir la palabra?

≈ ¿De qué forma utiliza para su provecho el principio según el cual "al decir 'sí' a una cosa automáticamente le está diciendo 'no' a otra?

≈ ¿Hay algo con respecto a las decisiones y sus consecuencias que le habría gustado que le enseñaran cuando era joven y que podría incluir en su legado?

L L A V E # 9 –DISCIPLINA: ESPLENDOR Y DECADENCIA

≈ ¿Está de acuerdo en que la disciplina es tan importante para tener éxito como el alimento, el aire y el agua? ¿por qué?

≈ ¿Queda espacio en su vida para un poco más de disciplina? Si es así, ¿qué está haciendo para ponerla en práctica?

≈ ¿Dónde aprendió la disciplina que actualmente utiliza en su vida diaria?

≈ ¿Qué piensa que podría hacer para transmitir esta disciplina de la cual hoy se beneficia?

L L A V E # 10 –MI PALABRA ME COMPROMETE

- ≈ ¿Qué diferencia hay entre una promesa que se hace de palabra y otra que se pone por escrito?
- ≈ ¿Conoce a alguien que cumple *todas* las promesas que hace, grandes o pequeñas?
- ≈ ¿Qué medidas prácticas toma para garantizar que cumplirá las promesas que hace?
- ≈ ¿Su palabra vale oro?

L L A V E # 11–INTEGRIDAD: LA ESENCIA DE LO QUE SOMOS

- ≈ ¿Cómo describiría los cimientos de integridad?
- ≈ ¿Cuáles son los cinco mejores beneficios derivados de la integridad?
- ≈ ¿Es la persona que más admira una persona honrada? ¿Qué efecto positivo produce esto en usted?
- ≈ ¿Qué puede hacer para fortalecer el fundamento de integridad como parte integrante de su legado?

PARTE IV–MI TRABAJO ES MI MINISTERIO

L L A V E # 12–MI TRABAJO, MINISTERIO

- ≈ ¿Considera su trabajo como un ministerio?
- ≈ ¿Cómo combina la fe con las obras?
- ≈ ¿Se siente en paz, satisfecho con el trabajo para el cual Dios lo ha dotado?
- ≈ Si pudiera hacer cualquier cosa en la vida, ¿qué haría? ¿por qué no lo está haciendo ahora?

L L A V E # 13–TODAS LAS COSAS LE PERTENECEN AL CREADOR

- ≈ ¿Qué significa que no somos dueños sino administradores?
- ≈ ¿Por qué la única vez que Dios nos dice "pruébenme en esto" (Malaquías 3:10) se refiere al diezmo?

≈ ¿Cuál es para usted el aspecto más difícil de la mayordomía? ¿Qué está haciendo para remediarlo?

≈ ¿Qué hará para incluir en su legado una demostración práctica de mayordomía?

L L A V E # 14–EL ARTE DE MULTIPLICAR LOS TALENTOS Y LOS DONES

≈ ¿Cuál de sus dones y talentos se ha multiplicado más?

≈ ¿Hay algún aspecto de la multiplicación que le parezca el más difícil? ¿por qué?

≈ ¿Cuál es la función que cumplen los demás en su proceso multiplicador?

≈ ¿Cuál de los dones o talentos que usted ha adquirido se convirtió en perpetuo o permanente? ¿Es esta su mayor aspiración?

L L A V E # 15–LA VERDADERA FUNCIÓN DEL EMPLEADOR

≈ ¿Qué significa que la verdadera función de un empleador es servir?

≈ ¿Alguna vez tuvo un jefe o patrón de corazón servicial? ¿Cómo influyó esto en su desempeño general y en la satisfacción con su trabajo?

≈ Si es usted empleador actualmente, ¿cuál es la mayor dificultad que encuentra en la idea de servir?

≈ ¿De qué manera puede incorporar en su legado estos principios de liderar por medio del servicio?

PARTE V–CÓMO PONER LA VIDA EN ORDEN

L L A V E # 16–UNA FILOSOFÍA PARA LA VIDA

≈ ¿De qué manera una filosofía de vida puede influir positivamente en su vida?

≈ ¿Qué puede hacer para sacar el máximo provecho de esta influencia?

≈ ¿Cuáles son los elementos que componen su propia filosofía de vida?

≈ ¿Cuál es la parte más importante de su filosofía de vida? ¿De qué manera transmitirá este aspecto en su legado?

L L A V E # 17– LA IMPORTANCIA DE LAS PRIORIDADES

≈ ¿Cuáles son sus prioridades en orden descendente?

≈ ¿Podría decir honestamente que respeta sus prioridades? ¿por qué?

≈ ¿Hay alguna prioridad que le cueste considerar como algo importante? ¿qué hace por remediarlo?

≈ ¿De qué manera está inculcando la importancia de las prioridades a aquellos que recibirán su legado?

L L A V E # 18– SUEÑOS QUE SE CONVIERTEN EN REALIDAD

≈ ¿En qué consiste el establecimiento de metas?

≈ ¿Por qué es tan poco común que los seres humanos nos propongamos metas?

≈ ¿De qué manera piensa incorporar en su legado el poder que encierra el establecimiento de metas?

≈ Si usted pudiera lograr cada una de las metas que se propone, ¿dónde terminaría? Y entonces, ¿qué es lo que lo detiene?

L L A V E # 19–PERDÓN Y MÁS PERDÓN

≈ ¿Quién fue para usted un modelo de la virtud del perdón, y quién lo fue de la incapacidad de perdonas? ¿Siguió alguno de los dos ejemplos?

≈ ¿A quién es más difícil: a los demás, a uno mismo o a Dios? ¿por qué?

≈ ¿En su legado está contemplado el perdón dado a regañadientes, o aquel que se da con libertad?

≈ ¿Ha aceptado el perdón de Dios por sus pecados? ¿Qué efecto ha producido esa aceptación en su vida?

L L A V E # 20–ANTES DE PREOCUPARSE, PIÉNSELO BIEN

≈ ¿Se preocupa usted? ¿por qué?

≈ ¿Cuáles serían las razones más poderosas para evitar la preocupación? ¿puede incorporarlas en su estilo de vida?

≈ ¿Cómo ve la diferencia entre ocuparse y preocuparse?

≈ ¿Qué medidas prácticas puede tomar para liberarse de las preocupaciones?

L L A V E # 21–RIÁMONOS DE LA VIDA

≈ ¿Qué es lo que más admira en las personas que no se toman la vida tan en serio? ¿por qué no puede usted ser como ellos y hacer lo mismo?

≈ ¿Por qué cree que la risa es tan buena medicina?

≈ ¿En qué radica el secreto de mantener el contacto con sus emociones y al mismo tiempo tener un fuerte deseo de buscar humor en todas las cosas?

≈ ¿Qué importancia tiene incluir la risa en su legado personal?

PARTE VII–EL MÁS GRANDE DE TODOS LOS LEGADOS

L L A V E # 22–EL MEJOR LEGADO DE TODOS: CONOCER A DIOS

≈ ¿Quién se ocupó de enseñarle a conocer a Dios?

≈ ¿Realmente conoce a Dios (su corazón y su carácter) o más bien tiene conocimientos acerca de Dios?

≈ ¿Por qué conocer a Dios es el mayor legado de todos?

≈ ¿Qué hará para que los que reciban su legado puedan conocer a Dios mejor que usted?

L L A V E # 23–CAMINANDO CON CRISTO

≈ ¿Qué significa "morir al yo"? ¿Cómo se aplica a nuestro camino con Cristo?

≈ ¿Por qué quiere Dios que nuestra relación con Él sea más profunda que la que tiene un pastor con su oveja, o un rey con su sirviente?

≈ ¿Qué significa "ser salvo por gracia pero vivir por obras"? ¿Le ocurre esto?

≈ ¿De qué manera incluirá en su legado las verdades liberadoras de la gracia de Dios?

L L A V E # 24–LA VOLUNTAD DE DIOS PARA MI VIDA

≈ Cuando buscamos la voluntad de Dios, ¿cuál es la parte que a la mayoría de las personas nos cuesta más?

≈ ¿Qué hace para descubrir la voluntad de Dios para su vida?

≈ ¿Cuál es la diferencia entre tener a Jesús como *Salvador* y tenerlo como *Señor*? ¿Es Él para usted alguna de las dos cosas?

≈ ¿Qué hará para incluir en su legado el conocimiento de la voluntad de Dios?

L L A V E # 25–¿QUÉ RECORDARÁN DE MÍ CUANDO YA NO ESTÉ?

≈ ¿Qué le gustaría que dijera el texto de su epitafio?

≈ ¿Hay cosas de su historia que le gustaría cambiar? Si es así, ¿por qué no comenzar hoy mismo?

≈ ¿Cuál es la clave para hacer que el concepto de "atrapar el día" se transforme en un hábito?

≈ ¿Cómo quisiera que lo recordaran?

SOBRE EL
AUTOR

Paul J. Meyer comenzó su carrera en el campo de los seguros (1948-1957) inmediatamente después de cumplir con el servicio militar, y pronto se convirtió en un excelente productor, llegó a liderar dos de las compañías de seguros más grandes del país. A la edad de veintisiete años había adquirido ganancias netas por valor de un millón de dólares, tanto por su propia producción como por el desarrollo corporativo.

Luego se desempeñó durante dos años como ejecutivo de ventas de Word, Inc. en Waco, Texas, para la que creó una organización nacional de ventas e incrementó sus negocios en mil quinientos por ciento.

En 1960 Paul J.Meyer finalmente lanzó la empresa de sus sueños: Instituto de Motivación del Éxito (SMI). Poco después surgieron Motivación del Éxito Internacional, Gerencia de Liderazgo (LMI) y Motivación Familiar Internacional (FMI). Todas estas compañías fueron establecidas con el propósito de ayudar al individuo a desarrollar plenamente su potencial.

La línea de productos de estas empresas se ha expandido con los años hasta incluir veinticuatro cursos y programas completos de desarrollo de líderes y entrenamiento gerencial. Todos estos programas se componen de material impreso y grabado y, en conjunto, han vendido más de dos mil millones de dólares en todo el mundo, cantidad no igualada por cursos del mismo tipo de ningún otro autor, vivo o fallecido. Muchos consideran a Paul Meyer como el fundador de la industria del desarrollo personal.

La familia Meyer también posee y opera más de treinta compañías en todo el mundo, abarcan diversos rubros como: construcción comercial, carreras de automóviles, agricultura y ganadería, *software* para computación, imprenta, entre otros.

Paul J. Meyer ha desempeñado un papel decisivo en el estableci-miento de cinco fundaciones benéficas que promueven la educación y sirven a la juventud, entre las que figuran Passport to Success, que ha ayudado a financiar estudios universitarios para más de mil jóvenes de escasos recursos. En este libro se mencionan varias de las más de vein-te organizaciones y ministerios dentro de Estados Unidos y el mundo que reciben apoyo de las fundaciones de Paul J. Meyer.

Aunque Paul Meyer dice haberse jubilado oficialmente a la edad de setenta años, prosigue con su meta de toda la vida, que es hacer todo el bien que pueda, a tantas personas como le sea posible, por el tiem-po que pueda. A raíz de esta actitud, su visión hacia el futuro se ha ex-pandido aún más.

"Tengo un legado que algún día dejaré –nos dice Paul, lleno de pa-sión–, ¡y usted también!"

TRIBUTO A
PAUL J. MEYER

"Una de las más grandes bendiciones que he tenido en mis cincuenta y un años de cristiano ha sido ver cómo Dios manifiesta su poder, amor y sabiduría a través de su siervo Paul J. Meyer. Dios obró incluso por medio de sus padres cuando le pusieron el nombre de Pablo. Su sentido de la mayordomía y de los logros de la vida son una inspiración para millones, y en especial para mí."

CHARLIE T. JONES
AUTOR DE *LA VIDA ES TREMENDA*

"Creo de todo corazón que Dios quiere que me quede en casa con mi hijo (…) y su generoso corazón lo ha hecho posible. Algún día, cuando mi hijo sea mayor, le hablaré del hombre que me enseñó lo que verdaderamente significa la palabra *gratitud*. Dios lo ha usado en mi vida: gracias por dejarlo obrar a través de usted."

MIKA, LEVI Y JOSHUA HINSON

"Hace más de treinta años que conozco a Paul, como asociado de negocios y amigo. Es un hombre que influye y a la vez inspira. Sus programas, de gran utilidad para el crecimiento personal en todas las áreas de la vida, no solo me han ayudado a mí, sino también a miles de otras personas en Japón. Personalmente, le agradezco la influencia que ejerció en mi decisión de convertirme al cristianismo en 1987, y a partir de ahí, la de mi esposa, hijos y nietos. *Las 25 llaves de un buen legado* ha dejado en mi vida una fuerte impresión, desafiándome con preguntas fundamentales acerca de mi relación personal con Cristo. Los tesoros, ideas y profundas percepciones contenidos en este libro son para mí más valiosas que el oro o la plata."

HEI ARITA
PRESIDENTE DE PJM JAPAN CO., LTD.

"Usted ha permitido que Medical Exchange Programs haya producido un gran efecto positivo en la prestación de servicios de atención médica en Rusia, Ucrania y Rumania. Gracias a sus contribuciones, médicos extranjeros de excelente nivel han podido venir a Waco para aprender sobre las más recientes técnicas quirúrgicas, sistemas de medicación, tratamientos y equipos relativos a la especialidad de cada uno. Asimismo, su apoyo económico nos ha permitido conseguir y enviar toneladas de equipo e insumos médicos de gran valor a hospitales y clínicas del exterior. Su ejemplo personal de mayordomía cristiana y ofrenda sacrificial ha estimulado e inspirado a miles de personas a aumentar sus inversiones en la obra de Dios en todo el mundo."

DR. JOHN A. WORD
PRESIDENTE DE MEDICAL EDUCATION FOUNDATION, INC.

"Fue para nosotros una bendición conocerlo y que usted tan amablemente nos obsequiara una beca para ampliar nuestros estudios. Aun nos sorprende la forma en que estuvo dispuesto a ayudarnos, siendo nosotros extranjeros, cuando nos prestó un automóvil y pagó nuestros estudios y material didáctico sin apenas conocernos. Su sabio consejo y su estímulo significaron mucho para nosotros en un momento en que estábamos entrando en un país nuevo y una cultura diferente. Usted nos ha dado la esperanza que no hemos tenido en muchos años en nuestra Ucrania natal."

EUGENE E INNA KLYMOVA

"Paul y Jane Meyer son ejemplos excepcionales de mayordomía cristiana, y realizan la preciosa labor de transmitir a las generaciones futuras de su familia su filosofía acerca del dar".

PAUL PIPER SR.
FUNDADOR DE CHRIST IS OUR SALVATION FOUNDATION

"Cuando en 1974 conocí a Paul, él era un hombre exitoso desde cualquier punto de vista. Durante los años transcurridos desde entonces, he tenido la oportunidad de observar su sorprendente crecimiento personal en todos los terrenos de su vida. Y continúa creciendo en todos los órdenes: espiritual, intelectual, filosófico y filantrópico, hasta alcanzar su sueño de servir a su creador y a sus semejantes. Las claves contenidas en *Las 25 llaves de un buen legado*, pertenecen a todos aquellos que las quieran utilizar."

GLADYS HUDSON

"*Las 25 llaves de un buen legado* pone de manifiesto lo que Paul cree acerca del éxito: la clave no está tanto en mejorar para sí mismo como en mejorar a expensas de uno mismo."

CHARLES Y CORRIE DIXON, PASTORES
HARLINGEN, TEXAS

"Paul J. Meyer ha vivido la vida según las instrucciones de Mateo 25:34-35 y ha usado sus dones terrenales para ayudar a los 'más pequeños de estos', nos ha inspirado a todos a hacer lo mismo. He sido bendecido al conocer a un hombre tan extraordinario."

JIM MCCALL

"Desde que comenzamos a trabajar para Paul J. Meyer, hemos aprendido y experimentado que en él se refleja lo mismo que le dijo el apóstol Pablo a Timoteo en Filipenses 2:20: '*No tengo a nadie más que, como él, se preocupe de veras por el bienestar de ustedes.*' Él es un hombre que verdaderamente muestra su interés genuino en el bien de las personas, sin importarle su nivel o situación particular."

BILL Y ALMA BUNTING
DIRECTORES EJECUTIVOS DE SUMMERS MILL RETRETA & CONFERENCE CENTER

"Durante muchos años Paul Meyer ha motivado a la gente para que tenga éxito. Y ahora también los motiva a dar, poniéndose a sí mismos como ofrenda y donando también sus recursos. Él nos encamina a dejar el legado más admirable, ese que dice: 'mi vida sirvió para producir un cambio favorable en otras vidas'. Paul ha marcado una diferencia en la vida de miles de personas por medio de nuestra obra en Friends for Life, y solo somos una de las instituciones benéficas que reciben su apoyo. Todos esperamos que algún día podamos mirar el rostro de Dios y oírle decir: 'Bien hecho'. Estoy segura de que a Paul J. Meyer, Dios se lo dirá."

INEZ RUSSELL

FUNDADORA DE FRIENDS FOR LIFE

"Muchos cristianos hacen alarde de lo que harían por los demás si tuvieran recursos económicos, pero luego vemos que, al llegar los tiempos de prosperidad, esas promesas se diluyen para quedar en un plano puramente teórico. Paul Meyer es la excepción de esa regla. Su compasión por los pobres, los excluidos y marginados, ha llevado su filantropía más allá de la 'seguridad' de la caridad, la atención personal y el reconocimiento público. Paul ha procurado de una manera generosa, humilde, pero a la vez audaz, hacer algo diferente por aquellos de su comunidad que la mayoría ignora. En nombre de los que no tienen voz y a quienes Dios nos ha llamado, puedo decir que Paul Meyer no es un hombre rico sino un compañero de lucha que desea ser obediente al Padre de quien proceden sus dones."

DR. JIMMY C. DORRELL

"Paul J. Meyer es un individuo singular. No solo ha descubierto algunos principios importantes para saber vivir, sino que, además, los aplica a su propia vida. Él ha dejado una huella, no en miles de vidas, sino en millones, incluso en la mía. Mi deseo es que también usted pueda recibir el beneficio de la sabiduría que comparte y el compromiso cristiano que ejemplifica."

LOUIS MCBURNEY, M.D.

FOUNDER, MARBLE RETREAT

"Paul J. Meyer practica lo que predica. Ha influido en mi vida por medio de la profunda impresión que ha dejado en ella durante más de dos décadas."

MICHAEL YOUSSEF, PH. D.

CONDUCTOR DEL PROGRAMA DE TV Y RADIO LEADING THE WAY WITH DR. MICHAEL YOUSSEF

"He tenido el honor y el privilegio de conocer a Paul J. Meyer y trabajar para él desde hace treinta y dos años. Mi crecimiento como persona lo debo más a Paul que a cualquier otra persona en mi vida. Su actitud positiva y sólida ética de trabajo son contagiosas. Con su ejemplo me ha enseñado a respetar a todas las personas, independientemente de su raza, credo o religión. Me ha mostrado que la recompensa es grande para los que conocen y sirven a nuestro Señor Jesucristo."

Linda Peterson

Asistente ejecutiva de Paul J. Meyer

"Mi padre murió cuando yo tenía siete años. Aunque fui bendecida con una madre y cuatro hermanas maravillosas, en mi vida había un gran vacío. Mi gran imaginación me hacía creer que algún día conocería a alguien parecido a mi padre, a quien realmente le importaran las personas, que quisiera ayudarlos a desarrollar el potencial que Dios les dio, y que estimara a los demás como superiores a él mismo. Para mí es increíble, no solo haber conocido a ese hombre, sino haber tenido el privilegio de trabajar para él y apreciar desde muy cerca las obras de su corazón bondadoso. Para mí, Paul J. Meyer es más que un jefe; es mi amigo, y lo que con su ejemplo me ha enseñado acerca de dar y de ayudar a mis semejantes, ha dejado una huella muy importante en mi vida y en la de mi familia. Gracias, Paul, por escribir este libro, y que sirva para ayudar a muchas personas a comprender lo que es verdaderamente importante en la vida."

Karon Freeman

Asistente ejecutiva de Paul J. Meyer

"Lo que Paul ha escrito en este libro es un ejemplo maravilloso de su manera de vivir la vida, así como de la influencia positiva que ejerce en otras vidas. Nadie ha usado jamás los singulares dones que Dios le ha dado para el bien de la humanidad tanto como Paul. Estas páginas confirman que él es un siervo de Jesucristo y un testigo de su palabra."

Joe E. Baxter Sr.

"Las convicciones de Paul, firmes como la roca, se hacen oír de forma clara y rotunda en esta recorrida por el cristianismo cotidiano. Estoy agradecido a Dios por la habilidad de Paul, no solo para escribir este libro, sino para ser un ejemplo vivo de su enseñanza. Él predica, y *también* practica."

TERRY WATLING

"Paul Meyer comprendió cuál era la forma de lograr el éxito, y al mismo tiempo no dejar nunca de confiar en Dios durante los momentos difíciles. Sabe cómo usar su genio para ayudar a los demás a lo largo y ancho del mundo, y por medio de lo que él da, desea reflejar su amor por Jesucristo. Como lectores tenemos una inusual oportunidad de conocer interiormente el corazón y la mente de un individuo de tan notable éxito."

NELWYN REAGAN

VOLUNTARIO Y CONSULTOR CÍVICO

"Paul J. Meyer y yo hemos sido buenos amigos durante cincuenta años. No hay una persona que yo respete más. El modelo de vida que Paul propone, basado en valores primordiales y en el acto de dar, es realmente admirable, y se pone de manifiesto por medio de sus compromisos cristianos. *Las 25 llaves de un buen legado* será una inspiración para aquellos afortunados que puedan aprender sus verdades y sus valores, escritos por un hombre de gran fe, sabiduría y carácter."

WILLIAM C. ARMOR JR.

NOTAS

El lector puede visitar los siguientes sitios de Internet para consultar sobre las obras y ministerios mencionados en este libro:

1. Trabajo y ministerio de Bill Nix, en www.productability.com

2. El hombre frente al espejo; en www.maninthemirror.org

3. La obra en curso de Project Hope, en www.projecthope.org

4. Crown Financial Ministries, en www.crown.org

5. Heifer Project International, www.heifer.org

6. Christian Stewardship Association, en www.stewardship.org

7. Instituto Haggai, en www.haggai-institute.com

8. Amigos por la vida, en www.friendsforlifeonline.org

9. MarketPlace Ministries, en www.marketplaceministries.com

10. FCCI, en www.fcci.org

11. Legacy Family Ministries en www.legacyfamily.org

12. Strategic Christian Services, en www.gostrategic.org

AGRADECIMIENTOS

Tuve que esperar mucho tiempo para tener este libro en mis manos, y verlo finalmente impreso es una experiencia maravillosa para mi alma. Me emociona saber que hay un potencial escondido dentro de estas páginas. Mi esperanza y mi oración es que esta obra pueda lograr más de lo que yo nunca podría haber ni quiera soñado, *¡y yo sueño en grande!*

Muchas personas me ayudaron a hacer realidad este proyecto, y aunque aquí se lo agradezco, los frutos de la ayuda que me prestaron probablemente no puedan apreciarse hasta que pasen cien años. Al fin y al cabo, aquí estamos hablando de lo que significa un legado. Ellos son:

Jane, mi esposa: me sorprenden tu amor y paciencia para conmigo mientras escribía este libro, y con todas las otras metas y sueños que he tenido.

Karon Freeman y Linda Peterson, las mejores asistentes ejecutivas del mundo: su atención a los detalles, largas horas de trabajo y constante estímulo, los agradezco cada día.

Linda Witig, la maestra de niños más seria que he conocido: gracias a tu amplio trabajo de investigación, todo lo que se le suprimió y agregó a este libro lo favoreció en múltiples formas.

Hei Arita, asociado de Japón y amigo de muchos años: tus opiniones desde el punto de vista de una cultura diferente, agregaron otra dimensión y perspectiva a este libro.

Dr. J. Clifton Williams: tus más de cuarenta años de amistad, consejos, enseñanza e información, me han ayudado en todos los terrenos de la vida, incluyendo este libro. ¡Gracias!

Nate Meelen

---

* GI Bill: Ley aprobada en los Estados Unidos en 1944 que facilita el acceso a la educación y otros beneficios para ex integrantes de las fuerzas armadas. *N. del T.*

⚬━ ANOTACIONES ━⚬

_____

_____

_____

_____

_____

_____

_____

_____

_____

_____

_____

_____

_____

_____

_____

_____

_____

_____

_____

_____

_____

Los 5 pilares del liderazgo

¿Dónde comienza un liderazgo efectivo? En los fundamentos que se han colocado. ¡Aquí están las claves!

❧ Definir los resultados que desean lograrse.

❧ Generar un plan que al seguirlos logre resultados concretos.

❧ Desarrollar una motivación en el equipo que produzca acción y traiga esperanza.

❧ Construir la confidencia y la confianza en el líder y su equipo.

❧ Infundir la determinación para que nadie abandone cuando enfrente problemas u obstáculos.

PAUL J. MEYER es autor de veinticuatro programas importantes sobre venta, motivación, establecimiento de metas, administración y desarrollo del liderazgo, con ventas combinadas en sesenta países y en veinte idiomas por más de dos millones de dólares, más que cualquier otro autor en la historia. Formó el *Success Motivation Institute* en 1960 y es considerado por muchos el fundador de la industria del desarrollo personal.

RANDY SLECHTA es presidente de las compañías de desarrollo personal y profesional internacionales fundadas por Paul J. Meyer. Slechta ha hablado en cuarenta países a más de mil grupos sobre temas que fluctúan desde el desarrollo de liderazgo hasta el crecimiento personal y profesional.

JOHN MAXWELL

LO DESAFÍA A ALCANZAR
SU MÁXIMO POTENCIAL EN EL LIDERAZGO

Las 52 semanas más
poderosas en la vida
de una familia

Sé todo lo
que puedas ser

Prepara tu
mañana de éxito

Es sólo un pensamiento...
pero puede cambiar
su vida

Citas de inspiración y
sabiduría para líderes

Relacionándose
mejor con los demás

PUEDES ALCANZAR LA CIMA

¿Está listo para ir hacia la cima? Entonces descubra los secretos del motivador número uno, Zig Ziglar.

En *Puedes alcanzar la cima*, Zig presenta impactantes historias de la vida real, citas poderosas y dichos favoritos –acompañados de su patente sentido del humor– para proveerle revelaciones que lo ayudarán a descubrir niveles mayores y exitosos para su vida.

Ya sea que lea una selección por día o todo el libro de una vez, obtendrá la inquebrantable confianza que lo conducirá a la cima.

¿Busca una manera de mejorar? Aprenda de un probado líder a medida que se forje su propia senda hacia el éxito.

Zig Ziglar

¡Descubra las habilidades de liderazgo del Maestro!

Usted tiene grandes sueños.
Quiere ser lo mejor que
pueda.
Y apunta alto: aspira a la
excelencia.
Ahora todo lo que necesita
es un mentor para modelar
las habilidades cruciales de
liderazgo que son
imprescindibles para lograr
el éxito.

Ya lo ha encontrado: ¡Jesús!

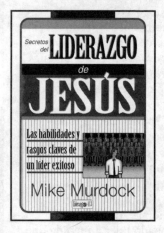

El Dr. Mike Murdock es reconocido como un motivador y exitoso escritor. Ha escrito numerosos libros que son éxitos de librería. Es un consumado pianista, cantante y compositor, con más de 5.000 canciones en su haber. El Dr. Murdock también conduce un programa de televisión: *Las Llaves de la Sabiduría con Mike Murdock*, que se transmite semanalmente, y un programa de radio: *El Lugar Secreto*, que se transmite diariamente. Otro éxito de librería, publicado por esta casa editora: *Secretos del liderazgo de Jesús*.

www.editorialpeniel.com